安徽农业大学引进和稳定人才项目成果
"全媒体视域下儿童教育产品中交互性叙事研究"（rc362004）

中韩儿童教育应用程序
交互性叙事设计比较研究

周 锐 著

时代出版传媒股份有限公司
安徽教育出版社

图书在版编目（CIP）数据

中韩儿童教育应用程序交互性叙事设计比较研究 / 周锐著. —合肥：安徽教育出版社，2021.12
ISBN 978-7-5336-9625-2

Ⅰ.①中… Ⅱ.①周… Ⅲ.①儿童教育-应用程序-对比研究-中国、韩国 Ⅳ.①G61-39

中国版本图书馆 CIP 数据核字（2021）第 276804 号

中韩儿童教育应用程序交互性叙事设计比较研究
ZHONGHAN ERTONG JIAOYU YINGYONG CHENGXU JIAOHUXING XUSHI SHEJI BIJIAO YANJIU

出 版 人：费世平
责任编辑：魏飞建　赵潇晗
装帧设计：何宇清
责任印制：李松伦

出版发行：时代出版传媒股份有限公司　安徽教育出版社
地　　址：合肥市经开区繁华大道西路 398 号　邮编：230601
网　　址：http://www.ahep.com.cn
营销电话：(0551)63683012，63683013
排　　版：安徽时代华印出版服务有限责任公司
印　　刷：安徽联众印刷有限公司

开　　本：710 毫米×1010 毫米　1/16
印　　张：18.5
字　　数：250 千字
版　　次：2021 年 12 月第 1 版　2021 年 12 月第 1 次印刷
定　　价：75.00 元

（如发现印装质量问题，影响阅读，请与本社营销部联系调换）

前　言

随着跨学科和跨媒介在设计领域的广泛应用,叙事这一传统文学术语在设计领域中的影响也在不断扩散。而网络化和信息化的发展,也使得交互性叙事成为智慧学习环境下的叙事新形态。儿童教育应用程序(App)既能满足儿童娱乐的天性,又可以促使儿童在娱乐的过程中增长知识。而叙事作为向儿童传递故事和知识的传统教育手段,伴随着智慧学习时代的来临,同样对儿童教育起到了重要的引导作用。

那么,儿童教育 App 吸引儿童积极参与并持续投入学习的原因是什么?交互性叙事如何影响儿童的学习行为?交互性叙事能否提高儿童的学习沉浸体验?本书追寻这一系列问题,首先,将智慧学习环境下儿童教育的发展、交互性叙事理论、学习沉浸理论等先行理论进行了梳理。同时,中国和韩国同为亚洲国家,两国有着相似的文化发展背景,并且在文化上一直保持着密切的联系,全球化、一体化时代的到来,使得中国和韩国在经济、教育、文化上进一步交融。为了让研究视野突破国内的局限,本书特针对中国和韩国共 16 款不同类型的儿童教育 App 进行了基于交互性叙事要素的案例分析。

其次,本书提出了基于学习者特征和交互性叙事不同阶段的设计要素,在儿童使用教育 App 的过程中,形成学习沉浸体验的研究模型和研究假设,并设计了问卷调查。对具有儿童教育 App 使用经验的中国和韩国的 8~12 岁儿童和家长实施网络问卷调查后,共获得中国有效问卷 886 份和韩国有效问卷 880 份。按照外语、母语、数学和认知四种教育类型,利用统计学 SPSS 分析程序实施了标本的一般特性分析、信度和效度检验以及多重回归分析。最终验证了中国和韩国的儿童教育用 App 的学习者通过交互性叙事形成学习沉浸体验的影响诱因,并证明了研究假设的有效性。

最后,通过差异性分析,整理了不同类型的儿童教育 App 中各变因利用效果的具体差异情况。以期实现基于交互性叙事,学习者通过使用儿童教育 App 可以积极影响学习沉浸中的自我目的性的体验过程,最终为学习者带来学习能力的提高、学习态度的转变和学习的愉悦性。

本书从儿童学习者的角度出发,提出了适用于儿童教育 App 的交互性叙事设计策略。同时从政府、学校和家庭的角度出发,为了更加理性地看待智慧学习时代儿童教育 App 对学习者成长的影响,为了帮助儿童营造出一个更加健康、良好的学习环境,也提出了相关建设意见。在科技的不断发展下,交互性叙事的影响范围也早已不是仅仅作用于儿童教育领域。在未来,我们期待在技能培训、康复治疗、虚拟现实游戏等相关领域能够有进一步的研究和探索。

在本书历时 3 年的撰写过程中,笔者虽不断往返于中、韩两国进行实地调研,勤勉务实,但难免有误,不足之处还望广大读者和专家学者批评指正。书中涉及的案例及数据源于中国艾瑞数据咨询中心和韩国网络振兴研究院,在此向两大机构给予的大力支持表示诚挚的谢意。同时要感谢中国安

前 言

徽工程大学的黄凯教授和韩国檀国大学的李昌旭(Lee Changwook)教授提供的宝贵建议及相关资料,并对所有以各种方式支持本书出版发行的人士表示由衷的感谢。

本书由安徽农业大学引进和稳定人才项目"全媒体视域下儿童教育产品中交互性叙事研究"(rc362004)资助出版。

周　锐

2021 年 6 月于合肥

目 录

绪　论　/　1

第一章　儿童教育环境的变迁和学习沉浸的形成　/　13
第一节　儿童教育　/　13
第二节　智慧学习环境下的儿童教育　/　28
第三节　儿童教育中学习沉浸的形成　/　38

第二章　儿童教育和交互性叙事的融合　/　49
第一节　交互性叙事　/　49
第二节　儿童教育中交互性叙事的体现　/　59

第三章　基于交互性叙事的儿童教育 App 的案例分析　/　97
第一节　儿童教育 App 的案例选定基准　/　97
第二节　儿童教育 App 的案例分析基准　/　103
第三节　基于交互性叙事的儿童教育 App 的案例分析　/　104
第四节　分析结果　/　138

第四章　研究设计 / 159

　　第一节　研究变量及模型 / 159

　　第二节　研究问题及假设 / 166

　　第三节　研究流程 / 173

第五章　实证分析及假设验证 / 178

　　第一节　基础分析及特性 / 179

　　第二节　假设验证的分析结果 / 210

　　第三节　差异分析 / 242

结　论 / 269

参考文献 / 274

绪　论

一、研究背景

（一）中国和韩国儿童在线教育规模的增长

儿童是国家的未来,提高儿童的学习能力,促进儿童教育的发展,使其成为心智健全的人并成为国家的栋梁,是任何时期、任何国家关注的重点。儿童教育不仅关乎个人素养与思想境界的提升,更关系到一个民族、一个国家的发展与进步。

当今社会处于知识快速扩张的时代,信息技术和网络技术的发展,使得知识的传播和更新速度超越了历史上的任何阶段。儿童作为教育的主要受众群体,也不可避免地受到了信息化和网络化的影响。科技的进步和政策的鼓励同样带来了儿童在线教育产业发展的飞跃,智能手机则成了儿童最常使用的网络学习工具之一。

伴随着 2015 年中国鼓励生育政策的开放,中国新生儿进入了新的增长高峰期。根据 2019 年 3 月中国国家统计局最新人口普查结果显示,18 岁以下的儿童占据全国总人口的 30%,其中 8 到 12 岁年龄阶段的儿童已经超过

1.8亿,约占全国总人口比例的13.8%。①而根据中国教育信息网2018年8月20日的报道,智能手机的普及和飞速发展已经将信息化的进程延伸到了儿童教育领域。截至2019年4月,我国8～12岁儿童使用智能手机上网的比例高达69.8%,而在儿童互联网使用频度调查中,排在前几位的分别是听音乐(68.1%)、玩游戏(64.2%)、学习(59%)和聊天(58.9%)。② 根据2019年中国艾瑞数据咨询中心的年度报告显示,学习者使用儿童教育应用程序(App)的频率约每周5次,而超过80%的学习者每天至少会使用儿童教育App一次以上。但由于低龄儿童专注力和智能手机的持有度等制约,儿童学习者单次使用教育App的学习时长主要为10～30分钟。③

与此同时,2018年3月,韩国科学技术信息通讯部和韩国网络振兴院发布的《2018年韩国网络使用情况调查摘要报告》显示,2018年,韩国18岁以下的青少年占全国总人口的17.4%。其中,8～12岁的儿童达到了454万,约占韩国总人口的8.7%。并且在韩国的1975万户家庭中,99.5%的家庭长期使用互联网。在使用互联网的工具中,电脑的使用比例达55.3%,笔记本电脑和数字电视的使用率分别为32.1%和31.7%,而使用智能手机上网的比率则高达99.7%。并且在韩国8～12岁的儿童中,有87.8%的儿童使用智能手机上网,其中利用智能手机学习的比例更是达到了47.2%。同时,97.8%的韩国儿童每天至少会利用智能手机学习一次及以上,每周平均使用时长高达10小时17分,④略高于我国儿童通过智能手机学习的频率。

---

① 中国国家统计局.2019年中国人均消费报告书[EB/OL]. http://www.stats.gov.cn/. 2019-07-05.
② CNNIC.中国未成年儿童数码设备使用探究[EB/OL]. http://www.199it.com/archives/862520.html. 2019-04-25.
③ 艾媒未来教育产业研究中心.2018年中国在线教育行业白皮书[EB/OL]. https://www.iimedia.cn/c400/63080.html. 2018-12-03.
④ 韩国科学技术信息部-网络振兴研究院.2018年互联网利用形态调查报告[EB/OL]. http://www.cdak.or.kr. 2019-02-14.

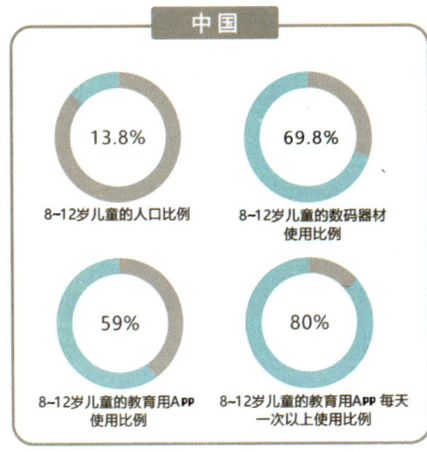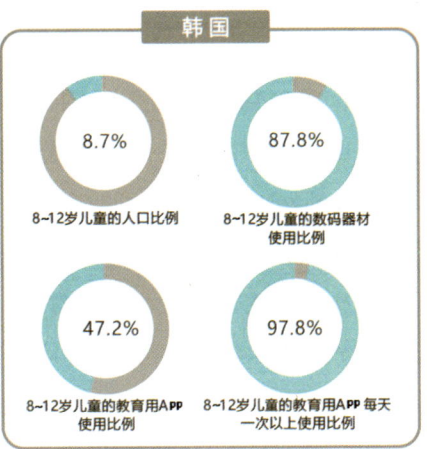

图 1 中韩儿童在线教育数据对比

随着互联网等新技术的推动,国家也更加关注儿童教育与智能学习的融合发展。例如,韩国政府在 2011 年提出了智慧学习(Smart Learning)概念,即让所有儿童得到更加优质的互联网儿童教育服务,使得韩国儿童互联网教育行业进入高速发展阶段。2012 年,中国教育部也出台了"互联网+教育"的发展政策,并对儿童在线教育的相关企业持鼓励态度,使得我国儿童在线教育行业的发展的自由度日趋升高。

随着政策和科技的双向引导,儿童学习者对在线教育产品、数字图书、移动教育游戏等方面的需求也日益增加。根据苹果公司统计,截至 2019 年 9 月 25 日,苹果应用商店中儿童教育 App 的下载量已超过 15 亿次,占据苹果 App 市场总量的 7.5%。教育类 App 在苹果应用市场中的比重仅次于排名第一的游戏类 App,其中儿童教育 App 更是在教育类 App 的市场中占据了主要份额。[1]

---

[1] ASO100. 2019 儿童教育 App 市场份额调查报告[EB/OL]. https://www.qimai.cn/rank/index/brand/all/device/iphone/country/cn/genre/36. 2019 - 09 - 11.

(二)儿童在线教育产品中叙事的沦落

根据美国营销专家 Samuel Roland Hall 提出的消费者行为分析模型(AIDMA),用户在使用产品时,分为注意(Attention)、兴趣(Interest)、欲望(Desire)、记忆(Memory)和行动(Action)五个阶段。如果能提高学习者使用儿童在线教育产品时的动机,将有效提高学习者的使用意图和使用产品的成功率。虽然互联网环境中的儿童在线教育产品已经非常普遍,可大部分儿童教育产品的设计与研发,还停留于通过视觉效果和卡通形象吸引儿童学习动机的初级阶段,针对儿童在线教育产品中核心内容的知识性和趣味性设计则略显不足。同时儿童教育产品中故事性的弱化和学习者对教育产品的新鲜感持续时间的降低,也使得学习者的学习体验简单且重复。

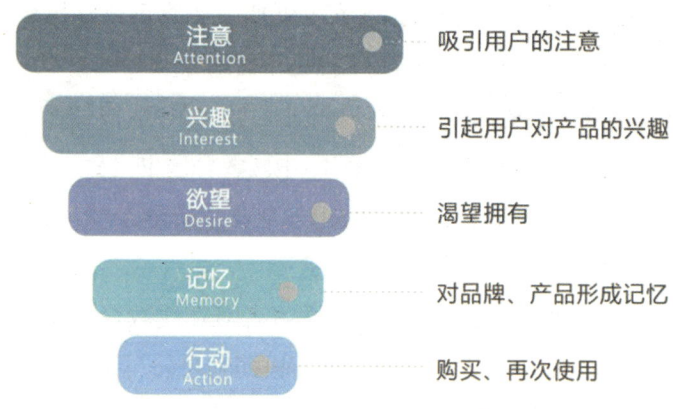

图 2　AIDMA 模型①

同时,EEDAR 的评测人员在 2019 年评测儿童在线教育产品时,发现学习者针对设计师过分强调视觉效果的抱怨逐渐呈上升趋势。但在教育产品的开发过程中,设计师往往固执己见地倾向于设计华丽的视觉特性来吸引

---

① Samuel Roland Hall. *Theory and Practice of Advertising* [M]. Literary Licensing,2012:119-132.

学习者的注意。① 除了视觉效果之外,评测人员也发现了学习者对于在线教育产品中的游戏化、叙事性和市场价值等方面的关注也日益提升。在最终研究报告中,学习者虽然对在线教育产品中的视觉效果、社交元素和操作方式等持肯定态度,但是他们也对教育产品中匮乏的叙事元素感到不满。因此,很多学习者对儿童在线教育产品中的叙事性提出了更高的要求,并认为相较于玩法、社交和视觉效果来说,儿童在线教育产品中的叙事性还处于落后状态。

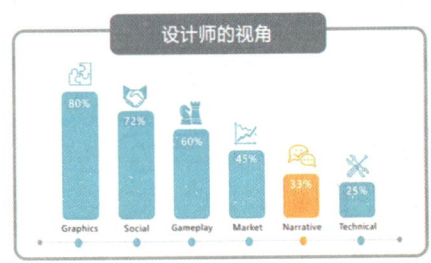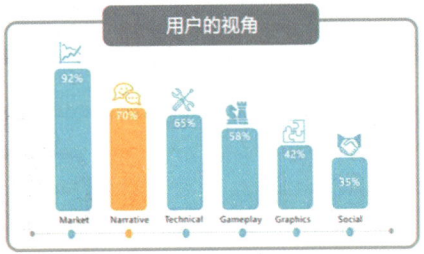

图 3 不同视角下的儿童在线教育产品需求分析

鉴于儿童对教育产品的新鲜感持续时间较短的现状,要让儿童持续使用某一款在线教育产品并形成学习沉浸并不容易。而叙事性往往是吸引儿童学习者持续使用并产生学习沉浸的有效手段。但是实际结果恰恰相反,原因在于设计师对儿童在线教育产品的叙事追求远低于对游戏化、视觉性的关注。叙事性最终沦落为单纯意义的框架,视觉效果和游戏化操作则成为设计人员开发的重点对象。而无法产生学习沉浸体验的学习者只会在单调的互动学习中转投其他的在线教育产品。

(三)儿童教育中叙事的重要性

人类大部分关于童年的印象都是伴随着故事进入睡眠,而叙事(Narra-

---

① EEDAR an NPD Group Company. 移动教育评测人员最关注的元素分析[EB/OL]. https://www.eedar.com/data-services. 2019-07-14.

tive)作为传统的教育方式,也早已广泛应用于教育领域。叙事作为向听者传达故事内容的手段,可以促进儿童的思维更加细致和准确,想象能力进一步丰富与开阔。而通过叙事传达的故事内容不仅可以反映生活现状和揭示世界本质,而且可以对早期儿童的性格和行为的塑造赋予积极的影响。叙事之所以在教育中扮演重要角色,是在于其并非单纯的呈现故事内容,而是强调一个完整的故事结构,以及提供一个供不同学习者互动、交流和学习的虚拟环境。

图4 儿童教育中的叙事

在智慧学习时代,越来越多的儿童开始接触数字媒体,数字化一代对网络媒介的使用也已日趋熟练。而在强调体验经济的今天,如何为成长中的儿童提供更多的具有沉浸效果的互动性故事体验,从而让他们与周围的世界进行更多的沟通和交流,并最终获得更多的知识和信息,是未来教育关注的重点。

桑德拉·卡尔弗特(Sandra Calvert)作为美国媒体发展心理学研究领域的代表人物,在《信息时代的儿童发展》中指出,信息技术正在由单纯视觉引导转向互动性学习阶段,由模拟体验转向现实体验,由单纯娱乐型应用转向寓教于乐型应用。信息技术的原理将更加复杂化,而技术的呈现方式也将更加智能化和故事化。①

但对于儿童教育来说,叙事强调的是故事内容和教育的融合。基于移动媒体的儿童教育 App 作为一种新型叙事媒介,在本质上就不同于比如电影、小说或者戏剧等的传统叙事形式。传统的叙事形式几乎都是线性叙事结构,听众或观众是被动的接受者,而基于移动媒体的儿童教育 App 的叙事特征,一是具有自由的互动性,即学习者可以与故事进行即时互动,并且可以主动地探索故事世界。二是非线性的故事结构,即基于智慧学习环境的儿童教育 App 的故事内容往往是变化性且多结局性的。一个完整的故事可以由多个开放式故事情节构成,学习者在与故事环境自由交互的同时逐渐产生了学习兴趣,并最终提高学习者的学习动机。②

(四) 智慧学习环境下交互性叙事渐受重视

儿童教育从数学学习(E-Learning)进入到现在的智慧学习(Smart Learning)时代。人工智能技术在教育领域的运用已是大势所趋。③ 目前在教育行业已经面世的智能产品中,广泛涉及了语音识别、计算机视觉、知识图谱、自然语言处理、机器翻译、机器学习等多项人工智能技术,并逐渐创造着更加个性化、更加高效的智慧学习环境。未来随着教育测量学和人工智能技术的进一步发展,人工智能有望逐步渗透到日常教学的核心环节中去,从根本上改进学习者的学习理念和学习方式。

而叙事从传统媒介到数字媒介的发展过程,也经历了五个演化时期。分别为口头叙事、手写叙事、印刷叙事、影像叙事和交互性叙事(Interactive

---

① Sandra L Calvert. *Child Development in the Information Age* [M]. Commercial Press, 2007:35-42.
② Lindley C A. *Conditioning, Learning and Creation in Games: Narrative, the Gameplay Gestalt and Generative Simulation* [J]. Presented at the Workshop on Narrative and Interactive Learning Environments Edinburgh Scotland, 2002(03):120-121.
③ Chu H C, Hwang G J, Tsai C, Tseng J. *A Two-Tier Test Approach to Developing Location-Aware Mobile Learning Systems for Natural Science Courses* [J]. Computers & Education, 2010(03):1618-1627.

Narrative)。交互性叙事处于传播学、设计学与叙事学的学科交叉地带,研究范畴已经从传统文学、艺术学、设计学领域逐步向社会学、教育学等方向渗透。交互性叙事作为智慧学习时代叙事的新形态,推动了叙事学的发展,也为儿童在线教育增添了新的教学方式。①

智慧学习环境中的交互性叙事融合了互动性和沉浸性的特征,其以数字媒介为基础为学习者提供了双向交流的故事平台。学习者在虚拟故事的世界中拥有更多的自主选择权,并通过输入故事信息来改变叙事文本的最终呈现方式,从而带来不一样的沉浸体验和故事感受。

儿童教育 App 作为智慧学习环境中应用最为广泛的在线学习媒介,自诞生之日起就以其日益丰富的故事性和多样化的互动效果受到媒介研究者和学习者的关注。儿童教育 App 的在线互动平台中同时存在学习者与媒介、学习者与故事内容、学习者与学习者的三层互动形式,使得每一个在虚拟故事世界中的学习者都可以成为教育的传播者和信息的创作者。

后现代时期的特点就是从大叙事到小叙事的转变,宏大叙事被无数小叙事取代,一个人就是一种叙事,或者说,一个人就是完整故事的一部分。②正是个人叙事重要性的凸显使得故事产生了意义的多样化与自由化形态。而这正是智慧学习环境中,以交互性叙事为特点的儿童教育 App 吸引学习者的主要原因。

智慧学习时代的儿童教育 App 更加追求趣味性的故事情节和多样性的教育方式。交互性叙事创造的虚拟故事空间可以让学习者在互动学习的过程中更加自由地获取学习知识,并使学习者产生深度的学习沉浸效果。在科技与艺术不断融合的今天,互动性和故事性逐渐成为智慧学习时代的灵魂,交互性叙事也会在新的教育领域绽放出不同的光彩。

---

① Prensky M. *Digital Narrative*[M]. On the Horizon,2001:1-6.
② [美]马克·柯里. 后现代叙事理论[M]. 宁一中译. 北京:北京大学出版社,2003:108.

二、研究目标

首先,叙事作为传统信息交流的方式也成为引导儿童正确学习的教育手段。对于认知系统尚未形成、生理和心理的各项能力仍处于发展期间的儿童而言,叙事对于儿童的健康成长和社会化技能的提高有着明显益处。现代网络环境中儿童在线教育产品更多地强调刺激性的视觉表现要素,而对叙事的情节性要求则大为弱化。对于儿童这一特殊人群来说,通过适宜的故事为兴趣触发点,并通过与媒介、故事内容和其他学习者的互动行为产生学习沉浸,可以有效提高学习动机和学习能力。

其次,当前学界针对儿童教育App的交互性叙事研究成果较少,相关探讨大多是针对某一故事叙述模式的梳理或单纯性叙事效果的描述。而影响儿童教育App使用效果的交互性叙事设计因素,主要包括图形叙事、故事文本叙事和用户参与体验叙事三个设计阶段。因此对于儿童教育App的叙事图形设计、叙事文本创新和互动体验效果等都需要系统梳理和探讨。

最后,中国和韩国同为亚洲国家,两个国家有着相似的文化发展背景,并且在历史上一直保持着密切联系。全球化、一体化时代的到来,也促使中国和韩国在经济、教育、文化上有进一步合作的可能。教育体制、人口、经济、科学技术、观念等因素决定了两国儿童网络教育发展水平的相似性。分析中国和韩国儿童教育App的交互性叙事特征,不仅可以帮助我国的相关研发企业开阔视野,也可以为交互性叙事在不同国家、不同领域的进一步探索和应用打下研究基础。

因此,本课题的研究目标总结如下:

第一,从儿童教育方式及移动教育设计的角度出发,突破单纯描述性研究的局限性,将儿童作为研究主体,依靠交互性叙事各阶段的设计要素,结合学习沉浸理论展开系统性理论爬梳。

第二,以交互性叙事与学习沉浸的特征为切入点,以中国和韩国不同类型的儿童教育 App 为研究分析案例,构建适用于儿童教育 App 的交互性叙事与学习沉浸效果之间的影响关系模型。

第三,通过案例分析,了解中国和韩国儿童教育 App 的设计差异性,掌握交互性叙事在现有儿童教育 App 中的设计特征。通过问卷调查的数据分析,证明交互性叙事与学习沉浸效果之间的影响关系模型的正确性,并提出具体设计建议。

三、研究范围和方法

本课题以交互性叙事、学习沉浸、新媒体交互、App 的视觉表现要素等为理论基础,分析出交互性叙事的用户、文本、媒介和互动行为四个构成要素。通过互动性在不同阶段的发展变化,得出交互性叙事的三个设计阶段,即图形叙事设计阶段、故事文本叙事设计阶段和用户参与体验叙事设计阶段。学习沉浸作为儿童通过教育获得的学习体验结果,也得出三个发展阶段:即前提阶段、体验阶段和影响阶段。

而中国和韩国的教育体制、人口、经济、科学技术、观念等因素决定了两国儿童网络教育发展水平的相似性。同时,通过对 2019 年 9 月 1 日至 2019 年 10 月 1 日期间下载量排名前 50 位的中国和韩国的儿童教育 App 的数据分析发现,中国和韩国的儿童教育 App 主要由外语、母语、数学和认知四种教育类型构成,并且 8~12 岁的儿童学习者是儿童教育 App 开发者关注的重点。

从儿童的安全性角度出发,家长普遍扮演了监督和影响儿童正确使用教育 App 的双重角色。由于中国上海和韩国首尔地区分别是两国重要的经济和文化中心,父母和儿童受网络教育的影响程度普遍较高,同时根据中国信息部和韩国科学技术部的统计结果,两个地区的互联网使用率也居于中国和韩国的首位,分别达到了91.4%和92.7%。①

因此,为了正确验证交互性叙事与儿童学习沉浸过程中的影响关系,本课题分别选择中国和韩国每种教育类型下载量前两位的8~12岁儿童教育App为案例分析对象;然后针对中国上海地区和韩国首尔地区具有儿童教育App使用经验的8~12岁儿童和父母分别实施问卷调查;最后使用统计学分析程序SPSS 24.0对中国和韩国的问卷数据进行不同教育类型的数据对比分析。

本课题具体研究方法如下:

第一,根据儿童认知发展的特征和智慧学习环境的变化,分析基于智慧学习环境的教育用Web、App和VR的特征,并得出儿童教育App的优势,同时分析基于智慧学习环境产生学习沉浸效果的具体诱因。

第二,现有的交互性叙事研究对儿童教育App的系统化设计研究略有不足,本研究以先行理论性考察为基础,整理并提出儿童教育App中交互性叙事各阶段的设计构成要素。

第三,以交互性叙事各阶段设计构成要素为切入点,对中国和韩国不同教育类型下载量前两位的儿童教育App进行案例分析。通过整理和归纳不同类型儿童教育App的交互性叙事设计特点,为研究设计的确立提供参考基准。

第四,为了验证交互性叙事的各阶段设计要素和学习沉浸之间的影响关系,提出研究问题和假设,并构建调查问卷框架。然后分别对中国上海和韩国首尔地区,具有教育App使用经验的8~12岁儿童和家长实施问卷调查。

第五,以问卷调查的数据结果为基础,利用统计学分析程序SPSS 24.0,对中国和韩国的问卷数据进行假设验证和差异分析,并整理具体分析结果。

第六,以假设验证和差异分析结果为基础,以提高儿童教育App的学习沉浸效果为目标,提出儿童教育App的优化设计策略。

---

① 韩国科学技术信息部—网络振兴研究院.2018年互联网利用形态调查报告[EB/OL]. http://www.cdak.or.kr.2019-02-14.

四、研究模型图

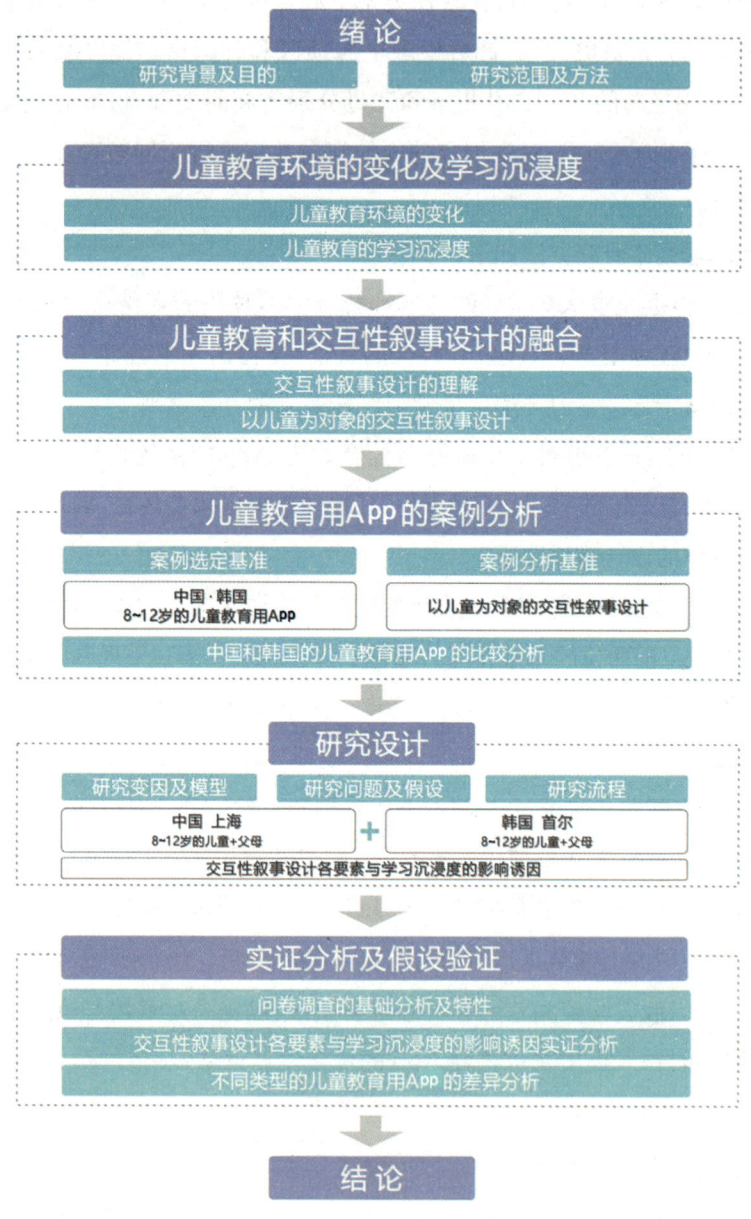

图 5　研究模型图

第一章 儿童教育环境的变迁和学习沉浸的形成

本章将在先行性理论考察的基础上,对儿童教育的概念、儿童认知发展的特征、现代社会中儿童教育环境的变化以及由此而产生的学习沉浸效果进行分析和梳理。期望对后续研究提供理论性支持。

第一节 儿童教育

一、儿童教育的概念

儿童作为一个法定熟成的概念,其年龄的界定在不同时期、不同文化的历史发展背景中都有着不同的解读。例如,在有的国家或地区,特别是处于热带地区的国家尤其是贫穷国家,因儿童成熟较早或贫困儿童众多,使得这些国家或地区难以负担众多儿童的生活,因此对成人年龄的界定偏低,普遍为 13 岁到 18 岁不等。此外,即使在同一个国家,不同的法律体系对儿童年龄的定义也有不同,例如,在中国的《刑法》中,儿童特指 16 岁及其以下的公民;在《未成年人保护法》中则把儿童定义为不满 19 岁的公民。1989 年通过的《世界儿童权利公约》中对儿童年龄的界定是 18 岁以下的任何人。[1]

教育是指有目的、有计划、有组织地培养人的社会实践活动,广义的教育泛指一切传播和学习人类文明成果的过程,即对各种知识、技能和社会生活经验的学习。狭义的教育则专指学校教育,即制度化教育。主要指学校对儿童、少年、青年进行培养的过程。[2] 教育之所以在人类历史中频繁出现,

---

[1] 谢娟. 现代教育技术运用的伦理审视[D]. 济南:山东师范大学,2013.
[2] Sharon Detrik. *A Commentary on the United Nations Convention on the Rights of the Child Kluwer Law International*[J]. J Comput Educ,1999,108(05):54.

是因为它与儿童生存和学习环境密切相关。而在知识论和本体论的影响下,教育往往把儿童当作认识的主体,把世界当作认识的对象。儿童通过学习所认识的是关于世界的知识,并根据所学的知识了解并改变世界。儿童教育是与儿童所具有的特殊本质相适应的,正是由于这种特殊的本质,所以才把儿童与成人,甚至青少年区别开来。①

但是在教育的过程中,教育者往往忽视了儿童教育的根本是要把儿童当作一个特殊个体来看待的事实。对于儿童来说,儿童通过教育才能成为理想的社会存在物。教育正是帮助个体了解自身的存在,并同时使其融入社会整体之中的过程。②

关于儿童教育的观念在文艺复兴时期开始得以发展。17世纪伊始,人的作用得到推崇,因此在文学和绘画作品中关于儿童的形象也出现了一些变化。儿童因为可爱、单纯和滑稽的形象成为大人们放松和消遣的资源。他们往往将儿童看成是由上帝创造的脆弱的个体,儿童在需要得到保护的同时又需要得到教育。到了18世纪,现代的儿童概念得以提出,与儿童有关的事情及生活都成为任何国家和家庭关注的焦点。儿童的现状及未来都需要额外的关注,儿童由此成为社会和家庭的中心。③

图1-1 西方早期的儿童教育

儿童教育概念的明确要归功于法国哲学家卢梭。卢梭在《爱弥儿·论教育》中第一次提出了儿童教育,他认为儿童发展有其自身的特殊规律,对儿童的教育应该顺应儿童身体发展的特征,并且强调要把儿童当作儿童而

---

① 俞金尧,刘东. 西方儿童史研究四十年[C]. 中国学术,第8辑,2001:298-336.
② Karl Jaspers. *Was Ist Erziehung*[M]. shanghai:Sanlian Bookstore,1946:54.
③ 俞金尧,刘东. 西方儿童史研究四十年[C]. 中国学术,第8辑,2001:298.

不是大人来对待。

与卢梭同时期的歌德也通过《少年维特之烦恼》提出了对儿童的定义，其中隐藏着对未来的憧憬。卢梭与歌德在著作中都明确了儿童与教育之间的关系。不同的是歌德擅长描述儿童内心的冲突和生生不息的生存意志，强调儿童自身在教育中的作用性；而卢梭的作品里则强调儿童在现代社会中的遭遇，以及通过这种遭遇所暗含的社会化制度，其更多的是主张教育制度对儿童的影响关系。

把儿童教育推向顶点的是哲学家约翰·杜威。杜威强烈抨击教育中儿童没有得到应有的重视，要求教育高度重视儿童及其自身发展的规律，并主张儿童教育应该注重心理学和哲学的双重影响。但在杜威的作品里，更多的是以教育环境代替现实社会，缩小了儿童与社会的矛盾关系。因此，儿童教育往往是作为教育的对象出现的，人们更多的是关注到他们和成年人的心理及生理的不同。

在儿童教育的特殊性方面，法国教育学家米歇尔·德·蒙田在《论儿童教育》中提出，在关于儿童的教育和教学问题研究上，目前人类所拥有的一切知识都存有极大的不足。在他看来，造成儿童难以教育的主要原因是儿童的善变。在儿童年轻的时候，他们的个性化特征和性情是那么不固定且多变，甚至他们对事物的渴望也是具有多样性和虚幻性的。即使最有才能的人，也很难做出明确的判断。① 如果教育者不善于指引儿童教育的方向，而是花费很多时间跟孩子们谈他们不喜爱的事物，必然会对儿童教育的结果产生消极影响。

因此，以儿童为对象进行的教育意味着需要了解儿童独特的认知能力，如果把成人的教育方式简单的作用在儿童的认知世界里，势必产生许多歧义和矛盾。儿童作为一个独立的个体，他们有着自己独特的生活和思维方式。要想获得正确的儿童教育效果，不仅需要对儿童进行人文关怀，而且必须关注儿童的生活方式及生存状态，最终提高儿童生活和教育的质量。

---

① [法]米歇尔·德·蒙田.论儿童教育[M].上海:上海人民出版社,2016:89-95.

二、儿童的认知发展特征

玛丽亚·蒙特梭利的教育著作《童年的秘密》中主张给儿童自由的学习空间。文章中体现的核心教育观念借用孩子的话来说就是"帮助我,请让我自己做"①。这里的自由是指在合理的掌控下,鼓励儿童无限制地去做对的事情。在对儿童进行充分研究和了解的基础上,遵循儿童的生理和心理特征,在宽松、愉快的环境中发展儿童独立、自信、专注和学习动机等的能力,可以为儿童未来的成长和发展打下良好的基础。

儿童在不同年龄阶段所表现出不同的认知发展特征,决定了对待不同年龄的儿童需要采用不同的教育方法。著名儿童心理学家皮亚杰通过认知发展理论将8~12岁年龄阶段的儿童称之为具体运算阶段(Concrete Operational),见表1-1。该阶段的儿童可以进行系统的推理,用逻辑的方式解决问题,并可以长时间专注同一件事情。同时该阶段的儿童的语言表述能力趋于完善,能够进行基本的交流和复述,对待事物的目的性增强,在行为前可以进行有效的思考。同时8~12岁也是中国和韩国的小学教育年龄阶段,因此,本研究的儿童特指处于8~12岁年龄阶段的儿童。

表1-1　皮亚杰的儿童认知心理的发展阶段②

发展阶段	年　龄	特　征
感觉运动阶段 (Sensorimotor)	1~3岁	通过在学习环境中的行为了解世界,并依靠环境物体的外在反应而非内在的思维过程。
前运算阶段 (Preoperational)	3~8岁	已经能使用语言及符号等理解外在事物,具有推理能力但不符合逻辑思维。
具体运算阶段 (Concrete Operational)	8~12岁	进行系统的推理,可以用逻辑的方式解决问题,并放弃以自我为中心。
形式运算阶段 (Formal Operational)	12岁后	儿童达到了思维的高级阶段。

---

① Maria Montessori. *The Secret Of Childhood* [M]. Published by Ballantine Books, 1982: 34-36.
② Jean Piaget. *Science of Education and the Psychology of the Child* [M]. New York: Orion Press, 1970: 183-185.

技能水准、感知能力和学习动机是儿童教育中不可忽视的重要内容。儿童认知发展的特征会影响儿童教育的接受程度。① 因此,本研究以 8～12 岁的儿童教育为出发点,分析该年龄阶段儿童的具体认知发展特征。

(一)儿童的技能水准

在儿童生理发展过程中,个人所拥有的行为技能是儿童体验事物、认识事物的初级阶段。但不论是利用怎样的行为方式,都需要与外界事物产生直接的联系。儿童的认知思维更多的是倾向于直接的感官行为,如:嗅觉、触觉、听觉、视觉和味觉。而通过罗伯特·缪尔的统计,儿童对于外部世界的认知比例中,83%需要通过视觉能力,此外听觉占据 10%,触觉占据 4%,嗅觉为 2%,味觉仅有 1%。② 因此,鉴于儿童特殊的生理特征,视觉、听觉和触觉是 8～12 岁儿童接触外在事物的主要技能行为方式。

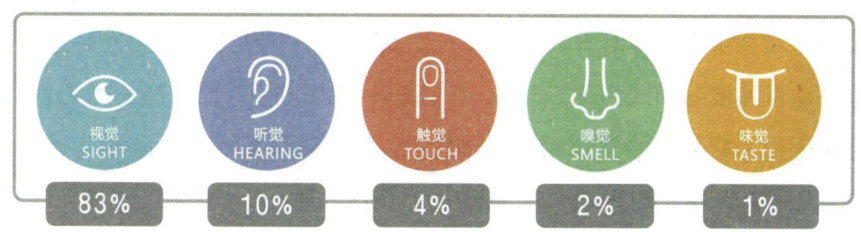

图 1-2　儿童五感的认知比例

1.视觉特征

8～12 岁的儿童视力已经逐渐成熟,视力清晰度比低龄儿童得到明显的提高。儿童在清楚认知视力测试表上的所需距离为:4～5 岁儿童需 2.1 米,5～6 岁儿童需 2.7 米,6～7 岁儿童可达 3 米,8 岁以上儿童的视力已经符合

---

① Maria Montessori. *The Secret of Childhood*[M]. Published by Ballantine Books,1982:34-36.
② Park Sun. Visual Communication Design[M]. Seout:Mijin Press,1999:66.

正常视力要求。① 同时,年龄越小的儿童识别物体则越大,但是8～12岁儿童在进行物体识别时是随着年龄的增长而识别物体则越小。此外,8～12岁儿童的视觉特征还包括儿童对于色彩的认识程度,鲜艳的色彩会帮助儿童准确的识别并加深记忆,而黯淡的色彩会导致儿童的识别程度降低。

2. 听觉特征

儿童在出生后20个月左右听力发展已经基本得到完善。8～12岁儿童在正常情况下的听力已经达到成人的听力程度,其中声音听觉和语言听觉发展较为迅速。此外,儿童在感知到画面和声音时,不单需要听觉系统,还需能够运用语音信号系统分析同听觉系统相结合的综合画面。

3. 触觉特征

触觉的绝对感受性在儿童早期就得到了体现,其以皮肤接触性感受和运动接触性感觉为触觉的主要表现特征。儿童手部触摸动作特性会随着年龄的变化而发生改变,并且触觉和视觉所具有的联动性,导致了不同年龄阶段儿童在认识物体时有其不同特点。其中,3～5岁儿童不能很好地区分触摸动作和被触摸的物体。5～7岁儿童对物体进行短暂的视觉确认后,就会快速用手抓起物体并开始玩耍,但这也往往使得该年龄阶段的儿童进行探索性的接触活动时的完成度和稳定度不足。而8～12岁的儿童则可以进行更加细致的触摸动作,在实际动作之前,不仅会用眼睛仔细地观察物体,而且会将触觉感受直观地反馈到语言或表情上。

(二)儿童的感知能力

儿童的感知能力特征根据儿童的生理发育阶段分为想象力、注意力、记忆力和认知能力四个特征。②

想象力方面,8岁的儿童已经具备了完备的想象能力,并且儿童的想象

---

① 中国爱尔眼科中心.青少年视力发展报告[EB/OL]. http://www.aier021.com/article/xieshi/2018/0608/303.html. 2018-06-08.
② 陈晓芬.儿童发展及引导[M].台北:南方出版社,1997:83.

能力总是超乎成人的想象。注意力方面,新鲜的、富有刺激性的事物更能够引起儿童的注意。记忆力方面,儿童在早期往往无法形成有意识的记忆,只能记住那些留下深刻印象或者自己喜欢的东西。

认知能力方面,8~12岁的儿童对于图形的认知较为敏感,心理学家田中敏隆的儿童实验表明,8~12岁儿童已经可以区分物体的正确形状,并临摹较为复杂的图形。[①] 儿童在看到不熟悉的图形时,往往会把该图形与具体的事物或熟悉的事物联系在一起。只要是他们感兴趣的事物,即使是更复杂的图形,儿童也能分辨其中的不同,但儿童仍然对于简单化图形的接受度较高。

(三)儿童的学习动机

动机(Motive)是心理学用语,与动因(引起某种事物现象或变化的原因)几乎相同,但动因是机械论,动机则具有更强的目的论意义。[②] 学习动机作为儿童自主学习的原动力,是触发、维持和完成学习活动的主要条件,在很大的程度上会影响儿童的学习效率和成果。

通过儿童学习需求模型(图1-3)可以发现,儿童的学习习惯是儿童在不断学习的过程中逐渐形成,并在学习活动中影响学习效能的稳定性。学习需要在儿童学习过程中经常变化,与儿童自身的学习能力和学习动机形成的"动力系统"互为条件与目标。这个系统慢慢形成或影响学习习惯,而学习习惯又会反作用于这个系统。

因此,儿童的学习动机对儿童自身的学习成果的影响起根源性作用。学习动机的特征主要由好奇心、个体需求、任务目标和自我效能感(Self-

---

[①] 刘婧. 儿童网络阅读行为的影响因素研究[D]. 南京:南京大学,2013.
[②] Clements, Rhonda L. Fiorention Lea. *The Chila's Right to Play:A Global Approach*[M]. New York:Hofstra University Press,2004:32-34.

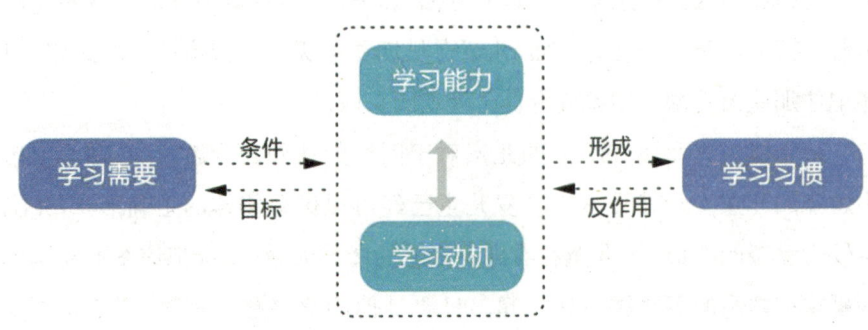

图 1-3　儿童学习需求模型①

efficacy)组成。

1. 好奇心

布鲁纳指出,学习动机由三种内驱力(好奇心、好胜心和互惠)所引发。其中,好奇心是引发学习动机的重要驱动力。好奇心是个体遇到新奇事物或处在新的外界条件下所产生的注意、操作、提问的心理倾向。它作为一种优势心理过程,驱动个体主动接近当前的刺激物,并形成积极思考和探究的学习态度。好奇心既是构成学习动机的主要成分,也是影响学习动机的主要因素。

2. 个体需求

许多研究者往往通过马斯洛提出的动机需求层次理论(Maslow's Hierarchy of Needs)来解释儿童教育过程中的内在动机。马斯洛在其需求理论中将人的需求从低到高划分为生理需求、安全需求、爱与归属需求、尊重需求和自我实现需求五个层次。

---

① Alexis R Lauricella, Rachel Barr, Sandra L. *Calvert Parent and Child Interactions during Traditional and Computer Storybook Reading for Children's Comprehension*: Implications for Electronic Storybook Design[J]. International Journal of Child-Computer Interaction, 2014, 32(04): 17 - 25.

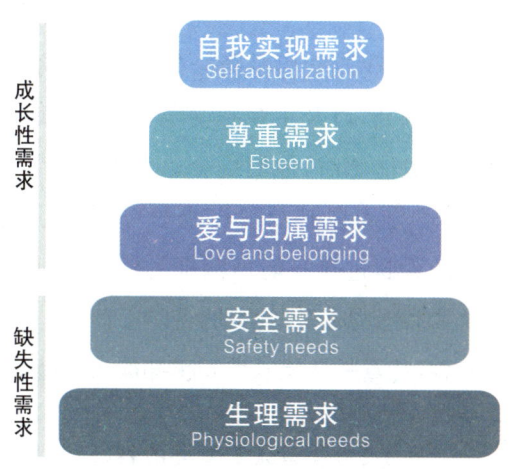

图 1-4 马斯洛(Maslow)的动机需求层次理论①

不同类型的活动会满足用户的不同需求。例如,教育内容中温馨的图标和色彩设计,以及健康积极的故事内容,满足了他们的安全需求;通过与不同学习者之间的互相学习、共同完成学习任务和教育中宣传的爱与责任,满足了他们的爱与归属需求;学习任务完成之后可以获得相应的奖励及他人的尊重,满足了他们的尊重需求和自我实现的需求。

3. 任务目标

具有挑战性的任务往往更能激发学习者的学习动机。教学过程中,适当的挑战会给学习者带来一种最佳的心理体验,非常容易或者非常难以完成的学习任务都不会形成挑战感。具有适中的挑战难度的活动会给学习者带来最大的学习动机。学习中的挑战包括给予参与者不确定的结果、个性化的目标以及适当的学习难度。

---

① Maslow A H. *A Theory of Human Motivation*[M]. New York:Psychological Review,1943:370-396.

4. 自我效能感

根据班杜拉的界定,自我效能感是指个体对于自己能否通过一系列活动完成预期目标的能力判断,以及主观感受与信念。他认为人们评估自己在某一领域有较高自我效能感时,他们更会乐意将全部心力投入到该领域中,且在投入后也可能会全力以赴的工作或学习,并更加容易获得成功经验。而当个体面对自认为超过自身能力范围的任务时,则可能会采取回避策略并且选择自己认为有能力处理的活动。[①]

以先行研究为基础,儿童的技能水准和感知能力的特征整理如下。

表 1-2　儿童认知发展的特征

分类		特征
技能水准特征	视觉特征	1. 视觉较为敏锐,喜欢观察; 2. 能够辨识大部分的图形和事物; 3. 视觉上倾向于丰富的色彩。
	听觉特征	1. 对声音敏感,喜欢动感的音乐; 2. 能复读大部分听到的内容; 3. 能掌握一定的词汇和单词。
	触觉特征	1. 行为方式多样化; 2. 喜欢动手操作。

---

① Bandura Albert. *Self-Efficacy Mechanism in Human Agency*[M]. New Jersey: American Psychologist, 1982: 122-147.

(续表)

感知能力特征	想象力	1. 对陌生的事物会产生焦虑； 2. 喜欢创作、绘画和发明； 3. 想象力丰富，对事物好奇，并善于提问； 4. 喜欢新奇的事物、喜爱游戏。
	注意力	1. 具有丰富的情绪变化，带有明显的直观性和自主性； 2. 喜欢新奇、有趣的事物，乐于被兴趣所引导； 3. 可进行一定时间的集中性练习。
	记忆力	1. 能对复杂的图形进行复写和记忆； 2. 对新奇、有趣、独特的事物更加容易记忆。
	认知能力	1. 喜欢表达、模拟和跟读； 2. 喜欢与人交往和沟通； 3. 对具象、彩色的事物敏感。
学习动机	好奇心	是构成学习动机的主要成分，也是影响学习动机的主要因素。
	个体需求	不同类型的学习活动，可以满足不同用户的学习需要。
	学习目标	1. 适当的挑战给学习者带来一种最佳的心理体验； 2. 适当的挑战也会给学习者带来最大的学习动机。
	自我效能感	1. 是学习者对活动完成预期目标的能力判断以及主观感受； 2. 学习者在学习沉浸后会更加努力，更容易获得学习动机。

通过对儿童认知发展特征的考察，以下几点对本研究有重要参考价值：

第一，由于儿童在不同年龄段的发展认知特征，决定了儿童不同的教育手法。根据皮亚杰的认知发展理论，本研究特指8～12岁年龄阶段的儿童。

第二，由于儿童认知发展的特征会影响儿童教育的接受程度，因此，技能水准、感知能力和学习动机的培养是儿童教育中不可忽视的重要内容。①

第三,不同类型的学习活动以及学习环境,会给儿童带来不同的学习动机。

随着现代社会的发展,不断变化的教育形式也对儿童的学习效果产生了强烈的影响。新媒介的介入虽然在教育形式上给儿童带来了一定的听觉和视觉方面的冲击,但是基于儿童学习者特征的影响,如何提高儿童在学习的过程中的学习能力和激发儿童的学习动机仍是本研究关注的重点。

三、儿童教育环境的变迁

传统概念中,学习是通过上课的教材和老师的讲解,利用固定的教室进行的学习活动。这种传统的学习往往是以写作、阅读和计算为主。传统概念的教育环境也被单纯地理解成由固定的教室和老师讲授所组成的。但是随着社会环境和科学技术的变化,教育环境也出现了巨大的转变。教育内容也由存在局限性的现有学校授课的体制中得以蜕变,并逐步适应新的教育环境。

随着当前社会的数字化融合(Digital Convergence)的发展,儿童教育的模式也开始发生变迁,并逐渐从现有的以老师讲授为中心的固化教育形态,演变为通过互联网技术,以学习者为中心的自由互动性教育形态。这种教育现象的发生与当前智能技术的广泛普及是同步的,这就要求教育者必须向以学习者为中心的互动性教育方向进行转变。

图 1-5 儿童教育环境的变迁

---

① Maslow A H. A Theory of Human Motivation [M]. New York:Psychological Review, 1943:370-396.

自 20 世纪 90 年代以来,随着信息技术的发展,多媒体计算机、网络课程、教育 App、教育 VR 等互联网教育产品逐步走入校园和课堂。年轻一代的学习者们对于这种数字教育环境的高适应性,使得他们需要随时随地接入网络,从而获得最新的信息和个性化的学习资源。这种新型教育环境已不仅是一种单纯的教学环境,而逐渐演变为当代学习者们智慧学习过程中的必需品。

新一代信息技术的发展为教育环境理念与实践的变革提供了可能,技术的发展同样极大地刺激了研究者和教育者们去拓展学习的概念和教育环境的进一步创新设计。[1] 随着人类逐渐步入了 Web 3.0 的时代,在先进技术和智能设备的推动下,儿童教育的环境也发生了剧变。从技术演化路程来看,现代社会的儿童教育环境分为数字学习(E-Learning)、移动学习(M-Learning)、泛在学习(U-Learning)和智慧学习(S-Learning)四个发展阶段。

E-Learning 主要指在传统教育环境下利用计算机和互联网进行单向学习。E-Learning 通常能让学习者自由安排学习时间,让他们在任何时间(1A:anytime)都能够学习。然而,这种学习内容较为固定,学习形式也较为单一,学习者处于被动接受的学习状态。

M-Learning 是通过使用移动设备(如 PDA、手机、便捷式电脑)与无线通讯技术,使任何学习者都能够在任何时间和任何地点(3A:anyone,anytime,anyplace)进行自由化学习,并有效地呈现学习内容,为教师与学习者之间提供双向交流。M-Learning 让学习地点的自主选择成为可能,也让任何人都可以成为学习者,打破了传统学习环境的界限。

U-Learning 是 Ubiquitous Learning 的缩写,是指让学生可以随时随地使用各种智能终端进行学习,同时不受时间、空间和环境的限制。[2]其中,M-Learning 更多地强调学习者与移动设备的交互、与学习内容的交互和与其他人的交互。U-Learning 不但支持上述交互类型,而且支持学习者与现

---

[1] Jonassen D H, Land M S. *Theoretical Foundations of Learning Environments*[M]. Lawrence Erlbaum Associates,2002:1.

[2] Taisiya Kim. *Evolution to Smart Learning in Public Education*[EB/OL]. http://ifipost12.tlu.ee/wp—content/uploads/2012/06/kim_final.pdf. 2013-03-19.

实世界(物理环境)的交互。U-learning 能随时感知学习者的个人信息、环境信息和知识信息,并将当前信息网络中最匹配的学习资料反馈给学习者,从而完成一次交互的过程,并且不断重复。这也使得 U-Learning 可以让任何学习者在任何时间和地点,以任何方式学习任何内容(5A:anyone,anytime,anyplace,in any way,any content),学习者处于较为主动的状态。

智慧学习(S-Learning)是 Smart Learning 的缩写,其在 U-Learning 基础上新增了智能分析(Smart Analytics)功能,可以对学习者产生的大数据进行智能分析,并为评估学习过程、预测未来表现和发现潜在问题等提供相关智慧服务。S-Learning 较好地支持了多模态情境感知、学习过程实时记录、学习数据智能分析、学习服务推送以及学习诊断评价等。

智慧学习不仅可以实时记录、分析并处理学习者的数据,并智能推算出数据分析后的结果,为学习者推送更适宜的学习服务项目,从而满足学习者的个性化需求。同时,智慧学习还支持各种学习终端的无缝接入和泛在连接。因此,S-Learning 能够让任何人在任何时间和地点,以任何方式学习任何内容,并可获取任何学习支持(6A:anyone,anytime,anyplace,in any way,any content,any learning support)。儿童教育环境的发展过程整理如下。

表 1-3 儿童教育环境的发展过程[①]

类型	E-Learning	M-Learning	U-Learning	S-Learning
时期	2003 年	2005 年	2007 年	2012 年
技术演进关系 (Evolving Relationship)	E-Learning 主要指正规教育情境中利用计算机和互联网进行学习。	M-Learning = E-Learning + 移动技术	U-Learning = M-Learning + 传感技术 + 情境觉知	S-Learning = U-Learning + 社会网络技术 + 智能分析

[①] 贺斌.智慧学习:内涵、演进与趋向——学习的视角[J].电化教育研究,2013,34(11):24 - 33.

(续表)

学习终端 (Learning Terminal)	PC机、笔记本。	移动设备（如PDA,手机,便捷式电脑,数码相机）与无线通讯。	带传感技术（如RFID,GPS)的移动设备与无线通讯。	智能设备(如Tablet, Smartphone, iPad,iPhone)与无线通讯。
学习自由度 (Degree of Freedom)	1A:在任何时间学习。	3A:任何人在任何时间和地点学习。	5A:任何人在任何时间、地点,以任何方式学习任何内容。	6A:任何人可以在任何时间、地点,以任何方式学习任何内容,并获得任行学习支持。
即时性 (Immediacy)	学习者不能即时获取信息。	在装有特定移动设备的环境中,学习者可以立即获取信息。	学习者能即时获取信息。	学习者能即时获取信息,学习数据的实时分析。
交互性 (Interaction)	交互方式较为固定和单一,交互体验不佳。	较为灵活和多样,但不太自然。	真实的、自然的,灵活多样。	真实的、自然的、隐性的,灵活多样化,较为深入,最佳匹配的,用户体验良好。

  基于现代教育环境的变化和技术的发展,S-Learning在儿童教育领域会具有较为广泛的应用前景。考尔指出,在智慧学习环境中,S-Learning的当前趋势有:播客(Podcasts)、移动学习、云计算、社交游戏、智能代理等。[①] S-Learning的发展趋势结合现代人工智能技术的飞跃式提升,打破了传统教育的束缚,鼓励学习者去主动参与学习,并借助智能设备将传统的故事内容以交互性的手法融入儿童的学习过程中,从而提高儿童学习者的学习兴趣

---

① Abtar Kaur. *The Future of Smart Learning：Personalised Learning*［EB/OL］. http：//www.elearningasia.net/_program/pdf_pt/[Speaker％205－1]Abtar％20Kaur.pdf. 2013-10-23.

和学习动机。正因如此,儿童学习者才会成为知识的创造者,而非搬运工。

第二节　智慧学习环境下的儿童教育

智慧学习在各国的教育行业都属于重点关注对象。相关文献显示,中国、韩国、日本、澳大利亚等国都对智慧学习产生了浓厚的兴趣。[①]

而对于智慧学习的理解,各国学者都有自己的研究定义和特征。例如,韩国教育科学技术部认为,智慧学习是将信息通信技术和网络资源利用在学习教育上,发掘和培养学生并使之成为拥有全球领导才能的21世纪教育模式。[②]

马来西亚开放大学考尔认为,智慧学习是指利用数字技术(多媒体、互联网、代理技术)以增强、丰富和加速学习过程。[③]

韩国学者黄太俊认为,智慧学习是利用开放教育资源、智能信息技术(Smart IT)和国际标准,使学习者的能力得以增强的一种较为灵活的学习手段。[④]

李明淑则认为,智慧学习是指一种学习者自我导向、以人为本的学习方式。它整合了智能信息技术(Smart IT)与学习活动,让学习者容易取用(Access)到资源信息。[⑤]

成虎权认为,智慧学习是指学生在课堂内外使用移动无线设备,让他们能够在一个拥有强处理器、丰富内存、较大屏幕和开放式操作系统的平台上

[①] Lernmodelle der Zukunft, Friedel Jonker. *IBM Smarter Learning* [EB/OL]. http://www.slideshare.net/jonker1/ibm-smarter learning. 2012-08-24.

[②] 韩国科学技术部. 智慧教育实施推进计划方案[R]. 首尔:教育科学技术部,2011:4.

[③] Abtar Kaur. *The Future of Smart Learning : Personalised Learning* [EB/OL]. http://www.elearningasia.net/_program/pdf_pt/[Speaker%205-1]Abtar%20Kaur.pdf. 2013-04-03.

[④] Dae-Joon Hwang. *What's the Implication of "SMART" in Education and Learning?* [EB/OL]. http://www.elearnin gasia.net/_program/pdf_pt/[Panelist%203-2]Dae-joon%20Hwang.pdf. 2013-03-12.

[⑤] Myung-Suk Lee, Yoo-Ek Son. *A Study on the Adoption of SNS for Smart Learning in the "Creative Activity"* [J]. International Journalof Education and Learning,2012,33(05):1-18.

安装和操作各种应用程序。①

顾德海认为,智慧学习是一种面向实践的自主学习过程,它利用基于无线网络以及便捷的移动设备,克服时间和空间限制,即刻完成个人或多人合作的学习活动。②

关于智慧学习的多样化定义整理如下。

表1-4 智慧学习的多样性定义

研究者	定义
韩国教育科学技术部（2011）	这是将信息通信技术和网络资源利用在学习教育上,发掘和培养学生并使之成为拥有全球领导才能的21世纪教育模式。
林熙淑(2011)	将传统教学中垂直性、单向性的教学方式转换为双向性、互动性和智能性的教学方式,提高了整体的学习效果。
李明淑(2012)	指一种学习者自我导向、以人为本的学习方式。它整合了智能信息技术(Smart IT)与学习活动,让学习者容易取用(Access)到资源信息。
祝智庭(2012)	通过构建智慧学习环境(Smart Learning Environments),运用智慧教学法(Smart Pedagogy),促进学习者进行智慧学习(Smart Learning)。
黄太俊(2012)	利用开放教育资源、智能信息技术(Smart IT)和国际标准,使学习者的能力得以增强的一种较为灵活的学习。
考尔(2013)	利用数字技术(多媒体、互联网、代理技术)以增强、丰富和加速学习过程。

---

① Sungho Kwon. *Principles & Strategies for English Acquisition through Smart Learning in a Collaborative Way*[J]. International Journalof Education and Learning, 2013,42(02): 34-47.

② Duk-Hoi Koo. *Trends and Revitalization of Smart－Learning in Elementary and Middle Schools*[J]. Asian Journal of Information Technology, 2018,12(09):160-168.

（续表）

权成浩（2013）	指学生在课堂内外使用便携式和无线手持设备，让他们能够在一个拥有强处理器、丰富内存、较大屏幕和开放式操作系统的平台上安装和操作各种应用程序。
Koper（2014）	智慧学习是具有丰富数字化、情境感知和自适应设备的，能够促进更好学习的物理环境。
Kinshuk（2016）	智慧学习能够打破教室的界限，能够识别学习者的位置、环境和学习状态，为学习者提供一个完全情境化的学习过程，从而带来更好的学习体验。
顾德海（2018）	是一种面向实践的自主学习过程，它利用基于无线网络以及便捷的移动设备，克服时间和空间限制，即刻完成个人或多人合作的学习活动。

　　韩国教育科学技术部把智慧学习的特征总结为，学习者自我主导性（Self-directed），学习者的学习动机（Motivated），学习能力及适应性（Adaptive），丰富的资源（Resource Enriched），以及信息技术的导入（Technical Embedded）。[1] 其后的学者们针对智慧学习的特征也进行了多样化的研究，并提出了不同见解。

---

[1] 韩国科学技术部.智慧教育实施推进计划方案[R].首尔:教育科学技术部,2011:4.

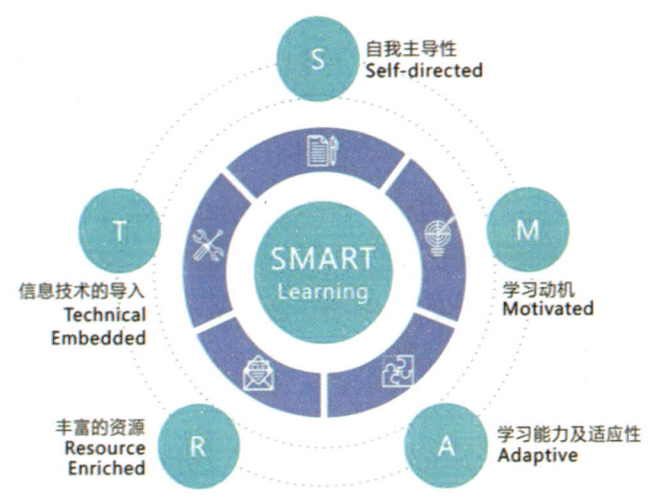

图1-6　智慧学习的特征①

2013年,贺斌基于智慧阶梯(SMART-STAIR)概念框架提出智慧学习具有推动学习者学习服务(Service-Pulled)、人性化学习内容(Humanized Context)、积极的自我学习意识(Active Self)、学习资源的可定制化(Resource Customization),以及易用的学习工具(Tool & Terminal-easy)五个特征。②

本研究在先行学者的研究基础上,将智慧学习总结为在智慧学习环境或空间中,以学习者为中心,借助智能设备通过无缝接入方式访问互联网络,快捷提取所需的知识信息,选择适合学习者自身需要的网络学习服务。

同时,智慧学习是在智能技术的不断发展下,以学习者为中心推动更好学习服务(Service-pushed),通过学习者的兴趣和动机发现问题(Motivated),利用丰富的网络学习资源(Awareness of Context)进行学习资源和学习者个人能力的适应性整合(Resource-connected),最终通过技术的无缝链接(Technology-seamless)将学习者和学习内容流畅地接入网络,支持知识

---

① 韩国科学技术部.智慧教育实施推进计划方案[R].首尔:教育科学技术部,2011:4.
② 贺斌.智慧学习:内涵、演进与趋向——学习的视角[J].电化教育研究,2013,34(11):24-33.

共享与信息交换。

从技术发展的角度出发,智慧学习广泛利用了社会网络(Social Networks)模块(如 Web),更加轻巧化、智能化的移动设备(如 Smart phone、iPad、iPhone 等),以及智能感知(Sensor)设备(如 VR 设备、温度传感器等)等架构起新型的智能学习环境,具有学习过程记录、学习数据分析、服务推护、学习效果诊断等诸多重要功能。

因此,智慧学习的实现设备主要分为教育 Web、教育 App 和教育 VR。

一、教育 Web

教育 Web 作为智慧学习的初始阶段,是通过计算机、多媒体和远程通讯技术相结合的网络教育工具。教育 Web 是以 Hyper Media 为基础的多媒体软件,可以在学习过程中产生反应、活动和基础反馈。此外,利用网页的机制和程序,可以促进学习者和其他学习者为中心的学习活动。

教育 Web 利用 HTML 元素构成了所有网站的构建模块。HTML 提供了一种可以通过表示文本的结构语义(如标题、段落、列表、链接和其他项目)来创建结构化文档的方法。它可以在 Java Script 等语言中嵌入脚本,从而影响 HTML 网页的行为。为了使教育 Web 更具动态效果,添加了其他程序和功能,如 Java Script、PHP、层叠样式等,以便与 HTML 页面配合使用。但普通学习者几乎没有时间开发任何这些语言的专业知识,因此需要完全依赖于 Web 程序提供的服务。这些效果增强了学习者的体验,但也增加了互动学习的复杂性。

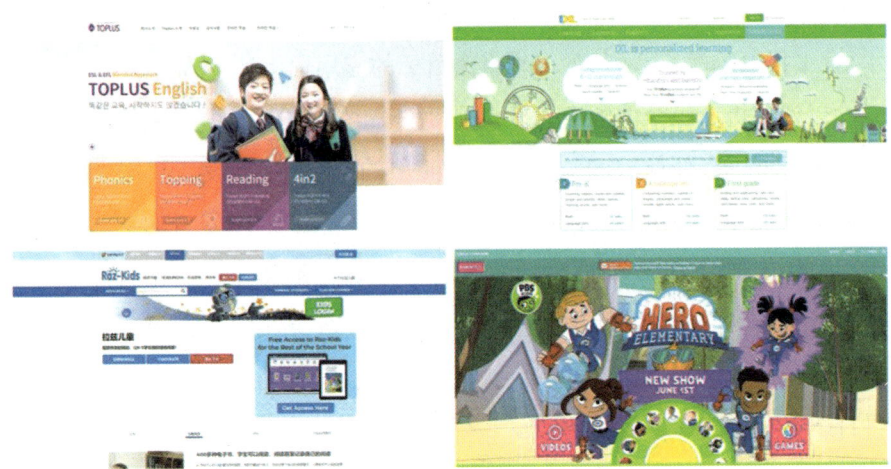

图 1-7　教育 Web

教育 Web 主要是以计算机为媒介,利用简单的信息共享方式为主的个体化学习,即所谓的"one writes, all read"模式。这仅仅解决了利用网络和计算机技术,使得地理位置较远的学习者可以共享学习资料的问题。但是学习者往往处于被动学习的状态,这并没有发挥出智慧学习环境下的优势。① 或者说,教育 Web 并没有体现出真正意义上的教学内涵。

教育 Web 的缺点总结如下:

第一,教学内容表现形式单一;第二,缺乏多种教学策略支持;第三,在学习过程中,没有角色的区分,不能发挥教学管理者和教育者的作用;第四,缺乏个性化学习模式;第五,只提供给学习者有限的互动能力;第六,只注重教学内容的呈现,而轻视了教育环境的设计。②

二、教育 App

App 是"Application"的简称,特指可以在各种移动终端设备上使用,并

---

① Sims R. An Interactivity Television Educationally Effective? A Research Review[J]. The American Journal of Distance Education, 2000, 26(04):47-57.
② 陈联. 基于 Web 智能教育平台关键交互技术研究及应用[D]. 成都:中国科学院研究生院(成都计算机应用研究所),2006.

能实现某些特定功能的应用程序。而教育 App 指的是在移动平台(如智能手机、平板电脑等)上运行的以教育为目标的应用程序。①

以计算机为媒介的数字化教育自 2005 年以来,逐渐由传统的一对一讲述变成由可以在任何时间与任何地点使用的、支持智能设备与用户之间的互动学习过程。在信息通信技术(ICT)的发展过程中,学习者的学习形式也由强迫学生学习,转变为以激发学生的学习动机和兴趣为主导的自主学习模式。教育 App 正是利用智能手机设备,通过适应性学习过程和社交网络进行互动性学习,打破了传统单一的学习形式,同时还可针对学习者的状态进行个人化定制学习模式。②

随着网络和智能手机的普及,智能教育也得到了长足的发展,结合了智能手机和平板电脑等多种智能设备,给学习者的自主学习带来了极大的便利性。5G 时代的来临使得学习者通过网络可以随时随地获取自己喜欢的教育信息,从空间和时间上摆脱了传统教学模式的局限,使以学习者为中心的智慧学习成为可能。

图 1-8 教育 App

---

① 王静,艾敏. 移动教育 App 的研究现状分析[J]. 物联网技术,2016,6(12):47-52.
② [韩]高润胜,辛汉勇. 智慧学习现状和进军海外市场的相关研究[J]. 韩国科学艺术论坛,2012,9(10):2-13.

因此,教育 App 是以学习者为目标用户,以游戏、娱乐为手段,以教授知识为主要目的,同时需要借助移动终端和互联网的第三方应用程序。相比传统的学习模式,首先,学习者可利用零散时间进行碎片化学习,学习机会显著增多,使自主学习更易发生。其次,它的游戏性和情景互动性为学习者提供了更加轻松愉快的学习过程,可以帮助学习者更加深入地理解学习内容。最后,它可以为学习者提供定制化的推送内容,有利于学习者的个性化学习需求,使学习更具针对性。同时把学习的过程和体验结果即时反馈给设计人员,促进教学方式和学习信息的更新。

三、教育 VR

虚拟现实(Virtual Reality,简写 VR)的概念最初来自科幻小说。Ivan E. Sutherland 在 1965 年发表了《终极的显示》论文,明确提出了虚拟现实的定义,并在 1968 年发明了第一台头显设备(Head-mounted display, HMD)。[1]

VR 技术是利用图形系统和控制传输设备,通过计算机生成的交互模式和具有沉浸体验的模拟程序。开发者利用电脑模拟产生一个三维空间的虚拟世界,使用者戴上 VR 头盔,几乎与现实世界隔绝,在虚拟环境中可以获得关于视觉、听觉、触觉等感官的现实世界模拟体验。

美国得克萨斯大学是最早把 VR 技术应用在教育培训中的大学之一。2013 年,该校将高分辨率的大型视觉墙的数字图像输入到 Oculus Rift VR 头盔中,形成了虚拟现实的学习环境。大型视觉墙可以显示比较详细的地球图景,其图像是由一组计算机处理器(CPU/GPU)耦合后建模产生的大型数字图像,该数字图像输入 VR 头盔后,变为学习地理知识的虚拟教学环境,身临其境的教学感受为众多学习者带来了全新的学习体验。[2]

---

[1] Niall Firt. Interview: *The Father of VR Jaron Lanier*[J]. New Scientist, 2013, 218(06): 21-35.
[2] Michael J, Samuel M, Edouard J. *Surgical Suturing Training with Virtual Reality Simulation Versus Dry Lab Practice: An Evaluation of Performance Improvement, Content, and Face Validity*[J]. J Robotic Surg, 2014, 9(6): 329-335.

图 1-9 教育 VR

教育 VR 技术能整合丰富的 VR 资源,创建内容丰富的 VR 作品,能打破时间和空间的局限性,解决资源紧缺的问题,提高学习培训的规模和效能,也能使学习者在内容丰富的虚拟学习环境中磨合自己的知识,提高创造力和分析问题的能力。而学生在虚拟的学习环境中,能充分发挥自己的特长,进行自由学习训练。

但是教育 VR 的缺点同样明显:

第一,目前的教育 VR 技术并不成熟,一些关键技术需要进一步研究和完善。

第二,教育 VR 系统开发的专业性要求较强,通用性和易用性则较差,导致了搭建系统平台程序的开发需要大量的精力,且开发成本昂贵。

第三,在教学应用层面,大部分教师的教学方式难以改变和适应。[1]

第四,当学习者进行虚拟现实的学习时需要戴上 VR 头盔,只有透过视觉传感系统才能在虚拟空间漫游体验,并且几乎与真实的外界隔绝。学习者在虚拟环境中长时间漫游体验,极易导致晕眩、头痛和眼睛疲劳等负面

---

[1] Plamena Zlateva, Dimiter Velev. *Virtual Reality Challenges in Education and Training* [J]. International Journal of Learning and Teaching,2017,3(1):33-37.

影响。

如果是儿童戴上VR头盔,有可能伤害他们娇弱的视觉系统,因此美国的Oculus Rift公司和韩国三星的Gear VR都建议年龄达到13岁以上的少年才能使用,而Play Station VR等厂家更是直接禁止12岁以下的儿童使用VR设备。[①]同时根据斯坦福大学2018年的调查报告,62%的家长担心VR对于儿童健康和大脑发育会产生影响,73%的家长表示他们的8~17岁的儿童在使用VR的时候都不同程度地出现了眩晕和头疼等现象。[②]

通过上述研究,针对教育Web、教育App和教育VR的比较分析如下。

表1-5 教育Web、教育App和教育VR的分析比较[③]

类型	教育Web	教育App	教育VR
时期	2003年以后	2010年以后	2013年以后
说明	教育Web是以Hyper Media为基础,在学习过程中产生刺激、反应、活动、强化和反馈的程序。	教育App指的是在移动平台(如手机、平板电脑等)上运行的以教育为目标的应用程序。	VR(Virtual Reality,虚拟现实)是指利用图形系统和控制设备,生成可交互和具有沉浸感的模拟程序。
学习终端	PC,笔记本电脑	智能设备(例:Smartphone, iPad, iPhone)	智能设备+虚拟现实输入设备(例:头戴式虚拟现实设备Head Mounted Display,运动控制设备Leap Motion Controller)。

[①] Cai S, Wang X, Chiang F. *A Case Study of Augmented Reality Simulation System Application in a Chemistry Course*[J]. Computers in Human Behavior,2014,8(04):31-40.

[②] 斯坦福大学报告:VR对儿童的影响可能比电视、计算机更大[EB/OL]. https://yivian.com/news/43686.html. 2018-04-09.

[③] Duk-Hoi Koo. *Trends and Revitalization of Smart-Learning in Elementary and Middle Schools*[J]. Asian Journal of Information Technology,2018,12(09):160-168.

(续表)

设备使用的便利性	弱	强	中
互动性	弱	中	强
学习沉浸	弱	中	强
以儿童为对象的使用频率	中	强	弱

通过上述对教育Web、教育App和教育VR的对比分析。在设备的使用方面，教育App以可移动智能手机为传播媒介，在使用的便利程度方面远高于教育Web和教育VR。但是在互动性和学习沉浸方面，教育VR强大的虚拟现实模拟能力，使其在这方面遥遥领先。

但是在以儿童为对象的使用频率方面，由于教育VR的虚拟现实设备在使用过程中，会导致儿童生理和心理的危害，从而被各大生产厂家禁止12岁以下儿童使用。而教育App依靠技术的可靠性和设备的便利性，在儿童教育领域上被学习者广泛使用。所以本研究针对儿童教育App为研究对象，进行后续研究。

第三节 儿童教育中学习沉浸的形成

随着第四次工业革命的发展，劳动力自动化水平得以进一步提高。根据经济合作与发展组织（OECD）的预测，在未来10年到20年里，14%的工作会面临完全自动化的高风险，另外32%则面临重大变化的风险。因此，教育系统也必须进行适应性调整，以确保学生掌握正确的、符合社会发展趋势的学习技能。虽然当前学界对于学生应该学什么和如何学持不同观点，但有一个不可避免的事实，就是当前社会环境下的学生需要为不断学习和提高适应性技能做好准备，即人们将会终身学习而不是只在一定时期内学习。

同时,智慧学习时代的新技术在 21 世纪劳动力技能获取和发展方式中也会持续发挥关键性作用。

2019 年,微软教育在 ISTE 大会中发布了一份名为《教育中的沉浸体验》报告书。报告书中指出,使用学习沉浸技术的学生最终考试成绩普遍提高约 22%。[1] 学习沉浸应该像在教学课堂环境中采用的所有技术一样,作为面对面学习的补充,允许自由互动,并最终引导正确的学习体验。

因此,教育领域的沉浸技术会在更广泛的环境中被使用,包括传统教室和网络环境。当沉浸技术和基于游戏的学习以在教学上一致的方式被正确部署时,它们就有可能支持和扩展所有相关课程,并使用以前无法扩展的互动学习方式来提高学习者的最终成果。

一、学习沉浸的概念及特征

1975 年,米哈里·契克森米哈(Csikszentmihalyi)发现不少学者在工作的时候往往具有一种锲而不舍的精神。当学者在工作的时候能够得到及时的反馈时,他们就会更加全身心地投入并忘却时间的流逝。契克森米哈通过研究和分析,大胆地提出了人类最优经验(The Optimal Experience)的概念。这个概念是为了解释人们为什么会全心全意投入到某种环境中集中注意力和忽略不相关的信息,进而形成沉浸(Immersion)效果。[2]

契克森米哈对沉浸的定义有两种描述方式。第一,当人们全身心投入时,行为与动作之间仿佛受到内在模式的牵引而自主行动,并不需特意地进行有意识的干预。第二,当用户被某一事物吸引时,会进入共同体验模式。[3]这种模式会使用户的意识聚焦到固定事物上并逐渐丧失自我意识,且只对固定事物中的目标及相关信息反馈产生反应。

---

[1] 微软沉浸式教育白皮书.沉浸式技术助力[EB/OL]. https://youyou—tech.com. 2019-10-16.

[2] Csikszentmihalyi M. Flow: The Psychology of Optimal Experience [M]. New York: Harper and Row,1990:38.

[3] Chen H, Wigand R T, Nilan M S. Optimal Flow Experience in Web Navigation[J]. Information Resources Management Association International Conference, 1998,8(02):62-80.

契克森米哈认为有些人可以通过自身特征迅速进入到沉浸状态,但是大部分人需要外部的引导才能进入。他还发现在某些互动状况下,例如玩游戏、阅读故事或者进行艺术创作时,人们更容易进入到沉浸状态。因此,他从这些状态入手,分析人们与沉浸的影响关系,并认为挑战(Challenge)和技能(Skill)是影响沉浸效果的主要因素,提出了如下图所示的沉浸模型。

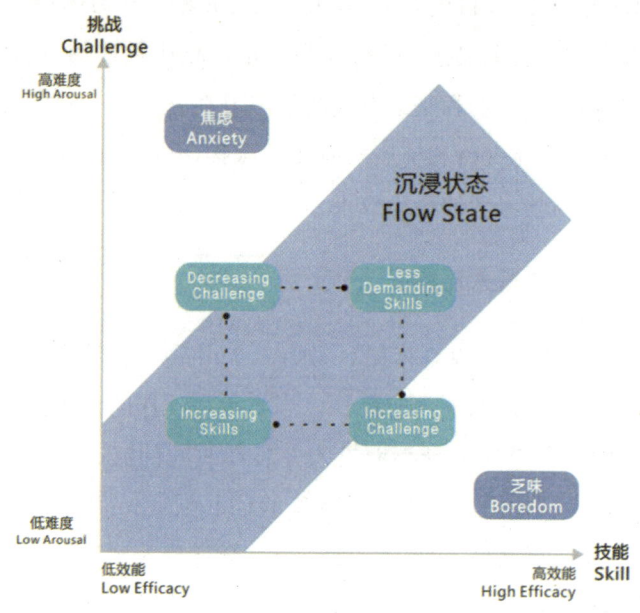

图 1-10　沉浸模型①

沉浸模型描述了挑战与技能的关系。当挑战难度太高而学习者个人技能不足时,学习者就会对整体学习环境缺乏控制感,从而产生焦虑和挫败感。相反,当挑战难度较低且学习者个人技能较高时,学习者就会觉得无聊从而失去继续学习的兴趣。因此,只有当挑战和技能达到一个平衡状态才能让学习者进入沉浸状态。在模型中也可看到挑战和技能的平衡点是动态存在的,随着学习者技能的变化而变化。

---

① Csikszentmihalyi M. *The Flow Experience and It's Significance for Human Psychology* [M]. Cambridge, MA: Cambridge University Press, 1988:276-270.

1985 年,马西米诺(Massimini)发现挑战与技能必须达到一定程度,学习者才有可能体验到沉浸效果。当两者都处于一个较低的状态时,学习者的态度是冷漠的;当两者都处于一个较高的状态时,学习者最有可能感受到沉浸状态。随后,马西米诺和卡利(Carli)在契克森米哈的沉浸模型基础上进一步深入研究,将挑战和技能分为低、中、高 3 个等级,并最终形成了沉浸的 8 通道细分化模型(图 1-11)。

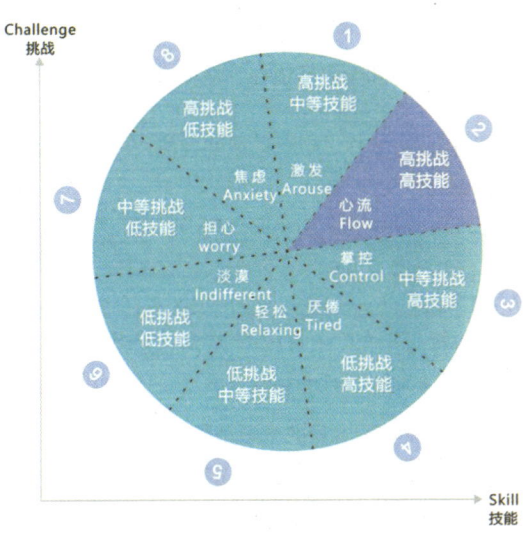

图 1-11　沉浸的 8 通道细分化模型①

早期关于沉浸的研究更多是关注工作中"挑战与技巧"的平衡点,但随着数字技术的发展,沉浸理论逐渐延伸至人机互动和阅读叙事领域。而智慧学习时代的来临使得关于沉浸理论的研究和应用范围进一步扩展至教育领域。因此,众多学者开始把目光聚焦于学习沉浸的研究范畴,并提出不同见解。

关于教育领域中学习沉浸的定义整理如下。

---

① Dhoparee S, Jennett C. *Quantifying the Experience of Immersion in Games*[J]. Cognitive Science of Games and Gameplay Workshop at Cognitive Science Vancouver, 2006, 11(05): 42-61.

表1-6 学习沉浸的定义

研究者	定义
Christenson (2002)	由心理性(归属感)、行动性(自发参与)、认知性(自我调节式学习)、学习沉浸(学习所需要的关键时间)构成。
Audas & Wilms (2005)	学生们参与学习(Academic)和非学习(Nonacademic)活动,在学业目的和价值上具有认同感。
Furlong (2011)	由学生、老师和学习环境在感情上、行为认知的沉浸等要素构成。
Klem & Connell (2013)	进行沉浸(行动性、感情性、认知效能)和对挑战的反应(理想性地适度沉浸)。
Russell (2015)	将个人和活动联系起来的活动能量,由行动性、认知性、感情性因素构成。
Csikszentmihalyi (2015)	学习沉浸是指在学习过程中学习者的知觉情感,或者没有外部的补偿,学习本身也会具有相应的意义。这意味着学习者会因学习的愉悦感而增加学习本身的学习动机。
Schilling (2019)	包括行动性、认知性、感情性投入,相互间产生影响,根据学生在学习中忘我的学习程度决定。
Steele & Fullagar (2019)	学习沉浸是指学习者在进行学习的过程中,完全陷入学习活动的忘我状态。

以上关于学习沉浸的定义中,契克森米哈认为学习沉浸作为对学习者行为进行研究的理论,学习者的自身特征是影响学习沉浸的重要因素,并将其归纳为技能水平、感知能力和内在动机。[①]

随着网络技术的兴起,沉浸作为被用来评测新媒介的基本概念,又被加入了新的特征。例如,在智慧学习环境中,如果具有即时的界面反馈、令人

---

① Csikszentmihalyi M. *Flow: The Psychology of Optimal Experience* [M]. New York: Harper and Row, 1990:38.

愉快的感受、自我感觉的消逝和感觉的自我强化这四种特征,学习者也会进入学习沉浸状态。①

随后,珍妮(Jeanne Nakamura)在和契克森米哈合作研究学习沉浸的发生条件时,通过对受访者描述他们的沉浸体验感受并进行分析和总结,从而提出学习沉浸的六个特征。② 随后契克森米哈又跟杰克森(Jackson)合作,研究运动员的沉浸状态,再次补充了三个新特征。因此,学习沉浸总计九个影响特征,即挑战与技术的均衡、即时的反馈、清晰的目标、行为与意识的融合、注意力的集中、控制感、自我意识的消失、扭曲的时间感和具有目的性的体验。

基于先行研究,学习沉浸的特征整理如下。

表 1-7　学习沉浸的特征③

类型	说明
挑战与技术的均衡	学习者在挑战某种状况所使用的相应的个人能力或技术时,挑战与技术实现均衡与协调。
即时的反馈	对执行中活动的迅速、准确的反馈。
清晰的目标	通过预先制定明确的目标并为实现目标而分阶段努力的过程,专注体验并进一步发展这些目标。
行为与意识的融合	学习者对沉浸中所产生的行动和行动的知觉一致,并且行动几乎自动进行。
注意力的集中	获得沉浸的学习者不会受到外部的影响,完全专注于正在执行的行动中。

---

① Hoffman D L, Novak T P. *Marketing in Hypermedia Computer-Mediated Environments: Conceptual Foundations*[J]. Journal of Marketing,1996,32(06):50-68.
② Nakamura J, Csikszentmihalyi M. *Flow Theory and Research*[J]. Handbook of Positive Psychlolgy,2009,16(11):195-206.
③ 叶金辉.青少年学习沉浸体验研究[D].南昌:江西师范大学,2013.

控制感	沉浸并不是强制或外部压力导致的，而是自发性的状况，因此学习者会对自己的行为状况具有控制感。
自我意识的消失	达到了没有自我意识的程度，并将自己和行动融为一体。
扭曲的时间感	沉浸中的时间会比平时缓慢或被扭曲。
具有目的性的体验	不需要任何外部补偿或额外目标，学习的本身就是学习者的最终目标，并因此感到快乐和满足。

这九个特征成为影响学习沉浸的决定性因素，其清晰地指出了内在条件和外部环境之间的互动关系，包括任务与个人动机、能力之间的动态链接及互动效果。而伴随着网络环境的发展，研究者们进一步针对智慧学习环境中的学习沉浸进行了深入的研究。

表1-8 智慧学习环境中学习沉浸的研究情况

研究者	特征									
	明确的目标	即时的反馈	挑战与技术的均衡	行为与意识的融合	注意力的集中	控制感	自我意识的消失	扭曲的时间感	具有目的性的体验	其他
Csikszentmihalyi (1988)		●	●		●	●	●	●	●	
Hoffman and Novak (1996)	●	●					●	●	●	易用性
chan and Aherm (1999)	●		●		●	●	●	●	●	易用性
Novak et al (2000)	●				●	●	●	●	●	内在的兴趣

(续表)

Finneran & Zhang(2003)	●	●	●	●	●	●	●	●	●	好奇心
Li & Browne (2004)				●			●		●	
Siekpe (2005)	●				●	●			●	好奇心
Chen (2006)		●	●	●	●		●	●	●	
李贤淑 (2010)	●			●		●	●	●		易用性
Ye Jinhui (2013)	●			●		●	●	●	●	易用性
裴允京 (2016)	●	●	●	●	●	●	●	●	●	易用性

从表 1-8 中可以发现,众多研究者在研究中广泛运用了挑战与技术的均衡、注意力的集中、控制感、自我意识的消失、扭曲的时间感、具有目的性的体验、即时的反馈和明确的目标这八大特征。同时易用性特征也被大部分研究者加入学习沉浸的研究之中。

二、 智慧学习时代学习沉浸的阶段

在智慧学习时代的学习沉浸研究中,霍夫曼和诺瓦克根据沉浸的发展程度将其分成三个阶段,分别为前提阶段(Antecedents)、体验阶段(Experiences)和影响阶段(Effects)。[①]

2003 年,芬纳尔和张萍在研究学习沉浸的过程中开发了由学习者与媒

---

① Chen H. *Exploring Web Users' Online Optimal Flow Experiences*[D]. NY: Syracuse University, 2000.

介之间的互动而组成的 PAT 模型(Person-Artifact-Task)[1],并提出沉浸的前提阶段是由某种特征的学习者(Person)、特定的工具(Artifact)和某项任务(Task)组成。芬纳尔认为,沉浸并不是由"学习者"或"工具"单方面产生的,而是学习者利用工具在与任务的不断互动中逐渐形成的。因此,学习沉浸的前提条件被确定为学习者、工具和任务三个因素。

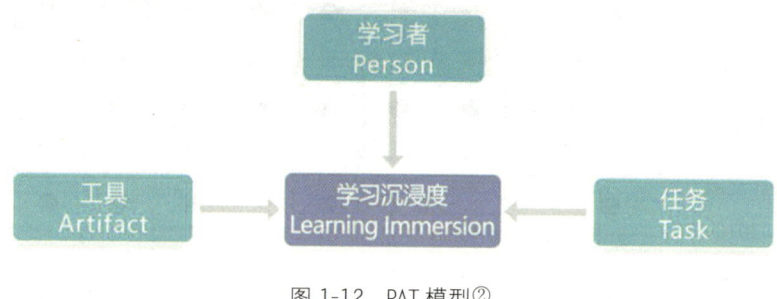

图 1-12　PAT 模型[2]

随后,吉力将这些研究进行总结,再一次确定了学习沉浸的前提阶段由学习者、工具和任务构成。而影响前提阶段的特征则由明确的目标、即时的反馈、控制感、挑战与技术的均衡、好奇心、注意力的集中以及易用性组成。[3] 学习沉浸的体验阶段则包含了行为与意识的融合,自我意识的消失和扭曲的时间感三个特征。[4] 学习沉浸的体验阶段促成了学习者对体验过程的目的性,并最终形成学习能力的提高、学习态度的改变和学习的愉悦性等心理感受。

---

[1] Christina Finneran and Ping Zhang. *A Person-Artifact-Task Model of Flow Antecedents within Computer-Mediated Environments*[J], International Journal of Human—Computer Studies,2003,32(04):475-496.

[2] Christina Finneran and Ping Zhang. *A Person-Artifact-Task Model of Flow Antecedents within Computer-Mediated Environments*[J], International Journal of Human-Computer Studies,2003,32(04):475-496.

[3] Kiili. *Digital Game-Based Learning:Towards an Experiential Gaming Mode*[J]. Internet and Higher Education,2005,34(07):13-24.

[4] Christina Finneran and Ping Zhang. *A Person-Artifact-Task Model of Flow Antecedents within Computer-Mediated Environments*[J], International Journal of Human-Computer Studies,2003,32(04):475-496.

第一章　儿童教育环境的变迁和学习沉浸的形成

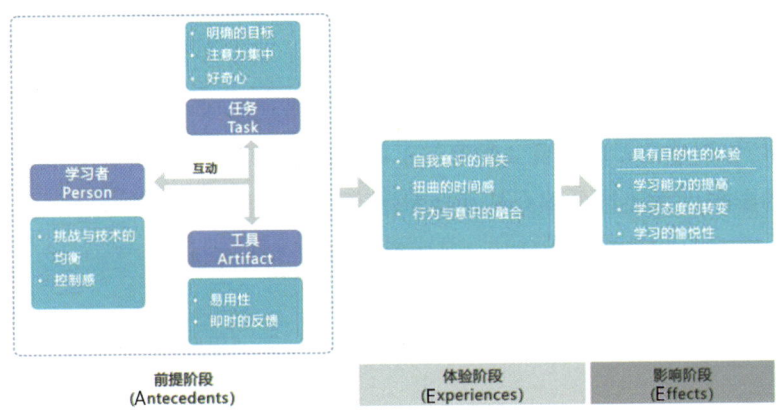

图 1-13　智慧学习环境下学习沉浸的阶段①

通过以上研究者的分析，学习沉浸的前提阶段主要分析了学习者形成沉浸的行为和条件因素，突出了学习者挑战与技能的平衡以及教育环境中任务目标的呈现和信息反馈效果。当即时的、充满设计感的反馈要素与学习者的预期目标达成一致时，学习者就能够产生学习沉浸的初步感受。而体验阶段是描述学习者在学习沉浸中的心理感受因素，最显著的特征是学习者的自我意识的消失，只有在这种状态下，学习者才能专注于学习任务，并把不相关的信息进行过滤，从而令学习者产生时间扭曲的错觉。影响阶段是描述学习者进入沉浸状态之后的内心体验结果，该阶段带给学习者的最大收获是学习逐渐具有目的性倾向，并逐步提高学习者的学习动机和学习的愉悦感。

通过上述对于学习沉浸的理论研究，发现以下几点对本次研究具有借鉴意义。

第一，学习沉浸中的挑战与技术的均衡、注意力的集中、控制感、自我意识的消失、扭曲的时间感、具有目的性的体验、即时的反馈、明确的目标和易

---

① Kiili. Digital Game-Based Learning: Towards an Experiential Gaming Mode[J]. Internet and Higher Education, 2005, 34(07): 13-24.

用性等 9 个特性被研究者广泛使用。

第二,尽管学习沉浸的具体因素处于哪个阶段至今仍存在争议,但是学习沉浸由前提阶段、体验阶段和影响阶段所组成,已经被研究者所确定。①

第三,智慧学习的环境会影响学习沉浸的前提阶段,从而对学习者产生重要的影响,②即不同的媒介特征会对学习沉浸产生不同的影响。

---

① Hoffman D L, Novak T P. *Marketing in Hypermedia Computer-Mediated Environments: Conceptual Foundations*[J]. Journal of Marketing,1996,32(06):50-68.

② Huang M H. *Designing Website Attributes to Induce Experiential Encounters*[J]. Computers in Human Behavior,2003,19(4):425-442.

第二章 儿童教育和交互性叙事的融合

在远古时期,人类就利用讲述故事的方式来理解周围的世界。无论是石洞中的壁画、古老的传说与神话,还是现代都市小说、戏剧和影视等,都是通过故事内容和叙事顺序将不同情节的内涵和思想呈现在世人面前。①

在儿童教育的过程中融入叙事的手法,不仅是传统教育的手段之一,也可以有效地提高儿童学习者的学习动机和学习兴趣。伴随着智慧学习时代的来临,以儿童教育 App 为媒介,融合了传统叙事和交互特征的交互性叙事也为当代儿童教育带来了新的教育可能,从而产生更深层次的学习沉浸效果。

因此,本研究在第二章系统梳理了交互性叙事的发展历程和设计构成要素,并结合新媒体交互理论,提出基于儿童教育 App 的交互性叙事的设计阶段,期望为后续研究的案例分析和研究假设提供理论基准。

第一节 交互性叙事

一、交互性叙事的理解

1966 年,法国学者罗兰·巴特(Roland Barthes)在 *Communications* 杂志上发表的《叙事作品结构分析导论》宣告了叙事学的正式诞生,并为以后的叙事学研究提出了纲领性理论设想。

从语义学角度出发,叙事(Narrative)源于拉丁语,包含了动词

---

① Neitzel B. *Narrativity in Computer Games*[M]. Cambridge: Massachusetts Press, 2005: 58.

(narrare):述说、告知(to tell)和形容词(gnarus):知道或熟练(knowing or skilled)。它是对一系列相关事件或经历的完整描述,无论这个事件或经历是真实的还是虚构的。[①]

从传播学角度出发,叙事是传统叙事学在长期严格的讨论中诞生的学术用语。并且,现代叙事的研究也以文学为主要传播领域,逐渐延伸至人类学、教育学和社会学等学科范畴。[②]

而从故事(Story)的角度出发,叙事是指发生过的事件(Events),包含真实发生过的历史,也包含了从未发生过的虚拟故事,例如电影或小说。

叙事学家普林斯将叙事定义为受结构主义影响而产生的有关叙事作品的理论。研究不同媒介中叙事作品的性质、形式和运作规律,以及叙事作品的生产者和接受者的叙事能力。探讨的层次包括故事(Story)与叙述(Storytelling)以及两者的行为关系。[③]

荷兰学者米克·巴尔(Mieke Bal)则认为叙事是叙述、形象和事件,是一种讲述故事的文化产品(Culture Artifacts)。罗兰·巴特肯定了米克·巴尔提出的叙事是文化产品的构想,并进一步提出任何材料、任何事物都适宜叙事,从而将叙事的范畴推广到更加宽泛的应用领域。而设计作为文本的表现形式,设计的一部分内容是文本的材料,设计的对象和结果则转变为叙事要素中的"事件",并通过故事的形式叙述给读者,从而加深了读者对事件本身的理解和沉浸状态。

不同学者关于叙事的定义如表 2-1 所示。

[①] Carey Gary Snodgrass, Mary Ellen. *A Multicultural Dictionary of Literary Terms*[J]. Jefferson: McFarland & Company,1999,54(04):23-31.
[②] Margaret R. *The Narrative Constitution of Identity:A Relational and Network Approach*[J]. Theory and Society,2004,23(5):23-25.
[③] Roussou M. *The Interplay between Form Story and History:The Use of Narrative in Cultural and Educational VR*[M]. Balet:Springer Verlag Berlin,2001:181-190.

表 2-1　叙事(Narrative)的定义

研究者	定义
Todorov(1977)	一种从平衡到不平衡再到平衡的转换。
Bordwell(1985)	一种特别的呈现、架构和过程的沟通渠道。
Bruner &Lucariello(1989)	一种以冲突和问题为中心的行为方式。
Labov & Waletsky(1997)	通过匹配语言的字面顺序与真实发生过的事件顺序来重述过去的经历。
Bordwell & Thompson(2001)	在时空中有因果关系的一系列事件。
Danskey(2006)	将故事素材呈现给用户的传播方式。
Kim Young Soon(2007)	以传统的口述为对象,将焦点放在了内部结构上,关注讲述的形式。
Ryu Eun Young(2009)	叙事结构支持完整的文化内容,并且在创作和传播方面要优于讲故事。

通过先行性理论考察,学者们对叙事的定义往往集中于以下两个方面。一方面,学者在结构语言学的基础上探究叙事作为文本的结构,即故事(Story)本身的结构问题。另一方面,学者离开叙事的文本特征,将叙事视为行动者的社会实践和设计过程,探究故事情境如何塑造叙事活动,即强调参与说故事(Storytelling)的行为。

本研究认为叙事作为社会现状的思考方式,是理解知识和认识世界的框架,主要目的是在文本基础上传达故事内容。叙事不仅强调故事结构本身的地位和作用,也强调用特定情节模式和语言策略讲述故事的方法,即叙事同样关注作品的传播设计方式。

而无论是电影故事、游戏故事还是动画故事,都诞生了许多叙事的新造词,但其根本还是在故事与叙事的基础之上产生的。在以传统叙事为基础的网络空间领域,叙事与各种新媒介的融合可以看作是在传统文化转变为数字文化时出现的过渡时期现象。

叙事作为一种超越媒介载体的艺术形式,每一次媒介的革命都会为叙事的传播带来创新发展。叙事学家哈姆特·寇安尼兹(Hartmut Koenitz)梳理了叙事的发展历程。第一次叙事的发展轨迹是基于文本(Text)结构本身;第二次叙事的发展则加入了音频和视频元素,涵盖从电影、电视、互动表演到实验艺术装置等一系列活动;第三次叙事的发展主要包括互动视频游戏以及以复杂的叙事设计为特点的实验形式。此类叙事的发展主要得益于技术的进步,包括更好的视觉呈现方式、更高级的人工智能(Artificial Intelligence)技术以及更强的计算机运算和存储能力。①

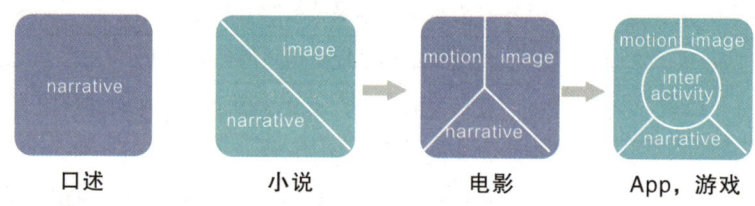

图 2-1 交互性叙事的发展过程②

而传统的叙事方式并不允许人们根据自己的意愿与情节产生互动,或者改变情节的发生与发展。当今社会伴随着网络技术和多媒体的融合发展,使得交互性叙事(Interactive Narrative)出现在了大众面前。

克里斯·克劳福德(Chris Crawford)在 2004 年首次提出了交互性叙事(Interactive Narrative)的概念。③ 交互性叙事不仅继承了传统叙事具有的情节、发展和结局,也融合了文学叙事与影响叙事的结构与形态。它通过将传统叙事特征、视觉艺术特征和交互性特征相结合,不仅交汇了数字媒介、交互娱乐和传统叙事三大领域,也融合了数字技术背景下文字、声音、图像等多媒体所具有的设计特征。

---

① Hartmut Koenitz. *Authoring Tools for Interactive Digital Narrative*[EB/OL]. Research Gate:https://www.researchgate.net/project/Authoring-tools-for-interactive-digital-narrative,2017-08-16.
② [韩]徐贞美. Web GUI 中交互性叙事研究[J]. 韩国设计信息期刊,2009,52(12):111-118.
③ Chris Crawford. *Dictionary of Narratology*[M]. Nebraska:University of Nebraska Press,2012:65.

第二章 儿童教育和交互性叙事的融合

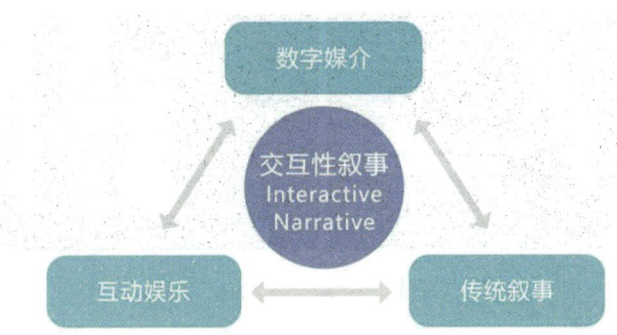

图 2-2 交互性叙事的概念图①

交互性叙事中的故事更像是一种动态的自发性创作过程，不仅强调学习者与系统的互动，也强调学习者与故事之间的互动。而传统叙事中的故事情节都是由作者创作和控制的，用户只能被迫接受并按照故事的时间线逐步推进情节的发展。因此，传统叙事往往是以线性故事为中心的情节发展过程，包括了情节的开端、发展、高潮和结局。这种模式通常都是固定的，并不具有较大的可变性，因为在传统叙事中学习者如果想获得故事信息，只能通过线性故事结构进行被动的接受。而基于数字环境的交互性叙事则采用了非线性结构，强调用户与系统、用户与故事、用户与其他用户之间的互动性对整体故事情节的构建作用，重视用户自身的体验过程。

例如，2018年上映的《黑镜：潘达斯奈基》就依靠交互性叙事的手法，令用户在观看电影的同时可以按照自己的想法影响电影剧情的发展，而且每一次选择都会为用户带来意想不到的故事结局。多结局、多线索的叙事模式不仅成功提高了用户重复观影的兴趣，其新颖的设计手法也令其取得了不菲的票房收入。

---

① Meadows Mark Stephen. *Pause & Effect：The Art of Interactive Narrative*，Indianapolis [J]. Ind：New Riders，2003，12(03)：42-62.

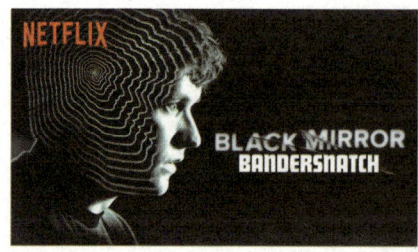

图 2-3 《黑镜:潘达斯奈基》的交互性叙事

因此,交互性叙事作为一种新的叙事传播方法,其设计的过程也是寻求解释的叙事过程。相比一般叙事化传播设计的功能与效果展示,交互性叙事更擅长用作品的语意去沟通和交流,并强调设计语言的文本关系。交互性叙事不仅追求视觉上的形式美感,也追求故事内在的意义。因此,无论从文本角度还是从方法角度去界定交互性叙事,故事始终是交互性叙事的主要线索。

二、交互性叙事的发展及特征

交互性叙事最初是在 1991 年 Brenda Laurel 的 *Computer as Theatre* 里依靠亚里士多德的《诗学》和莎士比亚的名句"整个世界是一个舞台"为灵感源泉所提出的。当用户使用计算机时,他们在一个表征性世界里面互动,互动的过程更像一场游戏。用户是游戏里的人物,而不是在运行程序。①

1994 年,George Landow 的 *Hypertext: The Convergence of Contemporayy Critical Theory and Technology* 被著名叙事学家 N. Katherine Hayles 称赞为交互性叙事学术研究的里程碑。Landow 认为利用新媒体的媒介特性来推导交互性叙事的品质,提出了非线性的特征。②

1997 年,Janet H Murray 在其饱受赞誉的 *Hamlet on the Holodeck: The Future of Narrative in Cyberspace* 中描绘了交互性叙事的宏大远景。

---

① Brenda Laurel. Computer as Theatre[M]. NY: Addison-Wesley Press,1993:125 – 129.
② George Landow. Hypertext: The Convergence of Contemporay Critical Theory and Technology[J]. Frederick Turner Comparative Literature Studies,1994,31(02):168 – 177.

这一理想后来被好莱坞的导演们通过《黑客帝国》和《阿凡达》等科幻电影以电影叙事的方式进行阐释。后期，Murray 创新性地提出了基于新媒体的交互性叙事的审美快感体验主要集中于沉浸性、互动性和变形性三个方面。①

2004 年，Chris Crawford 在 *Chris Crawford on Interactive Storytelling* 中提出，每个人都从自身特定的角度来考察交互性叙事，交互性叙事并非任意领域的延伸或变体，我们必须把它当作独特的新事物来予以考察；交互性叙事必须是关乎人本（People）主义的，而不是关乎物件（Things）的。② 从而再一次将互动性、用户的自由选择提高到了交互性叙事的重要层面。

2010 年，叙事学家张新军在《故事与游戏：走向数字叙事学》中提出，叙事是一种心理建构，具有特定的时空维度和逻辑因果联系。我们所能够面对的只有叙事话语，但可通过不同的方式建构故事。叙事体验方式主要是沉浸（Immersion），读者置身故事世界中，感受人物的悲欢离合；故事是对虚拟世界的表征性反馈，而游戏是对虚构世界的模拟，但是叙事在实际体验过程也是一种模拟的过程。③

2013 年，Mark O Riedl 和 Vadim Bulitko 在 *Interactive Narrative*：*An Intelligent Systems Approach* 中提出交互性叙事是数字互动的体验形式，用户通过他们的行为创造或影响戏剧性的故事情节，交互性叙事的目标是使用户沉浸在故事世界中。④

2015 年，Marie Laure Ryan 在 *Narrative as Virtual reality 2*：*Revisiting Immersion and Interactivity in Literature and Electronic Media* 一书中，再一次强调以用户为中心的欲望驱使用户作为一个主角来经历故事的

---

① Janet H. Murray. *Hamlet on the Holodeck*：*The Future of Narrative in Cyberspace*[M]. New York：The free Press, 1997：25.
② Chris Crawford. *Dictionary of Narratology*[M]. Nebraska：University of Nebraska Press, 2012：65.
③ 张新军. 故事与游戏：走向数字叙事学[J]. 武汉理工大学学报（社会科学版），2010, 23(02)：248-252.
④ Mark O Riedl, Vadim Bulitko. *Interactive Narrative*：*An Intelligent Systems Approach*[J]. Ai Magazine, 2013, 34(01)：121-126.

情节,并认为交互性叙事仍然可以被梦想成一种艺术体验,就像人们与日常生活的关系,是沉浸和互动的。①

Selma Rizvic 等人在前人的研究基础上,于 2019 年在 *Interactive Narrative*:*Bringing Cultural Heritage in a Classroom* 中提出,将交互性叙事视为一种多学科融合的体验过程,结合了计算机科学、教育学、心理学、传播学、电影艺术、文学、视觉艺术的专家来为交互性叙事在数字教育中的应用提供了有力的帮助,并第一次提出引入用户的互动行为因素来解决影响久远的互动性与沉浸体验之间的悖论问题。② 这也为本研究提供了有力的理论支撑。

表 2-2　交互性叙事的先行研究

时间	作者	定义	特性
1991	Brenda Laurel	实现互动形式的文本。设计人机互动不是要建造更好的控制系统,而是创造与现实有特殊关系的想象世界。在这个世界里,可以扩展、增强、丰富自己的思维、感觉和行动能力。	1. 媒介:屏幕是一个舞台; 2. 道具:屏幕对象是道具; 3. 用户:用户是一个人物,通过操控对象在舞台上扮演一个角色; 4. 互动性:用户同对象之间的互动产生一个情节。

---

① Marie Laure Ryan. *Narrative as Virtual Reality 2*:*Revisiting Immersion and Interactivity in Literature and Electronic Media*[M]. Baltimore:Johns Hopkins University Press,2015:75.

② Selma Rizvic, Dusanka Boskovic, Sanda Sljivo & Merima Zukic. *Interactive Narrative*:*Bringing Cultural Heritage in a Classroom*[J]. Journal of Computers in Education,2019,6(20):143-166.

(续表)

1994	George Landow	超文本叙事对叙事的挑战是文本的线性结构与序列性、经典的亚里士多德式的情节与故事思想。	1. 固定的序列； 2. 确定的开头和结尾； 3. 故事具有某种确定的长度； 4. 与其他这些概念相联系的统一或整体观念； 5. 情节是读者通过文本提供的素材所创造的现象； 6. 读者将零散的情节、孤立的部分整合成完整的故事。
1997	Janet H. Murray	如果互动小说是文字界面，互动戏剧是图形界面，那么全息甲板可以说是以身体为界面；无论将来我们是否会看到赛博诗人的来临，我们都应该赶紧将此新的创作工具尽可能地牢固把握在故事讲述者的手里。	1. 沉浸性； 2. 互动性； 3. 作者的控制性（变形）； 4. 百科全书性。
2004	Chris Crawford	试图理解互动叙事的人会把对其的解读建立在已知的"游戏"概念上，因为游戏是大家所能想到的最近似的事物。的确，互动叙事与游戏一样，是通过计算机呈现的，是交互式的，也是娱乐性的。	1. 互动性； 2. 情节性； 3. 娱乐性； 4. 用户的自由意志。
2010	张新军	在宏观层次上，叙事为游戏活动提供了一个意义框架；在微观层次上，游戏中大量采用叙事因素；叙事体验方式主要是沉浸（Immersion），读者置身故事世界，感受人物的悲欢离合。	1. 模拟性； 2. 沉浸性； 3. 互动与体验； 4. 可变的主题； 5. 自由的审美追求。

(续表)

2013	Mark O. Riedl & Vadim Bulitko	交互性叙事是一种数字互动体验形式,用户通过在故事世界中扮演角色,向计算机控制角色发出命令或直接操纵现实世界的状态,通过动作创建或影响戏剧性故事情节。	1. 互动性; 2. 模拟性; 3. 沉浸性; 4. 戏剧性情节; 5. 作者的限制性; 6. 虚拟角色的自制。
2015	Marie-Laure Ryan	交互性叙事始于故事的选择,在戏剧性故事中,以强烈的自我为中心的欲望驱使玩家作为一个主角来经历故事的情节。	1. 互动的自由性; 2. 不同的目标; 3. 沉浸性; 4. 故事的原创性和多样性;
2019	Selm Rizvic	交互性叙事成为许多领域信息呈现的流行趋势。其应用范围涵盖媒体行业和商业信息可视化,严肃游戏,教育,现代戏剧和视觉艺术等。这种多形式化的多媒体呈现方式在教育中得到了普遍认可。	1. 媒介的多样化; 2. 独特的视觉识别性; 3. 网络化能力; 4. 故事的趣味性; 5. 互动性的自由程度; 6. 深度沉浸性; 7. 引入行为因素来解决叙事悖论。

综上所述,交互性叙事的概念可以总结为一种数字互动体验形式,用户可以在故事世界中扮演故事角色,向计算机发出命令或直接操纵现实世界的媒介,并通过互动性行为改变或影响故事情节。

而传统叙事文本中的读者变成了玩家或用户,叙事文本的作者则变成了创作者和设计师。传统叙事文本也由"虚拟故事空间+现实空间"组合的形式重新呈现,在这些故事文本中,用户可以通过叙事机制的结构和信息的可视化形态来进行自由的探索、互动、游戏和创造故事。交互性叙事的目标则是使用户沉浸在虚拟故事空间中,使得用户相信他们是故事中不可或缺的一部分,并赋予他们行为意义。

第二节 儿童教育中交互性叙事的体现

美国教育心理学家布鲁纳提出人类只能在叙事的模式中建构认同,并在文化中找到它的位置,教育必须利用这种模式培育并重视儿童教育。① 从本质上来说,教育是一种人与人之间产生影响的过程,是一种追求效率(How)和讲究目的价值(What)的过程。而叙事作为人与人的对话形式,它的教育价值正是体现在其具有基本的教育功能、明确的教育心理机制和有效的教育方法上。

叙事作为一种讲故事的活动,从很久以前就被作为给儿童带来欢乐和知识的教育手段。但大部分情况下,儿童并不是为了学习知识而是为了单纯地欣赏故事。这是因为故事所具有的特殊趣味性使儿童产生了继续听下去的动力。② 为此需要使用生动的表达方式、说服力、现场感及故事要素,使儿童感受到所说的故事就像在现实中发生的一样,从而令他们对叙述的故事产生兴趣。另外,通过制造虚拟的故事场景,诱导儿童在体验故事的同时进入想象空间,使其完全沉浸在故事之中。

通过交互性叙事中非线性的叙述方式,故事情节可以根据学习者与媒介或故事互动的不同而变得更加多样化。在智能设备的帮助下,故事情节可以适宜不同年龄段学习者的身体和心理发育的形态。Mareike Gabele 称,将交互性叙事转换成教育形态,是为了让故事的学习者获得更愉悦的故事体验。将故事转换成教育的行为过程,就带有将故事内容转化成教育方式并共享故事情节的意图。研究者发现当学习者使用由交互性叙事转换的教育方式进行学习时,学习者往往不会产生疲惫感或者失去注意力,而且学习

---

① [美]杰罗姆・布鲁纳.教育的文化:文化心理学的观点[M].宋文里译.台北:远流出版公司,2001:112.
② [韩]苏康春.交互性叙事和文化产业[M].首尔:韩国文化出版社,2009:20-25.

者都对包含了故事情节的教育方式感兴趣,并表示想再次使用。①

例如,儿童教育 App 中 *Puss in Book* 就采用了交互性叙事的设计方式,让学习者在观看动画的过程中可以选择自己喜欢的剧情来展开故事。这可以让孩子们以一种类似于"选择你自己的冒险"的方式参与到教育中;促使学习者更深层次地融入到故事的整体发展中,并增加与故事角色的情感化接触。

图 2-4　*Puss in Book* 的交互性叙事

因此,鉴于交互性叙事对儿童教育的重要影响,本节将以儿童为对象,进一步探索交互性叙事在儿童教育 App 中的具体构成要素和设计阶段。为后续案例分析和研究模型的构建奠定理论基础。

一、交互性叙事的构成要素

尽管交互性叙事也具有传统叙事的一些特点,比如它们都包含人物、场景、主题和情节,②但在叙事方式上存在根本的不同。造成这种本质区别的原因在于交互性叙事并不是单纯地向学习者提供故事内容,而是更加强调故事与学习者之间的互动体验。

叙事学家伯格(Arthur Asa Berger)在 *Narratives in Popular Culture,Media and Everyday Life* 一书中提出了叙事传播分析模型,列出了交互性

---

① Mareike Gabele. *Effects of Interactive Storytelling and Quests in Cognitive Rehabilitation for Adults*[M]. Finland:GamiFIN Conference,2019:118-129.
② Barthe R. *Introduction àl'analyse Structurale Desréits*[J]. Communications,1966,8(01):45-62.

叙事传播的四个要素,分别是文本情景、学习者、媒介和互动行为。[①] 并认为这四个构成要素在叙事传播的过程中相互关联,可以在任何特定时间、任何场景下进行不同形式的组合。

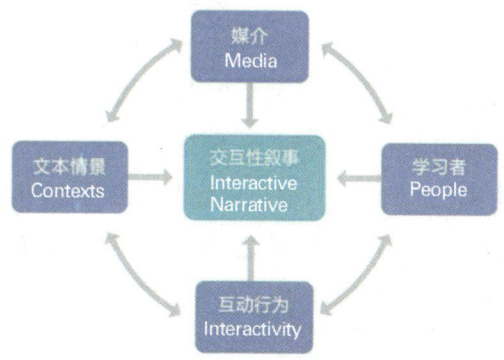

图 2-5　伯格(Berger)的交互性叙事模型[②]

本研究在先行理论性考察的基础上,归纳了不同学者对于交互性叙事的研究类型,分别是交互性媒介、UI 设计、产品设计、互动广告和游戏设计。研究者根据研究类型的不同,对于交互性叙事的构成要素都有不同的划分。

在交互性媒介的研究领域中,金正宙(Kim Jung Joo)在 2006 年根据影像媒介的构成特点,将交互性叙事的构成要素分为叙事要素(Flow 理论、隐喻的使用、时间的链接、互动性行为、动机、规则)和设计要素(声音、影像、动画、Still Cut、文本、图形)。[③] 2011 年,孙为根据新媒体的特征将交互性叙事分为故事、作者、读者、结果、规则、互动行为。[④] 2015 年,白南珠(Baek Nam Joo)根据媒介的系统开发特性,将交互性叙事进一步细分为叙事学要素(故

---

① Arthur Asa Berger. *Narratives in Popular Culture, Media, and Everyday Life*[M]. Los Angeles: Sage Publications, 2007: 83.
② Arthur Asa Berger. *Narratives in Popular Culture, Media, and Everyday Life*[M]. Los Angeles: Sage Publications, 2007: 84.
③ [韩]金正宙. 基于 Digital Contents 的叙事沉浸研究[D]. 首尔: 汉阳大学, 2006.
④ 孙为. 交互性媒体叙事研究[D]. 南京: 南京艺术学院, 2011.

事结构、主题、场景、角色、事件)和媒介要素(软件结构、互动行为、UI 设计)。①

在 UI 设计领域中,2009 年徐贞美(Seo Jung Mi)将交互性叙事分为图形叙事要素、故事内容要素和互动行为要素。② 2013 年,朴殷夏(Park Eun Ha)根据图形反馈的特征将交互性叙事分为反馈结构(构思阶段的反馈结构,中间阶段的反馈结构,结尾阶段的反馈结构)和叙事结构(单线性叙事结构,非线性叙事结构)。③

2013 年,苏宥娜(So Yoo Na)结合环境广告的特性,将交互性叙事要素分为:色彩、文字、图形、声音、影像、角色。④ 2016 年,郑汉硕(Jung Han Sol)又利用广告与用户的互动性特征将交互性分为角色、主题、媒介和互动性行为。⑤

基于产品设计的交互性叙事研究方面,2014 年,郑皓华、齐瑞文基于产品的设计元素,将交互性叙事分为形态、色彩、材质、功能和用户体验元素。⑥ 2018 年,张凯、高震宇又在其基础上修正为角色、行为、场景和工具。⑦

基于游戏设计的交互性叙事研究方面,2010 年,关萍萍根据游戏的故事要素将交互性叙事分为情节、角色、场景和互动行为。⑧ 2019 年,孙英俊(Son Young Kyun)则根据游戏特征,将交互性叙事分为情节、人物、故事内容、媒介和互动行为五种要素。⑨

根据不同研究范围的交互性叙事的构成要素整理如下。

---

① [韩]白南珠.为故事性著作的叙事信息提取系统的设计及实现[D].首尔:朝鲜大学,2015.
② [韩]徐贞美. Web GUI 中交互性叙事研究[J]. 韩国设计信息期刊,2009,52(12):111-118.
③ [韩]朴殷夏.交互性叙事的儿童摄影教育程序研究[D].首尔:崇实大学,2013.
④ [韩]苏宥娜.基于交互性叙事的环境公益广告设计研究[D].首尔:梨花女子大学,2013.
⑤ [韩]郑汉硕.基于大数据的广告叙事研究[D].首尔:国民大学,2016.
⑥ 郑皓华,齐瑞义.基于叙事设计的办公产品情趣化设计研究[J].包装工程,2014,35(20):118-130.
⑦ 张凯,高震宇.基于叙事设计的儿童医疗产品设计研究[J].装饰,2018,297(01):111-113.
⑧ 关萍萍.互动媒介论——电子游戏多重互动与叙事模式[D].杭州:浙江大学,2010:87-92.
⑨ [韩]孙英俊.游戏的互动叙事结构分析与设计研究[D].首尔:祥明大学,2019.

表 2-3　不同研究范围的交互性叙事构成要素

研究范围	研究者	构成要素	
交互性媒介	金正宙(2006)	叙事要素	Flow 理论,隐喻的使用,时间的链接,互动性行为,动机,规则。
		设计要素	声音,影像,动画,Still Cut,文本,图形。
	孙为(2011)		故事,作者,读者,结果,规则,互动行为。
	白南珠(2015)	叙事学	故事结构,主题,场景,角色,事件。
		媒介	软件结构,互动行为,UI 设计。
UI 设计	徐贞美(2009)		图形叙事,故事内容,互动行为。
	朴殷夏(2013)	反馈结构	构思阶段的反馈结构,中间阶段的反馈结构,结尾阶段的反馈结构。
		叙事结构	单线性叙事结构,非线性叙事结构。
互动广告设计	苏宥娜(2013)		色彩,文字,图形,声音,影像,角色。
	郑汉硕(2016)		角色,主题,媒介,互动性行为。
产品设计	郑皓华,齐瑞文(2014)		形态,色彩,材质,功能和用户体验元素。
	张凯,高震宇(2018)		角色,行为,场景,工具。
游戏设计	关萍萍(2010)		情节,角色,场景,互动行为。
	孙英俊(2019)		情节,人物,故事内容,媒介,互动行为。

因此,本研究在伯格提出的交互性叙事模型的基础上,结合儿童特征和教育媒介的特点,总结出交互性叙事主要由学习者、故事文本、图形要素和互动性行为构成。每部分构成要素的选定原因会在后续内容中进行说明。

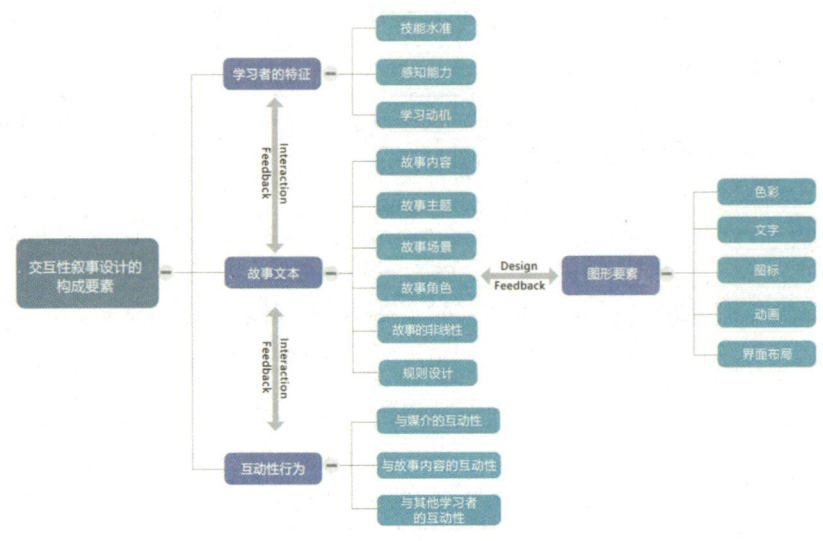

图 2-6　交互性叙事的构成要素

(一)学习者的特征

通过先行理论性考察中对8~12岁的儿童认知发展特征的分析,该年龄段儿童处于具体运算阶段,该阶段儿童可以进行系统的推理,用逻辑的方式解决问题,可以长时间专注于同一件事情。同时该阶段孩子的言语表达能力逐步完善,能够进行基本的交流和复述,目的性增强,在行为前可以有效的思考。此外,技能水准、感知能力和学习动机的特征也是8~12岁儿童教育中不可忽视的。

根据先行理论性考察,学习者的特征总结如下。

表 2-4　学习者的特征

类型	特征
技能水准	视觉特征,听觉特征,触觉特征。
感知能力	想象力,注意力,记忆力,认知能力。
学习动机	好奇心,个体需求,任务目标,自我效能感。

(二)故事文本

根据亚里士多德的理论,传统叙事由六个元素构成,分别是行为、人物、思想、语言、风格和场景(Action, Character, Thought, Language, Pattern and Enactment)。并且这些元素共同组成了两个叙事阶段,第一个阶段是整个故事根据所有事件发生的时间顺序来逐步呈现,第二个阶段是故事情节的架构由作者自行掌控。[①]

交互式叙事是在传统叙事的基础上由故事内容、故事主题、故事场景、故事角色、规则设计和非线性叙事结构组成。其中,规则设计和非线性叙事结构组成的开放式互动系统是不同于传统叙事的重要特征。[②]

1. 故事内容

索布拉尔(Diniel Sobral)在《情节引导中的写作管理》中指出,为了使叙事有交互性,我们需要利用弹性的叙事流允许用户影响和改编故事。但同时故事作者需要某种保持特定结构的叙事方法来保证故事高潮的发生。这两个明显对立的目标导致了叙事悖论的产生。[③] 为了平衡这两个对立的目标,交互性叙事系统必须支持弹性写作过程,作者不应直接控制故事中人物的行为。相反,作者应该给用户提供可以扮演故事角色的可能。

传统文本只能按照固定的线性顺序进行故事叙述,故事与情节的发展被叙述者纳入特定的结构,通过角色塑造、场景展示、制造悬念等设置来推动故事内容的发展,从而改变故事的节奏和顺序。

在交互性叙事中,故事内容由两条线索组成。一条是事件发展的故事顺序,由作者设定任务或目标,提供可供选择的分支情节与结局;另一条则是读者的阅读顺序,参与者的选择、操控、行动将产生情节的无限可能性与

[①] *Foundations of Interactive Storytelling*[EB/OL]. http://www.igda.org/writing/Interactive Storytelling. 2008-02-12.

[②] Zimmerman E. *Narrative, Interactivity, Play, and Games: Four Naughty Concepts in need of Discipline*[M]. Cambridge, MA: The MIT Press, 2004:154-166.

[③] Sobral Daniel. *In Virtual Storytelling: Using Virtual Reality Technologies for Storytelling* [A]. Second Interntional Conference, ICVS Proceedings[C]. 2003:57-58.

不同的结局。

图 2-7　传统故事内容与交互性叙事中故事内容的差异

儿童教育 App 中为了引导学习者的学习动机,往往会利用冲突或悬念引发故事内容的高潮。从体验故事的角度来说,以主要冲突作为学习任务的触发点。设计者通过设置各个学习任务目标,驱动故事内容不断发展。故事中的冲突也最终通过学习者在完成学习目标中遇到的各种障碍得到体现。在儿童教育 App 中,比如战胜最终敌人之后,故事内容和课程也就宣告结束,但故事冲突的紧张感和刺激性往往会吸引学习者再次使用。

2. 故事主题

在交互性叙事文本中,当一条按时间或因果顺序结构的故事情节可以被拓展的故事情节所代替时,主题类型的特色往往成为叙事能否延展的重要因素。但是在智慧学习环境中,主题往往被定义为学习方向或学习任务的类型。因此,故事的主题需要结合学习者的学习需求,即要结合智慧学习的优点,也要突出学习的特色。

在儿童教育 App 中,一般包括四种叙述主题。激发先前记忆的叙述主题(即诱发性主题 Evoked Narrative),由创作者预先设计完成的叙述主题(即制定性主题 Enacted Narrative),在故事环境中需要推理所形成的叙述主题(即嵌入式主题 Embedded Narrative)和学习者与故事互动中产生的即时叙述主题（即时性主题 Emergent Narrative）。①

表 2-5　交互性叙事的主题类型

类型	说明	举例
诱发性主题	这种主题利用已经存在的故事或者众所皆知的故事或神话。通过故事背景的叙述，学习者通过自己的想象描绘出对故事的理解或者其余没有叙述出的事情。	悟空识字
制定性主题	这种学习主题是由创作者已经设计完成的故事内容组成的。该主题对故事内容和学习内容具有限制性，因此学习者只拥有参与的权力。	芝麻恐龙探险
嵌入式主题	学习者通过诠释故事中的内在意义推演出整个故事的发展。如同电影观众一样，学习者在体验叙事的过程中，通过推理场景中的各个故事碎片，将各个推理过的情节构造成一个完整的故事。	小伴龙
即时性主题	这种学习主题是在学习者和故事的交互中产生的，而不是由教育 App 的开发者创作的。当学习者在故事空间中设想或主动地去构造一个新的故事时，即时叙述主题就产生了。	Tock Life

---

① Jensen J. *From Narrative to Education Game Studies: How to Build Your Own Department*[M]. Indiana: Macmillan Press, 2014: 96-99.

3. 故事场景

罗兰·巴特通过对叙事结构进行分析,认为叙事的功能并不是"再现",而是建构一个场景。这个场景不是指现实物理空间中实际存在的景象,而是作者在意识和想象层面所制作出来的一种虚拟环境。① 叙事中的场景为情节发展与角色行动提供合理的时空情境。

在交互性叙事中,故事场景不仅提供了一个空间或场所,而且构成了情节发展中非核心事件的部分。例如,在儿童教育 App 叽里呱啦英语中,故事场景与故事的内容、角色有着密切的关系。

图 2-8　叽里呱啦英语的故事场景

一方面,儿童教育 App 中学习者扮演的主角必须随着不同的课程、任务或挑战穿梭往返于故事场景内外,因而场景必须依赖学习者的行动来驱动。另一方面,故事场景中设置的各种隐藏机关或宝物,必须依靠学习者自主发掘与探索,并且特定故事情节的展开也需要依赖特定的故事场景。

4. 故事角色

如果说在传统叙事中,读者是被动接收既定的故事与意义,那么交互性叙事的读者则每时每刻面对不同的随机信息,并主动参与故事的发展和意

---

① 高岭. 当代艺术叙事的多样性[J]. 中国美术馆,2009,(12):89-90.

义的生成。交互性叙事作为一种互动娱乐的方式,它能使读者做出的决定直接影响由系统产生的叙事体验的方向和结果。① 在交互性叙事中,读者不仅扮演了旁观者的角色,也扮演了推动情节发展的重要性故事角色。因此,故事角色的革命性演变,也导致交互性叙事的故事内容和故事场景的建立是依托于读者参与动机的基础之上,并借由媒介表现出来的。

而在儿童教育的故事环境中,学习者需要扮演不同的故事角色,主动探索故事情节,在完成学习目标后和不同的故事环境进行互动,从而推动学习内容的发展。② 因此,学习者在与故事的互动中不仅被动性地了解故事内容还会自发性地参与整体故事的叙事过程,同时虚拟故事角色的代入感,也可以加强学习者的学习沉浸效果。

基于学习者和故事的互动效果,交互性叙事设计的角色类型主要分为内在互动性角色、外在互动性角色、探索互动性角色和本体互动性角色。③

表 2-6 交互性叙事的角色类型

类型	说明	举例
内在互动性角色	学习者通过化身将自己投射为故事世界的角色,虚拟角色可以呈现出第一人称或第三人称视角。随着故事的发展与故事内容产生互动。	Box Island

---

① Mark O, Riadl, Andrew Stern, Don Dini. *Mixing Story and Simulation in Interactive Narrative*[J]. American Association for Artificial Intelligence,2006,18(03):112-115.
② Danskey R. *Introduction to Education Game Narrative*[J]. Published by Charles River Media,2006,33(04):12-27.
③ Marie Laure Ryan. *Story worlds across Media: Toward a Media-Conscious Narratology*[M]. Lincoln: University of Nebraska Press,2014:116-132.

(续表)

外在互动性角色	学习者位于故事世界的外部,或者扮演控制整个故事环境的上帝角色,或者将自己的活动设想成在数据库中自由航行。	Tock Life
探索互动性角色	学习者仅在操作界面上进行互动性活动,该活动既不影响故事世界的历史也不改变故事情节,学习者对故事内容的发展不造成任何影响。	Talking Pets
本体互动性角色	学习者以媒介为信息传播手段,用户的行为仅仅影响虚拟故事空间内自己的虚拟角色。学习者的每一个互动行动,都可能给故事情节带来不同的故事发展结果。	洋葱数学

5. 故事的非线性

故事的非线性是交互性叙事的主要特征,也是交互性叙事不同于传统叙事的关键点。但以用户为中心的故事结构设计,往往会借鉴传统的叙事方法,比如在现代商业电影中,一般的叙事模式分为三幕。第一幕,冲突开始出现;第二幕,由于采用了错误的解决办法,导致冲突没有解决;第三幕,最终冲突得到解决。①

传统线性叙事的固定模式使人们可以预期到故事最终如何发展,大大影响了人们玩游戏或是看电影的兴致。但是在儿童教育 App 中采用交互性叙事的设计方式,则可以改变传统线性叙事的故事结构。学习者在与故事

---

① Dancyger K,Rush J. *Alternative Script Writing*,*Second Edition*[M]. Washington D C: Focal Press,1995:121-132.

进行互动的同时,不仅可以体验到不同的故事结局,甚至可以改变故事的发展路径,这将带给学习者更多的自由和欢乐。

基于先行理论研究,故事的非线性结构类型总结如下。

表2-7 故事的非线性结构类型[①]

类型	说明	举例
树状结构（Tree）	在故事的发展中,每一个故事情节的节点都向下连接着两个或两个以上的节点,然后以指数的形式拓展。所以,节点之间的超链接就可以看作是树的分支。这些分支总是将故事按照线性的方式向前推进,并且不允许循环。	
网状结构（Network）	每一个故事情节的节点都可以与其他任何节点连接,但不是必须和所有节点连接。学习者其实就有近乎完全的自由度去进行整个影片的排序和探索。这种结构其实和读书是一样的,它能保证用户感受到一定的连续感,但并不是那种传统意义上的叙事连续。	
迷宫结构（Maze）	迷宫结构象征了虚拟故事世界中的复杂地形环境。学习者可以在虚拟故事世界中漫游,寻找从起点到终点的路径。因此,迷宫结构具有多种未知结局的空间叙事性,学习者的每段互动经历都代表了在故事世界的一次不同的学习体验。	

---

① 贾云鹏,蔡东娜.基于情节互动的交互性叙事形式探索[J].电影艺术,2013,(03):93-101.

6. 规则设计

莫里认为无论是对待传统叙事方法还是基于新媒介的交互性叙事方法,都应该采取理性思考。叙事的规则与界定,对于创造任何伟大的艺术作品来说都是必要的。① 传统叙事中作者通过文字的限定把规则施加给读者,但是这种规则适用在智慧学习时代的新媒介中则有些力不从心。

交互性叙事中学习者与整个故事所形成的不同的互动性探索,也导致了故事的发生和发展存在差异性。从这个角度看,传统意义上所谓的作者是故事中唯一的掌控者,而交互叙事并不存在作者,或者说交互性叙事中的作者其实更像是故事的体验者,不同的体验者都可以在系统设定的故事框架中自主生成属于自己的故事情节,使其对自己的行为产生"可控性",即让学习者产生自己是学习及故事中掌控者的假象,才会发挥其自主学习的能动性。这种观点是把学习者的互动性行为作为叙事的重点,但是交互性叙事的本质仍然是需要利用一定的规则(Rules)对故事情节进行限定从而展开非线性的故事内容。一方面要有扩展的余地以增强故事的趣味性,另一方面要限制学习者的自由输入以保持作者对故事的控制性。

儿童教育 App 作为智慧学习环境下的教育工具,是以教育为目的的结构化娱乐形式。游戏化(Gamification)理论作为将游戏的设计元素应用到非游戏情境中的设计方法,为交互性叙事与教育的结合提供了研究方法。② 如果把交互性叙事比作是一个工具箱的话,那么不同的游戏化元素就是工具箱中的规则工具。将这些规则应用到不同的故事情境中就可以产生不同的效果。

常见的游戏化元素有积分(Point)、等级(Level)、奖励(Reward)、徽章(Badge)、挑战(Challenge)、排行榜(Leader board)和虚拟形象(Avatar)等。

---

① Murray,Janet Horowitz. *Hamlet on the Holodeck*[M]. New York:The Free Press,1997: 204-206.
② Deterding Sebsatian. *Situated Motivational Affordances of Game Elements:A Conceptual Model*[J]. Presented at Gamification,2011,56(11):38-46.

但是最常用到的是积分、徽章和排行榜,简称为 PBL。[①]

图 2-9　洋葱数学中的 PBL

需要强调的是游戏化元素并不等同于游戏本身,而是游戏中可以被抽取出来并且能够加以利用的部分。游戏化的利用重点是人们站在游戏化的视角去考虑不同层面(功能)的游戏元素,然后把这些元素应用到游戏以外的服务对象中去。而合理地使用游戏化规则工具,不仅可以激发学习者的学习动机,也可以将学习者的互动行为限定在作者可控的范畴,并最终引导故事情节的顺利开展。

(三)图形要素

作为交互性叙事的传播媒介,智能手机的界面设计包括硬件界面与软件界面,也代表了现实空间和虚拟故事空间。二者共同搭建起了用户与媒介交流沟通的桥梁。优秀的视觉设计可以帮助提高学习者对交互性叙事的认知水平和操作能力,使学习者能够更好地参与到交互性叙事的过程之中。对于儿童教育 App 来说,图像界面的视觉设计具备多重功能,不仅作为叙事

---

① Hamari Juho, Eranti Veikko. *Framework for Designing and Evaluating Game Achievements*[C]. Proceedings of Digra Conference,2011,(02):14-17.

语言向学习者传达故事内容，还为学习者呈现了虚拟的故事场景，并营造了叙事氛围。

在传统印刷媒体中，视觉设计的构成要素包括文本、色彩、布局和图标。①金正宙在其论文中将交互性叙事的图形设计要素归纳为声音、影像、动画、剪辑、文本和图标 6 种。②李云炯则认为手机应用程序的视觉表现要素有界面布局、色彩、字体、动画、图形和图标构成。③另外，朴在俊将平板电脑中体现的视觉要素概括为六种，即布局、图标、字体、媒介、界面和互动。④杨俊琨在其 2019 年的博士论文中又将教育用 App 中的视觉表现要素划分为色彩、字体、图形、角色、布局和声音。⑤这些先行研究主要是以色彩、图形、文本或影像表现要素等为研究对象，但在视觉要素的划分上没有统一性，而且根据研究者的个人理解，呈现出多结构状态。

表 2-8　基于教育用 App 的图形要素

研究者	要素
金正宙(2006)	声音，影像，动画，剪辑，文本，图标。
李云炯(2013)	界面布局，色彩，字体，动画，图形，图标。
朴在俊(2013)	布局，图标，字体，媒介，界面，互动。
Moon Joon Sik(2014)	文字，插图，照片，图标，色彩。
Park Hee Jung(2017)	界面布局，角色，背景图形，动画。
杨俊琨(2019)	色彩，字体，图形，角色，布局，声音。

本研究结合传统叙事的构成特征，将儿童教育 App 的视觉设计要素定义为交互性叙事的图形元素。并根据先行性理论考察，分析发现有五种视觉设计要素在教育用 App 中被广泛使用。因此，本研究使用的图形要素被

---

① [韩]尹鸿烈. Web 设计的界面布局应用研究[J]. 造型媒体学 韩国插画协会，2005，8(02)：28-33.
② [韩]金正宙. 基于 Digital Contents 的叙事沉浸研究[D]. 首尔：汉阳大学，2006.
③ [韩]李云炯. 移动媒体增强现实与界面设计的使用性评价[D]. 首尔：鸿益大学，2013.
④ [韩]朴在俊. 平板电脑上体现 E-Tell 的应用程序设计研究[D]. 首尔：梨花女子大学，2013.
⑤ [韩]杨俊琨. 教育用 App 中情感化体现对自主学习的影响研究[D]. 岭南：岭南大学，2019.

归纳为色彩、文字、图标(ICON)、动画和界面布局。

1. 色彩

色彩是视觉设计中的直观表现元素,学习者对色彩的感知主要体现在感觉层和观念层。感觉层是学习者受到物理刺激后产生的不同感官之间的联系反应,如红色显得激动、紫色显得神秘、蓝色显得清凉、绿色显得清新、黄色显得温暖、白色显得轻盈、黑色显得严肃。观念层是儿童通过日常生活经验所形成的象征和联想。例如,交通信号灯中,红色代表停,绿色代表走。在任何领域中,色彩研究均需要探究色彩背后的文化与象征,并进行合理的搭配与设计。由于研究对象是中国和韩国的8~12岁儿童,他们的色彩感知倾向于鲜艳的颜色,因此选用门塞尔的10色相环为分析标准。

图 2-10 门塞尔的 10 色相环①

色彩与儿童的心理及情绪有着相当重要的关联性,色彩对儿童心理特征的影响也无处不在。色彩作为灵敏的情感指示器,儿童对色彩的偏好与自身的性格有很大关系。儿童对色彩的选择,甚至可以透露出儿童的情绪

---

① [韩]金荣淑.色彩心理传播[M].首尔:韩国振兴出版社,2008:38.

是快乐还是忧伤。心理学家罗伯特·普拉切克(Robert Plutchik)开创了情绪色彩心理理论,将情绪分为基本情绪及反馈情绪。他认为人类的基本情绪是物种进化的产物,是物种生存斗争的适应手段。基于以上情绪理论,普拉切克在 1980 年绘制了情绪色彩轮盘模型,可以更好理解基于不同颜色的情绪之间的联系和差异。① 例如,蓝色系代表的是理性,黄色系代表的是入神,绿色系代表的是惊愕等。情绪色彩轮盘模型的详细说明如图 2 - 11 所示。

图 2-11　罗伯特·普拉切克的情绪色彩轮盘模型②

2. 文字

文字是儿童教育 App 中必不可少的视觉符号。文字是一种稳定且直观的表达方式,能加快学习者对故事内容和学习知识的理解,提高学习者的使用效率。

文字的类型主要分为衬线字体(Serif)、非衬线字体(Sans Serif)和装饰

---

① Plutchik Robert. Emotion: Theory, Research, and Experience[J]. Theories of Emotion, 1980,1(01):32-54.
② Plutchik's Wheel of Emotions[EB/OL]. https://en.wikipedia.org/wiki/Robert_Plutchik. 2019-08-25.

字体。[①] 这三种字体类型成为当今字体设计变化的基准,并从笔画粗细、倾斜角度比例以及装饰变化等方面进行了演变。

衬线字体是在字的笔画开始、结束的地方有额外的装饰,并且笔画的粗细会有所不同,易于识别。非衬线字体是没有额外的装饰,并且各结构之间粗细较为近似,所以从视觉表现上来看更加简洁。而装饰字体是通过笔画变形、形状处理等修饰手法使文字产生艺术美感,进而引发儿童的好奇心和关注度,使其快速获取产品信息。但是目前的装饰字体种类繁杂,其中手写体作为纯手工写出的文字,代表了不同艺术家的书写特征和艺术修养,且大小不一、形态各异的艺术效果,往往带给人耳目一新的感觉。

表 2-9　字体样式

衬线体(Serif)	非衬线体(Sans Serif)	手写字体
AaBbCc	**AaBbCc**	*AaBbCc*

由于儿童对于文字的储备量较为薄弱,如何运用最少的文字表现出故事内容是设计的重点。此外,由于儿童认知的程度和成人不同,字体设计如何吸引儿童的注意力,并提高儿童对文字的理解能力也是设计所要考虑的问题。儿童学习者的发育特征决定了他们的视觉注意力的集中时间较短,因此儿童教育 App 在设计时,可以在适当的位置融合一些有趣的音效,进而达到多通道交互、延长专注时间和提高学习兴趣三重效果。例如,在 *Evolution Life* 中,点击不同的恐龙图形不仅会出现文字说明也会同步出现声音解说,便于学习者的理解。

[①] Liuti L. *Research on Sans Serif Fonts in Graphic Design*[J]. Journal of Liaoning Teachers College,2016,33(10):33-35.

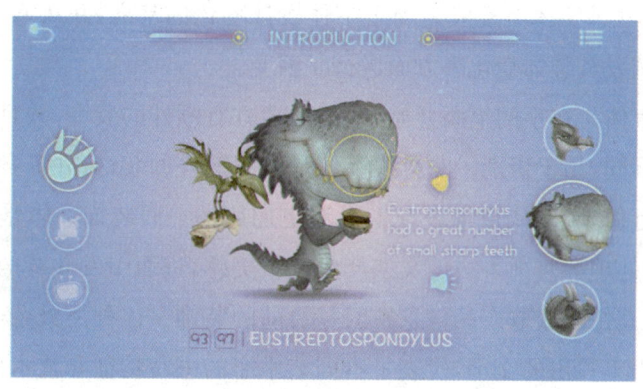

图 2-12　儿童教育 App 中的语音功能

3. 图标（ICON）

随着视觉、影像、电视等多媒体形式的发展，当代符号学研究已从过去研究单一的语言符号逐步转为研究多元化的视觉图像符号。图标、色彩、文字都属于图形界面的符号，图标与其他符号相比具有传播效率高、视觉特征明显等优势，因此在 UI 设计中被广泛应用。

图标分为基于形式相似的能指（Signifier）与基于意义相似的所指（Signified）两种类型。[①] 能指是能被人直接感知的符号形式，如声音、文字、颜色、气味、触感等；所指是符号所指称的概念内涵，如十字架代表耶稣。能指是符号的可感知的物质形态，所指是符号所承载的信息或意义。能指与所指通过指代过程联系起来，使图形具有承载意义，由此形成了图形（Graphic）、标识（Index）和象征（Symbol）三种图形符号形式。[②] 它们在满足学习者认知的同时，也逐渐结合了新媒体的特征，更有利于信息的传播。

[①] ［韩］金智媛. 动态图形在电影情节中的叙事结构研究[D]. 首尔：祥明大学，2002.
[②] 杨焕. 智能手机移动互联网应用的界面设计研究[D]. 武汉：武汉理工大学，2013.

表 2-10　图标分类及说明

分类	说明	举例
图形符号 （Graphic）	图形通过对造型的模仿，借用物体本身的特征来表达意义，具有明显的可感知特性。	
标识符号 （Index）	标识是利用符号与所要表征对象间存在的因果或逻辑性联系来表达意义。	
象征符号 （Symbol）	象征是图形中抽象且具有特殊意义的符号，是结合社会的整体文化而产生的。	

4.动画

作为交互性叙事中视觉设计的重要组成部分，在动画中出现的所有角色都可以成为与儿童玩乐和交流的伙伴。造型多样的故事角色会指引儿童感受世界和认知环境。动画内容也会直观引导着学习者的学习动机和沉浸效果。①

在儿童教育 App 中的动画和一般的动画不同，它更加强调动画内容的寓教于乐方式，而这种方式是在学习者对动画产生好奇进而进行探索的过程中形成的。动画中传递的故事内容和角色造型，会通过贴近儿童日常生活中的行为模式为设计出发点，架起儿童和父母的沟通桥梁，从而促进儿童用户的感知能力、逻辑思考力和想象力。

为了强调儿童教育 App 中的故事内容，有时创作者会把动画插播到学习任务的中间阶段，作为继续学习的触发点或转折点。也有一部分动画是作为学习者完成学习任务后，提供给儿童的奖励手段。动画分批次的投放给学习者，不仅可以激起儿童的好奇心，也可以提高儿童完成学习任务后的满足感。不过当前儿童教育 App 的动画还处于发展阶段，很难看到华丽的动画效果。

基于儿童教育用 App 的动画类型主要分为 2D 动画、3D 动画和现实角色动画。

---

① ［韩］李智秀.多媒体界面设计评价研究［D］.首尔：韩国科学技术院，1997.

表 2-11 儿童教育用 App 的动画类型①

分类	说明	举例
2D 动画	2D 动画是利用逐帧拍摄的原理制作的，是一张张连续图片串连而成。画面平板化特征明显，视觉效果弱于 3D 和现实角色动画。	
3D 动画	3D 动画是通过写实、抽象等不同的表现形式，模拟或者是创建现实中存在或者是不存在的生物体。与 2D 动画相比，视觉效果显著。	
现实角色动画	现实角色动画是由真人出演的动画。通过电影文本的虚构世界、虚拟故事世界与观众所处的现实世界相联结。视觉效果极强，且有强烈的沉浸感。	

5. 界面布局

界面布局是指引用户从一点行动到另一点的方法。艾伦·库伯(Alan Cooper)认为任何帮助用户到达新的界面、地点、工具或者数据的媒介都属于界面布局。② 在儿童教育 App 中，由于信息无法展现在同一个页面内，因此需要给学习者提供多页面之间跳转的链接。界面布局正是组织和引导这些链接的媒介，以帮助学习者高效完成任务。学习者不是总能找到正确的链接或者不知道下一次点击屏幕会将自己带到什么地方，因此设计良好的界面布局是每个移动设备中的重要组成部分。不仅如此，学习者还能通过界面布局了解页面与页面、页面中内容与内容之间的关系。

儿童教育 App 的界面布局类型主要分为以下六种。

---

① 吕宗伟，许懋琦. 学龄前儿童游戏界面设计初探[J]. 设计，2015(08):132-133.
② Alan R. About Face: The Essentials of User Interface Design[J]. John Wiley & Sons, 1995,4(05):86-95.

表 2-12　儿童教育 App 的界面布局类型[①]

类型	说明	举例
列表式	列表式属于传统的布局方式。例如,手机中常用的联系人应用、歌曲播放应用、邮件应用等都适合采用列表导航的形式。在列表导航中,其上下列表之间的内容相对独立,没有从属关系。	
九宫格式	九宫格式采用相同尺寸的 9 个图标,利用"三行三列"的布局形式出现在主界面中。每一个图标都是第二级界面中的入口,并且图标之间的信息关联度较低,没有明显的从属层级关系。	
标签(Tab)式	其作用是将已经打开的页面以标签的形式进行分类,以方便用户在多网页中进行切换。标签形式良好地运用了物理隐喻的原理,有效地避免了不必要的页面跳转。	
侧滑式	侧滑式布局能使用户将视线聚焦于查看主界面的信息,而其他操作功能则通过点击左右屏幕中的信息或条目完成。这使得主界面内容更加简约和清晰,也使左右屏幕中的信息和操作项目更具有扩展性。	
组合式	根据 App 的具体情况将多种布局形式进行组合。集合两种或两种以上导航形式都称为组合式布局,它一般针对信息量广,并且操作项目多的移动应用界面。	

---

① Ben Shneiderman. *Designing the User Interface Strategies for Effective Human-Computer Interaction*[J]. Addison Wesley,2009,(04):45 - 57.

全屏式	全屏式布局是沉浸式应用常用的导航形式，其界面需要展现的信息较为扁平，只包含了必要信息而没有深层次的信息架构。	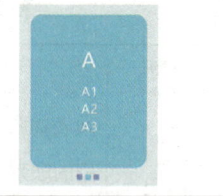

(续表)

（四）互动性行为

交互性叙事依靠媒介的界面与学习者进行互动，界面是特指链接两个世界接触面的专业用语，也代表了不同物质之间接触的界面。[①] 媒介往往依靠界面衍生出故事，并通过与界面的互动行为来说明人、工具和机器在现实世界和故事世界之间的相互关系。

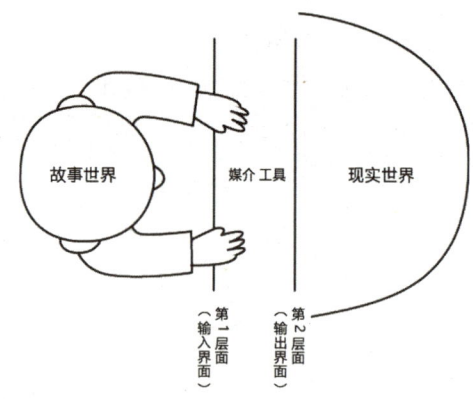

图 2-13　不同界面中的互动概念图[②]

互动性作为交互性叙事的重要特征，具有两种含义。第一，在现实世界中，学习者可以通过智能设备中的视觉要素为传播工具，依靠外部传输设备

[①] [韩]权智恩.互动空间中利用动作分析的用户参与形态模型开发[D].首尔：鸿益大学，2013.

[②] [韩]朴喜贞.教育用 App 中游戏化视觉表现要素的使用意图分析[D].岭南：岭南大学，2017.

输入或输出数据信息。智能设备系统可以检测学习者输入的指令并施加声音或震动的反馈,并传输给学习者需要的信息,以此形成学习者与系统之间的互动。第二,在虚拟空间中,学习者利用故事中的虚拟角色施加意向性互动行为,完成与故事内容或其他学习者之间的互动体验。①

叙事学家瑞安(Marie Laure Ryan)指出交互性叙事中的互动就是指用户、媒介和叙事文本之间的互动行为关系。②弗里迪(Friedi)基于交互性叙事的特征对上述要素进行整合,提出了互动性的三种层次,即与媒介的互动、与故事内容的互动以及与其他学习者的互动。③

1. 与媒介的互动性

与媒介的互动是学习者通过外部设备输入数据信息并获得相应的反馈信息的过程。而儿童教育App中交互行为能否实现,取决于儿童的生理行为特征。只有把学习者的行为特征与App之间信息交流和行为互动的方式做到最优化状态,才能满足儿童的使用习惯和认知需求,进而吸引更多学习者进行互动。④ 基于儿童学习者生理行为特征的特殊性,学习者与媒介的互动主要分为直接操作、手势互动和语音互动三种方式。

美国马里兰大学的计算机科学家本·施奈德曼(Ben Shneiderman)教授于1983年提出直接操作的概念,即在操作过程中用户通过手指、鼠标或其他具有肢体扩展意义的输入设备选择并操作数字对象的过程,如移动、旋转、拖拽等。在该过程中,用户可以模仿现实世界中的动作,对虚拟操作对象施加指令。⑤ 在儿童教育App设计中,基于儿童的心理行为,直接操作的交互设计也得到了广泛的推广,但儿童的肢体特征影响着正常的交互行为,只能

---

① Cornong Peter A. *The Re-Emergence of Egergence: A Venerable Concept in Search of a Theory*[J]. Complexity, 2002, 7(06): 18-30.
② Marie Laure Ryan. *New Narratives: Stories and Storytelling in the Digital Age*[M]. Lincoln: University of Nebraska Press, 2011: 35.
③ 关萍萍. 互动媒介论——电子游戏多重互动与叙事模式[D]. 杭州: 浙江大学, 2010: 87-92.
④ [韩]林美淑. 学习者和教育用App对M-Learning的使用意图影响研究[D]. 首尔: 檀国大学, 2016.
⑤ Ben Shneiderman. *Direct Manipulation: A Step Beyond Programming Languges*[J]. IEEE Computer, 1983, 3(04): 57-69.

以儿童熟悉的常规动作为主,如点、滑、拖等。[1]

手势交互中形成的触觉是人类的第五感官,手指尖的触觉末梢器官能带给人们更加丰富的感知能力。用户通过触控的方式与屏幕进行互动已成为主流的交互方式,当下手势交互主要以多点触控技术为基础,它是能够直观体现用户意图的交互方式。[2] 在日常生活中,人与人之间会通过手势进行有效地沟通并传达信息,因此将手势运用到移动应用界面的交互设计中,能提高用户与媒介之间的交互效率。

以儿童的触觉特征为基础所设计的手势交互,是通过计算机图形学等技术对人的肢体动作进行识别并转化为命令的过程。其丰富的操作手势来源于对生活习惯的模仿,使得儿童不需要学习即可理解并使用。由于儿童认知方式的局限性,儿童常用的八种手势交互方式如表 2-13 所示。

表 2-13　儿童常用的 8 种手势交互[3]

点击	双击	拖拽	轻滑
长按	双指点击	放大	缩小

语音交互是实现用户与 App 交流的最符合人类直觉的交互方式。它由人与人的对话交谈的方式延展而来,为实现更高层次的智能化提供了可能。语音交互系统有两个优点,第一,语言比键盘输入更快且更有效;第二,在多任务的情况下,提供了更多的可操作方式。

---

[1] 方浩等.学龄前儿童教育类 App 交互设计研究[J].包装工程,2016,37(20):113-117.
[2] 李清水等.手势识别技术及其在人机交互中的应用[J].人类工效学,2002,8(1):13-27.
[3] J Lumsden, S Franckel, E Bonsignore, A Druin. Designing for Children's Mobile Storytelling[J]. The International Journal of Mobile Human-Computer Interaction,2010,2(2):19-36.

第二章 儿童教育和交互性叙事的融合

图 2-14 语音交互

2. 与故事内容的互动性

交互性叙事设计依靠媒介产生了虚拟的故事世界。学习者在虚拟世界中展开各种互动性行动,这并不仅仅是获得操纵智能设备软件和硬件的快感,而是通过互动操作获得与现实世界等同的行为体验,并从中获得学习的乐趣和相应的知识。

学习者与故事内容的互动性行为类型总结如下。

表 2-14　学习者与故事内容的互动性行为类型[①]

类型	说明
移动	移动是一切用户行为的基础,交互性叙事设置了一个广阔的虚拟故事世界,就是为了让用户尽情地在故事中移动。
探索	在故事世界中探索隐藏的事物,或是发现新的道路、发现故事情节设计的漏洞等。
模拟	故事世界的人物通常没有个性或者个性十分大众化,其灵魂需要由用户自己来扮演。
收集	用户总是将故事世界中的各种物品进行归纳和集合。

---

① Marie Laure Ryan. *Interactive Narrative*, *Plot Types*, *and Interpersonal Relations*[J]. Revista Digital,2013,2(04):89 - 121.

（续表）

学习	学习是人的天性，用户一方面学习教学知识，另一方面学习各种游戏技能和社会知识，并投射到下一次的用户虚拟行为中。
冒险	给予用户新鲜信息的刺激乐趣，而故事信息主要通过"冒险"行为获得。
创造	创造是破坏的对立面，与破坏有着密切的联系，用户对现实事物的破坏恰恰反映出其意欲创造新事物的意图。
表演	人的潜意识总是喜欢炫耀自己的优点，主要是针对儿童完成教育任务后获得的成就向其他用户进行展示。
部署	为了让儿童用户对故事世界有更深入的沉浸感，往往会在故事世界中为用户设立只属于用户自己的家园系统，儿童用户可以在自己的虚拟家园中按照自己的想象力设立道具等，从而增加用户的主人翁意识。

3. 与其他学习者的互动

同样在虚拟世界中的另一种互动行为是学习者与其他学习者之间的互动，这是新媒介最具创新性的特征，也是传统叙事媒介所不具备的新型互动模式。学习者之间的互动主要体现在网络媒体时代，早期的学习者之间的互动单纯依靠 E-mail 和其他即时通讯工具进行学习方法和技巧上的交流，但是 5G 时代的到来，网络媒介给学习者们提供了更加稳定、可靠的即时无障碍的交流互动平台。

而学习者之间的互动也不单纯是早期的相互交流和换取学习信息，更表现在每个学习者都可以直接影响其他学习者感知虚拟空间的方式，甚至改变了故事内容的状态。交互性叙事中学习者与其他学习者之间的互动主要在"虚拟社区"(Virtual Community)中进行。① 无数学习者通过操纵虚拟角色在同一款 App 中互相交流，构成了一个全新的虚拟世界。学习者在虚拟社区中相互辩论、玩笑，交换信息和交朋友等，使得在现实空间中可以做的事情转移到虚拟空间中来，并在不断的互动行为中产生属于自己的故事。

---

① Howard Rheingold. *The Virtual Community: Finding Connection in a Computerized World*[M]. London: Secker & Warburg,1994:43 - 52.

第二章 儿童教育和交互性叙事的融合

图 2-15　儿童教育 App 中的虚拟社区(Virtual Community)

学习者与学习者之间的互动是交互性叙事中"作者消失"的主要推动力。这里没有明确的主客观之分，也没有固定的传递者和接受者。每一位学习者都是自己互动行为和叙事意义的中心，无数个这样的行为主体和意义中心共同构成了整个虚拟空间的故事内容，突出表现了新媒体时代中交互性叙事的特征。

二、以儿童为对象的交互性叙事的设计阶段

传统的叙事方式并不允许人们根据自身的意愿与情节产生互动或者改变情节。不过，基于新媒体的交互性叙事可以尝试解决这个问题，因为它为用户与故事情节的互动提供了可能性。交互性叙事发挥了新媒体的互动性功能并吸收了传统叙事的方法，更容易使学习者达到沉浸性的故事体验效果。而获得沉浸体验的学习者也会极大地提高学习效率和学习动机并主动触发下一次学习进程，这也是交互性叙事对学习者产生的最大价值。

互动性作为交互性叙事的主要特征，在艺术创作中往往从属于学习沉浸，这是因为它们能够作用于故事世界而无法影响学习者的内心情感。但互动性也因此成为学习者获得学习沉浸的前置条件。只有故事世界对学习者的互动性行为做出合理的反馈，学习者才会因此获得学习沉浸效果。

20 世纪 90 年代初，理查德·布坎南(Richard Buchanan)教授就把互动

性的主体对象定义为用户的行为,通过产品的媒介作用来创造和支持人的行为。① 互动的英文是 Interactivity,其中"activity"指活动、动作;而 Inter 指反馈、重复,每个动作之间重复的反馈行为组成了一个互动过程,多个互动过程就形成了循环的互动性系统。也就是说,互动性是产生于学习者和交互式系统之间的一种动态行为,并随着时间与空间的变化而不断运动和变化。这里的动作一般是指有意识的行为,当然也有施加行为的用户、完成动作的工具(媒介)、行为的目的,以及行为发生的场合。

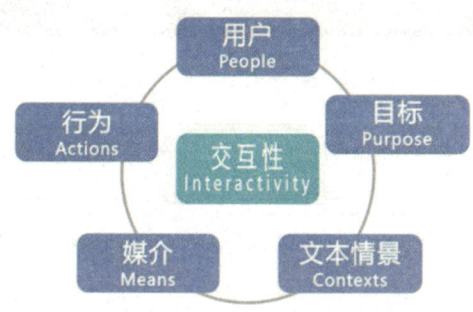

图 2-16　互动性的构成要素②

辛向阳受到文艺理论家肯尼斯·伯克(Kenneth Burke)在 A Grammar of Motives 一书中提出的戏剧五位一体和"同一"理论的启发,提出了互动性的基本元素是由用户、行为、媒介、目的和文本(Contexts)组合而成的。③ 互动的重要任务是设计一个相对理想的故事程序让人顺利地完成某个特定的任务。这也说明了为什么叙事常常会成为演示交互设计的最好方法。

弗里迪(Friedi)基于交互性文本对上述要素进行整合,提出了互动性的三种层次。即与媒介的互动、与故事内容的互动以及与其他学习者的互动。三种互动关系围绕着学习者、媒介和文本,解释了不同信息的互动过程中所

---

① Richard Buchanan. Design as Inquiry: The Common, Future and Current Ground of Design[M]. Melbourne:Monash University Press, 2005:78 - 80.
② 辛向阳. 混沌中浮现的交互设计[J]. 设计, 2011, (02):45 - 47.
③ Kenneth Burke. Introduction: The Five Key Terms of Dramatism from A Grammar of Motives[M]. Berkeley:University of California Press, 1969:12 - 16.

造成的不同影响。这与先行性研究中 Kiili 提出的学习沉浸体验的前提阶段中需要依靠人、工具和任务的互动观念不谋而合。

表 2-15　基于交互性叙事的互动性类型①

类型	说明	特征（Features）	过程（Processes）
与媒介的互动	用户与媒介之间的互动主要是关于用户与媒介硬件系统和程序之间的联系性,这种类型解决了用户与媒介之间的所有问题,如系统的图形、声音和文字识别等。	1. 导航工具； 2. 搜索工具。	1. 界面流程； 2. 使用搜索引擎。
与故事内容的互动	用户与文本之间的互动涉及了交互性叙事的故事内核问题,把各自形式的互动性归结于用户和文本内容理解的过程之上。	1. 促进个性化文本的工具； 2. 独特的故事内容。	1. 创建个性化个人故事空间； 2. 寻找多种媒介格式的叙事。
与其他学习者的互动	与其他学习者的互动是交互性叙事设计中最重要的和最具创新性的环节,用户与用户的互动是功能性消息以及用户与用户的信息交换中起主导作用的因素。	1. 即时通讯； 2. E-mail； 3. 虚拟社区。	1. 参与即时通讯； 2. 发送/接收信息； 3. 互动交流。

罗兰·巴特(Barthes R)在《叙事作品结构分析导论》中建议将交互性叙事作品分为三个描写层次：功能层(Fonctions)、叙事层(Narration)和行为层(Actions),任何语言单位都可能结合到各个层次之中并产生意义。② 依据故事情节时间性的发展,2010 年关萍萍在其博士论文中提出交互性叙事可

---

① 关萍萍.互动媒介论——电子游戏多重互动与叙事模式[D].杭州:浙江大学,2010.
② Barthes R. *Introduction à l'Analyse Structurale Des Récits*[J].Communications,1966, 127(01):8.

分为三个部分:线性叙事,即类属传统叙事部分;非线性叙事,即用户行为的自由选择部分;共时叙事,即跨越二者的中间部分。①

2015年,玛丽·劳尔·瑞安(Marie Laure Ryan)认为互动性是整个交互性叙事的核心。结合交互性叙事的构成要素,瑞安将其分为三个阶段,分别是强调系统视觉展现的图形叙事设计阶段,强调故事展现的故事文本叙事设计阶段,强调用户行为自由选择的用户参与体验叙事设计阶段。其认为随着交互性叙事阶段的不同,学习沉浸效果也会发生变化。②

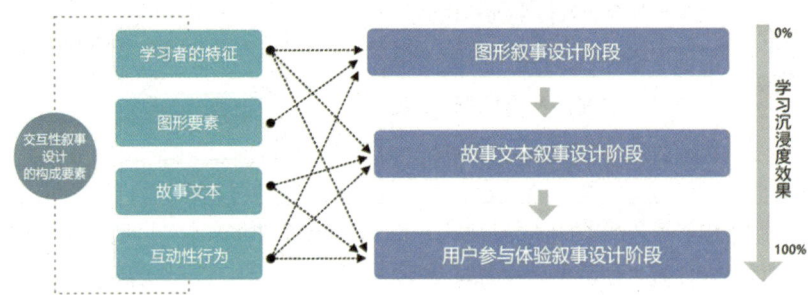

图 2-17　交互性叙事的阶段③

因此,本研究借鉴了瑞安对交互性叙事的阶段分类,基于儿童学习者的特征,对每个阶段的要素进行了整理。其整理结果如下。

(一)图形叙事设计阶段

图形叙事设计阶段是交互性叙事的第一阶段,指的是学习者与文本和影音图形等视觉形态的互动过程。该阶段主要关注故事的初期呈现和媒介的视觉设计表现,不影响故事本身,也不会影响故事的呈现顺序。

在交互性叙事中,图形叙事要素常采用象征、比喻的组织模式,使学习

---

① 关萍萍.互动媒介论——电子游戏多重互动与叙事模式[D].杭州:浙江大学,2010:87-92.
② Marie Laure Ryan. *Beyond Myth and Metaphor: Narrative in Digital Media*[J]. Poetics Today. 2002,4(06):572-589.
③ Marie Laure Ryan. *Interactive Narrative, Plot Types, and Interpersonal Relations*[J]. Revista Digital,2013, 2(04):89-121.

者可以轻松掌握学习信息和故事内容。所有的学习者都能够使用同样的界面语言,并依靠它访问一切信息并用共同的视觉符号语言交流体验或定义环境。图形叙事是界面设计中的重要表现要素,学习者可以直观地依靠这些要素来完成任务。例如,下达指令,完成学习任务,运行不同程序等。[1]

在进入儿童教育 App 的最初阶段,应用程序带给学习者的初印象会对学习者是否继续停留、继续体验应用程序产生一定的影响。因此,让学习者在应用程序的使用初期就获得稳定印象是设计的重要参考依据。2007 年,金基焕(Kim Ki Hwan)提出图形叙事就是将故事的内容用图形的特征表现出来。这里的图形包含了色彩、图标、插图、动画和界面布局等要素。[2]

在图形叙事中将故事与手机应用程序中的 UI 设计相互结合,不仅是产品设计发展的一个必要阶段,而且会在学习者的使用过程中促进其情绪发展。因此,以图形叙事的 UI 设计为研究对象,这符合罗兰·巴特提出的叙事作品中的第一阶段"功能阶段"观点,[3]即儿童教育 App 的图形叙事要素会自发性地告知学习者如何操作产品,功能按钮也会通过视觉表现特征向学习者说明应用程序的功能特征,以此简化学习者在使用过程中的操作难度。

并且儿童教育 App 可以直观地把图形叙事要素传达给学习者。儿童学习者依靠其视觉特征和听觉特征准确地接收到图形叙事信息后,利用触觉特征直接操作儿童教育 App,从而更好的完成学习课程。[4] 因此,如何引导学习者操作及持续使用教育用 App 成为设计的关键。结合学习者特征中的技能水准特征,图形叙事设计阶段的要素总结为色彩、图形、文字、动画和界面布局。

---

[1] Anovichm Lev. *The Language of New Media*. Cambridge[M]. Massachusetts London: The MIT Press, 2001:1.
[2] [韩]金基焕. 基于图形叙事的交互效果研究[D]. 首尔:鸿益大学,2007.
[3] Barthes R. *Introduction à l'analyse Structurale Des Récits*[J],Communications,1966,127(01):8.
[4] [韩]杨俊珉. 教育用 App 中情感化体现对自主学习的影响研究[D]. 岭南:岭南大学,2019.

表 2-16　图形叙事设计阶段的要素[①]

类型	说明
色彩	色彩的选用符合用户认知的习惯。
图形	图形的设计便于用户认知,功能按钮要给出明确的目标和功能反馈。
文字	内容文本设计应该易于识别,并可以设置成语音模式。
动画	动画内容和动画角色贴近生活的真实性。
界面布局	布局设计的简单合理,提供引导帮助。

(二)故事文本叙事设计阶段

故事文本叙事设计阶段是交互性叙事的第二阶段,主要关注故事文本的完整性和故事情节的合理性,不影响故事内容和学习者的交互性。这一阶段的故事内容虽然主要由传统叙事中的场景、角色、主题和情节构成,但是并不完全遵守传统线性叙事模式,因为学习者变身成了故事的操纵者,可以掌控故事情节的发展进程和发生顺序。

虽然故事的设计者是在创造故事内容,但是故事的实现是在儿童教育 App 的学习者于故事角色的相互作用下产生的。在分享自己的亲身经历时,原本剥离与故事创作之外的学习者则变成了故事的讲述者。在虚拟空间的故事内容中,学习者所进入的就是一个互动世界,同一个学习者每次进行不同的故事体验过程,或是不同学习者一起进入同一个互动故事世界,所说出来的故事都是不一样的。而这种交互性文本故事随着技术的提高与社交网络的开发,产生了越来越多的可能性。但前提条件仍然是需要有一个完整的故事内容框架。

因此,故事文本叙事设计阶段的要素以叙述文本为研究对象,也符合罗兰·巴特提出的叙事作品中叙述层(Narration)理论。儿童教育 App 可以为学习者提供虚拟环境和动态的故事内容,使得学习者能够沉浸于故事内容

---

① [韩]金基焕.基于图形叙事的交互效果研究[D].首尔:鸿益大学,2007.

之中,从而提高学习者的教育理解程度和记忆力。基于儿童学习者的感知能力的需求,通过将故事内容与学习课程的结合,多样性的故事文本叙事设计可以有效地吸引儿童学习者的注意力,最终提高儿童的想象力和认知能力。[①] 故事文本叙事设计作为关注故事内容的设计阶段,依据先行性理论考察中传统叙事的场景、角色、主题和情节四要素,结合儿童教育 App 的学习特征归纳为故事场景、故事角色、学习主题和故事内容。

表 2-17　故事文本叙事设计阶段的要素[②]

类型	说明
故事场景	场景设计符合故事的内容主题要求,符合学习者心理认知能力。
故事角色	故事角色的形象设计体现现实生活的真实性。
学习主题	提供符合学习者难易度的学习任务,便于学习者掌握学习内容。
故事内容	提供具有吸引力和逻辑结构的故事情节。

(三)用户参与体验叙事设计阶段

用户参与体验叙事设计阶段作为交互性叙事的最终阶段,主要是满足学习者更高层次的心理需求,并关注故事自主生成的互动性和用户体验效果。该阶段赋予了学习者更多的选择权和行为自由性,也是交互性叙事不同于传统叙事的关键阶段。更为重要的是,该阶段改变了传统媒介只是被动接受的境况,达成了符合学习者心理预期的新目标。

这种自由的互动往往使得学习者产生一种创造性幻觉,从而更为深入地沉浸于互动过程之中。这种动机的产生不仅需要媒介满足学习者的好奇心和个体需求,而且需要其在完成学习任务后给予一定的奖励,从而使学习者产生更高的自我效能体验。[③]

---

① [韩]宋允娜.基于叙事的幼儿数学教育用 App 开发及效果研究[D].公州:公州大学,2019.
② [韩]宋允娜.基于叙事的幼儿数学教育用 App 开发及效果研究[D].公州:公州大学,2019.
③ [韩]朴恩庆.基于交互性叙事的人体过程教育用 App 研究[D].首尔:梨花女子大学,2006.

为了获得更好的教学体验,学习者在与儿童教育 App 互动的过程中可以进行多方位的动态选择,比如学习者可以在规则和非线性故事结构的基础上通过互动性行为获得经验值;另一些学习者可以通过完成某些学习任务提升级别;还有学习者喜欢与 App 中其他学习者交流沟通,参加各种社区活动以达到体验的要求。不同的活动都可以让学习者获得最终的学习沉浸体验,但由此所产生的故事内容完全不同。① 正是由于学习者多样化的互动性行为,故事情节的发展才有了更多的可能,并提高了学习者的学习态度和主观规范意念。

学习者在教育用 App 中对交互式叙事内容的理解过程也是与故事内容的互动过程。但是学习者并非具有主导所有故事情节的绝对权力,所有的互动行为与参与体验的过程必须是在一定的叙事环境中形成,而这需要由故事的非线性结构和规则所决定。② 因此,交互性叙事中故事的非线性和规则设计要素直接影响到学习者的参与体验效果,而被归纳到用户参与体验叙事设计阶段的要素之中。

因此,用户参与体验叙事设计阶段由互动的自由度、规则设计、故事的非线性和用户参与程度组成。其中,互动的自由度由学习者与媒介以及学习者与故事内容的互动行为方式共同组成。

用户参与体验叙事设计阶段的要素说明如下。

表 2-18　用户参与体验叙事设计阶段的要素③

类型	说明
互动的自由度	允许用户根据自己的喜好对媒介进行自由操作并设定个人目标。
规则设计	制定故事中的游戏规则,激发学习者参与学习的动机和欲望。

---

① Chris Crawford. *Dictionary of Narratology*[M]. Nebraska:University of Nebraska Press,2012:65.
② Diane Carr. *Computer Game-Text*,*Narrative and Play*[M]. NY:Polity Press,2006:39.
③ Marie-Laure Ryan. *Narrative as Virtual Reality 2:Revisiting Immersion and Interactivity in Literature and Electronic Media*[M]. Baltimore:Johns Hopkins University Press,2015:75.

(续表)

故事的非线性	强调故事内容的原创性和多样性,使学习者重复经历会得到不一样的故事情节。
用户参与程度	强调与不同学习者的"社交化"功能,帮助学习者认识合作和分享带来的益处,提高学习者参与程度。

本研究根据先行性理论考察,提出适用于儿童教育 App 的交互性叙事模型如下所示。

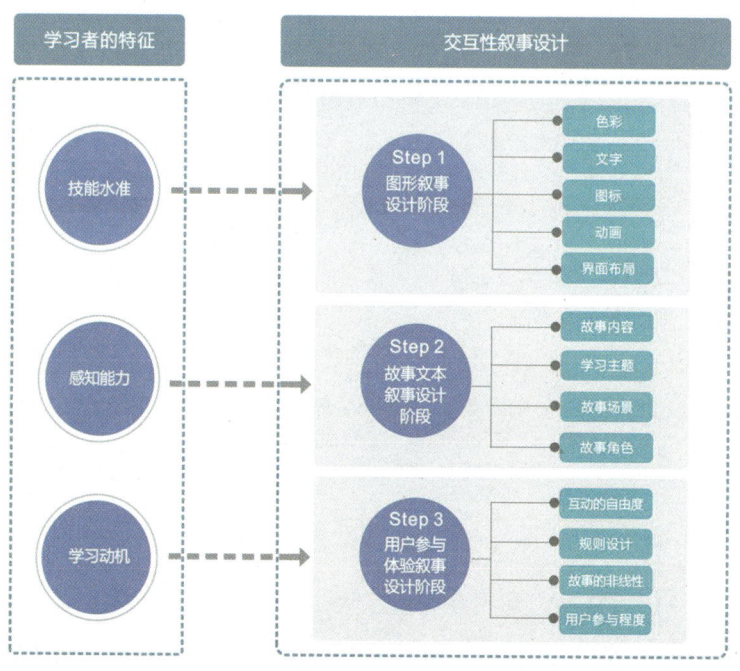

图 2-18 适用于儿童教育 App 的交互性叙事设计模型

通过对交互性叙事的理论性考察,对本章节做出如下总结。

第一,通过先行研究者提出的定义,整理出叙事及交互性叙事的概念和特征。

第二,通过伯格提出的交互性叙事模型,明确了交互性叙事的构成要素,即交互性叙事由学习者、故事文本、图形要素和互动性行为构成。

第三,互动性作为交互性叙事的重要特征,依据互动性的三个阶段,将交互性叙事分为图形叙事设计、故事文本叙事设计和用户参与体验叙事设计三个阶段。

第四,结合儿童学习者的特征(技能水准、感知能力、学习动机),整理了交互性叙事各阶段的设计要素,为后续儿童教育 App 的案例分析提供了分析基准。

第三章 基于交互性叙事的儿童教育 App 的案例分析

通过先行性理论考察发现,不同学习者在不同学习环境中会获得差异性的学习沉浸效果。因此,本研究选择中国和韩国的儿童教育 App 进行案例分析,旨在通过案例分析总结出不同地域、不同类型儿童教育 App 中交互性叙事的优缺点。整理的分析结果可以为后期问卷调查的构成提供研究设计参考。

第一节 儿童教育 App 的案例选定基准

一、儿童教育 App 的使用范围

中国和韩国同为亚洲国家,两个国家在地理上有着相似的文化发展背景,并且在文化历史上一直保持着密切的联系。全球化、一体化时代的到来促使中国和韩国在经济、教育、文化上的进一步交融。

2016 年,首次中韩教育部长级会议在韩国召开,2019 年,中国召开了第二次教育部长级会议。两国在教育合作上共同努力并提出的亚洲校园计划(CAMPUS Asia),也促使了两国间的教育合作程度持续加深。[①] 该计划旨在促进学生在亚洲校园间的自由流动,增进了学生之间的相互了解,增强了学校竞争力,为培养亚洲下一代接班人才作出贡献。正是由于中国和韩国的教育体制、人口、经济、技术、观念等众多因素决定了儿童网络教育发展水平的相似性,所以本次研究选择中国和韩国为调查研究的目标范围。

---

① 韩国教育部.产业关联教育活性化先导大学(PRIME)事业,21 所大学选定[EB/OL]. http://www.moe.go.kr/web/100024/ko/board/view.do?bbsId=333&boardSeq=61822. 2017-02-15.

表 3-1　2018 年中国和韩国的互联网教育比较分析①

类型	中国	韩国
教育方式	具有国家标准,且政府监督	具有国家标准,且政府监督
互联网教育的地位	公立学校和在线教育为主,网络教育为辅助	私立学校和在线教育为主,网络教育为辅助
互联网教育的时间	2002 年开始	1998 年开始
互联网使用频度	中	强
市场规模(美元)	430 亿	179 亿
发展水准	发展中	发展中

二、儿童教育 App 的目标用户年龄

本研究以儿童教育 App 为研究对象,选取了 2019 年 9 月 5 日至 2019 年 10 月 1 日期间下载量前 50 位的中国和韩国的儿童教育 App。通过分析 App 的目标用户年龄数据后发现,8～12 岁的儿童是两国儿童教育 App 开发者关注的重点。

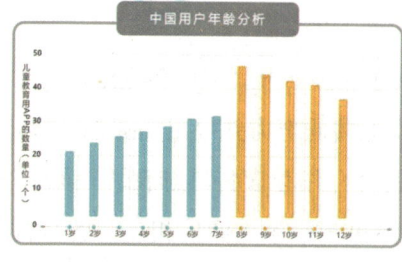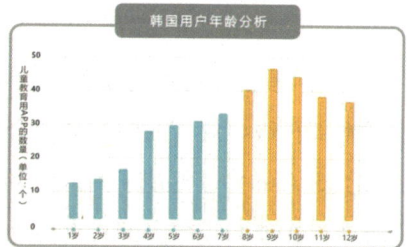

图 3-1　2019 年中国和韩国儿童教育 App 的目标用户年龄结构

据 2019 年中国艾瑞咨询发布的网络儿童教育行业研究报告显示,12 岁以下的儿童具有特殊的学习特点和需求,面对这一群体的儿童教育 App 也

---

① I Research. 互联网儿童教育产业报告[EB/OL]. http://report.iresearch.cn/report/201901/3319.shtml. 2019-01-23.

有其独特的风格和特色。通过先行研究中对8~12岁儿童的特征进行分析,该阶段儿童处于具体运算阶段,可以正确使用智能手机等移动设备。并且该阶段也是儿童学习新知识从而进行社会化接触的重要阶段,是儿童认识事物和接受事物的重要阶段。因此,处于具体运算阶段的8~12岁儿童更适合有规则性的教育形式。[①]

所以本次研究选择目标群体为8~12岁的儿童教育App为研究对象。

三、儿童教育App的分析案例

通过对中国和韩国下载量前50名的儿童教育App进行调查,儿童教育App主要分为外语教育、母语教育、数学教育和认知教育4种类型。因此,本次研究事例选定为2019年9月5日至2019年10月1日期间更新,且每种类型下载量排名前2位的中国和韩国8~12岁儿童教育App为案例分析对象。

案例分析所选定的中国和韩国的儿童教育App整理如下。

表3-2 中国的儿童教育App

类型	NO.	名称	LOGO	发布时间	App的教育范围
外语类教育	1	叽里呱啦英语		2014年	针对不同年龄阶段的儿童进行英语教学,从听、说、读、写四个维度,以美式英语教育为核心,让孩子们伴随着故事性和游戏性的课程,进行系统的英语学习。
	2	叮咚课堂		2018年	针对中国儿童进行英语启蒙教学。采用在线互动式教学模式,让孩子能够听懂英语也敢说出英语。游戏化的授课模式,既消除了孩子们的上课压力,又可以激发孩子的良性竞争,提高自主学习能力。

---

① 丁海东.学前游戏论[M].济南:山东人民出版社,2001:56.

（续表）

母语类教育	1	洪恩识字		2016年	针对6~12岁儿童进行趣味汉字学习，从玩耍、认知、练习和写作四大环节拓展学习进度，让儿童在互动操作中学习汉字。
	2	悟空识字		2012年	对3~12岁年龄阶段的儿童进行有针对性的汉字趣味教学。以传统西游记为故事背景，包括60册精心设计的儿童电子图书，在边学汉字中边阅读，可以帮助儿童打好汉字学习基础。
数学类教育	1	洋葱数学		2017年	按照中国数学教材，依靠动画视频授课，具有趣味性和易懂性，满足各年龄阶段学生的学习需求。AI智能预测知识点掌握程度，精准匹配专项数学练习。可以和全国的小伙伴们一起进行数学知识PK，从而获得个人排行榜。
	2	洪恩数学		2017年	洪恩数学通过具有卡通形象的主人公陪伴，设定生动有趣的互动教学体验。贴合3~12岁儿童认知发展规律的学习体系，满足不同年龄阶段儿童的学习需求，同时利用奇幻童话旅程激发学习兴趣，帮助儿童理解和巩固数学概念。

(续表)

认知类教育	1	小伴龙		2012年	让6～12岁孩子通过故事学会解决日常问题的方法,学习丰富的生活用语。在探险中认识和帮助新朋友,培养认知能力。不同年龄的孩子都可以充当故事的主角与小伴龙一起学习、探险并且完成任务,享受求知和探索的乐趣。
	2	Tock Life		2018年	Tock Life通过激发儿童的想象力并帮助他们认知世界和创建儿童梦想的世界。设计师从儿童的角度来设计游戏,让孩子们勇于创新,成为孩子们希望成为的样子,并且在玩的过程中编写属于自己的故事。

表3-3 韩国的儿童教育App

类型	NO.	名称	LOGO	发布时间	App的教育范围
外语类教育	1	Talking Pets		2017年	Talking Pets是一款互动式的英语学习App,用故事和游戏的方式引导儿童进行英语学习,遵循儿童语言学习规律,符合3～12岁儿童的学习思维路线,使学前教育多样化、趣味化和系统化。
	2	Woo A Young		2017年	为不同年龄阶段的儿童提供英语学习的机会,利用电子教科书、动画、互动式App操作和社交化模式,令儿童的学习更加符合当地社会的需要。

(续表)

母语类教育	1	韩文的故事		2012年	韩文的故事是基于"韩文字母系统的组合原理"构建课程,以扩大儿童韩文学习的广度,并提供更多系统的学习机会。通过儿童的日常经验选择熟悉的单词,孩子们在韩文学习方面的体验会变得更加丰富。
	2	珍贵的韩文		2018年	珍贵的韩文是采用声音教学的韩语教育应用程序,使用该教育方式的学习速度是普通韩文教育的三倍。使用基于声音教育原理的教育,孩子们可以轻松而有趣地学习韩语,并启发儿童韩语学习的原理。
数学类教育	1	都都数学		2013年	对不同年龄阶段的儿童进行有针对性的数学教育。App可以对不同的模式和级别进行设置,从而实现个性化学习的目标。通过算术和故事来学习数学,通过模式识别和数字记忆练习来学习逻辑思维。
	2	Math Land		2017年	Math Land是一款针对儿童的数学教育App。借助冒险故事,学习者将学习并获得主要数学运算的知识。学习者们在学习数学的同时,将享受充满互动行为和教育性的数学游戏的冒险旅程。

(续表)

认知类教育	1	芝麻恐龙探险	2012年	App中提供了恐龙学习馆、恐龙图库、恐龙好奇心、恐龙折纸、恐龙歌曲和恐龙故事。通过增加父母和孩子的亲子时光,进行恐龙时代的探险旅程,令儿童熟悉恐龙的历史和故事。
	2	Box Island	2016年	Box Island在3D游戏世界中进行教学活动,基于冒险故事的旅程吸引并激发孩子们的游戏动机。主要强调培养儿童逆向思维的学习模式和探测错误的能力。通过教授儿童基础认知知识,指导儿童进行刺激的冒险旅程。

第二节 儿童教育App的案例分析基准

通过先行性理论考察和文献研究,交互性叙事被确定为由图形叙事设计阶段、故事文本叙事设计阶段和用户参与体验叙事设计阶段组成。每个阶段的设计要素构成了儿童教育App的案例分析基准。

图形叙事设计阶段主要由倾向于视觉表现的色彩、文字、图标、动画和界面布局构成。故事文本叙事设计阶段由故事内容、故事场景、故事角色和学习主题构成。用户参与体验叙事设计阶段则由互动的自由性、故事的非线性、规则设计和用户参与程度(在线交流功能)构成。

基于交互性叙事的儿童教育App案例分析基准整理如下。

表 3-4　基于交互性叙事的儿童教育 App 案例分析基准

类型			说明
图形叙事设计阶段		色彩	门塞尔的 10 色相环基准,罗伯特·普拉切克的情绪色彩轮盘模型。
	文字	字体样式	衬线体(Serif),非衬线体(Sans Serif),手写字体
		语音解说	有,无。
		图标	图形符号(Graphic),标识符号(Index),象征符号(Symbol)。
		动画	2D,3D,现实角色动画。
		界面布局	列表式,九宫格式,标签式(Tab),侧滑式,组合式,全屏式。
故事文本叙事设计阶段		故事内容	研究者分析。
		故事场景	2D,3D,现实角色故事场景。
		故事角色	内在互动性角色,外在互动性角色,探索互动性角色,本体互动性角色。
		学习主题	诱发性主题,制定性主题,嵌入式主题,即时性主题。
用户参与体验叙事设计阶段	互动的自由度	与媒介的互动性	直接操作,手势交互,语音交互。
		与故事内容的互动性	移动,探索,模拟,收集,学习,冒险,创造,表演,部署。
		故事的非线性	树状结构(Tree),网状结构(Network),迷宫结构(Maze)。
		规则设计	积分(Point),徽章(Badge),排行榜(Leader Board)。
		用户参与程度	有,无。

第三节　基于交互性叙事的儿童教育 App 的案例分析

通过对儿童教育 App 类型的划分,选择每种教育类型下载量前两位的中、韩两国的儿童教育 App 为案例分析对象。以交互性叙事设计的阶段(图形叙事设计阶段,故事文本叙事设计阶段和用户参与体验叙事设计阶段)的设计要素为分析基准,分别对中国和韩国的儿童教育 App 进行对比分析。

首先,图形叙事设计阶段中的色彩要素通过门塞尔的 10 色相环和罗伯特·普拉切克的情绪色彩轮盘模型进行分析。由于儿童教育 App 的主页是儿童学习者第一次学习时关注的重点,因此本次研究将分析儿童教育 App 主页中的主要色彩和辅助色彩以及主要色彩蕴含的情绪意义。文字要素主要分为字体样式和语言解说功能,其中字体样式通过理论性考察将其分为衬线体、非衬线体和手写字体。语音解说功能将分析 App 中是否利用了易于儿童理解的语音解说功能。图标要素分为图形符号、标识符号和象征符号三种,并主要对儿童教育 App 中的主页面、学习页面和设置页面出现的图标进行分析。动画要素主要分析儿童教育 App 中动画的表现效果,分为 2D 动画、3D 动画和现实角色动画三种。界面布局要素分为列表式、九宫格式、标签式(Tab)、侧滑式、组合式和全屏式共 6 种样式,主要分析不同教育类型的儿童教育 App 主页的界面布局样式。

在故事文本叙事设计阶段中,每个 App 的故事内容都存在差异性。因此在故事内容要素分析中需要依靠研究者体验对其进行客观性描述并总结故事内容的类型。故事场景往往通过视觉形式进行体现,因此采用了和动画要素同样的分析类型。故事角色要素分为内在互动性角色、外在互动性角色、探索互动性角色和本体互动性角色 4 种类型。学习主题要素依靠诱发性主题、制定性主题、嵌入式主题和即时性主题,对中韩儿童教育 App 中的学习主题类型进行分析。

最后,在用户参与体验叙事设计阶段中,考虑到案例中分析结果的多样化和重复化,对儿童教育 App 中符合分析基准的选项采用"●"符号标注,不符合分析基准的选项选择"○"符号进行标注。互动的自由度由与媒介的互动性和与故事内容的互动性两部分组成。其中与媒介的互动性分为直接操作、手势交互、语音交互,与故事内容的互动性则依靠学习者在媒介内的互动类型分为移动、探索、模拟、收集、学习、冒险、创造、表演和部署。故事的非线性分为树状结构(Tree)、网状结构(Network)和迷宫结构(Maze),主要分析儿童教育 App 中故事的呈现特征。规则设计要素依靠游戏化理论分为积分(Point)、徽章(Badge)和排行榜(Leader Board)三种类型。最后,用户参与程度要素主要分析在儿童教育 App 中是否具有社交化互动功能。

一、中国儿童教育 App 的案例分析

表 3-5　叽里呱啦英语案例分析

叽里呱啦英语	视觉界面		
	视觉界面		
图形叙事要素	色彩	主色 #99D64B 辅助色 #FFCD2C #FFFEF1 #45FFE8 #34838	
	主色的含义	信任的	
	字体样式	非衬线	
	语音解说	有	
		图形符号	标识符号	象征符号
	图标			
	界面布局	侧滑式	
	动画	现实角色动画	

(续表)

故事文本叙事要素	故事内容	叽里呱啦英语的故事是真人模拟加卡通动画角色的形式呈现出来的。故事主要围绕着一只叫叽里呱啦的鹦鹉和它的朋友们包子、馒头一起玩耍和成长的经历开展。故事内容贴近生活,符合儿童生活的真实性。在每一章学习之前均有相应的故事动画,学习主题也是伴随着故事的发展慢慢推进的。									
	故事场景	2D									
	故事角色	探索互动性角色									
	学习主题	制定式主题									
用户参与体验叙事要素（有"●",无"○"）	互动的自由度	与媒介的互动性			与故事内容的互动性						
		直接操作	手势交互	语音交互	移动	探索	模拟	收集	学习	冒险	创造	表演	部署
		●	●	●	●	○	●	●	●	○	●	○	○
	故事的非线性	树状结构			网状结构				迷宫结构			
		●			○				○			
	规则设计	积分			徽章				排行榜			
		●			●				○			
	用户参与程度	○										

表 3-6 叮咚课堂案例分析

叮咚课堂	视觉界面			
图形叙事要素	色彩	主色 #8BDA5D 辅助色 #60B8FF #FCA1A0 #F36E4B #E6E6E6		
	主色的含义	信任的		
	字体样式	非衬线		
	语音解说	有		
	图标	图形符号	标识符号	象征符号
	界面布局	Tab 式		
	动画	2D		
故事文本叙事要素	故事内容	叮咚课堂 App 是美国英语教程针对中国儿童进行的英语学习 App。教学过程主要依靠教师与学习者行互动的形式。但场景化的角色叮咚仅仅是起到导航和指导的作用,并没有任何的故事内容对学习者进行引导。因此,叮咚课堂的故事内容被定义为"无"。		
	故事场景	无		
	故事角色	探索互动性角色		
	学习主题	即时性主题		

（续表）

用户参与体验叙事要素（有"●"，无"○"）	互动的自由度	与媒介的互动性			与故事内容的互动性								
		直接操作	手势交互	语音交互	移动	探索	模拟	收集	学习	冒险	创造	表演	部署
		●	●	●	●	○	○	●	●	○	○	●	○
	故事的非线性	树状结构			网状结构				迷宫结构				
		○			○				○				
	规则设计	积分			徽章				排行榜				
		●			●				●				
	用户参与程度	○											

表 3-7　洪恩识字案例分析

洪恩识字	视觉界面		
图形叙事要素	色彩	主色 #96CEF1 辅助色 #73D75B #DECC68 #D7EBF6 #9A5917		
	主色的含义	思索的		
	字体样式	非衬线		
	语音解说	有		
	图标	图形符号	标识符号	象征符号
	界面布局	Tab 式		
	动画	3D		
故事文本叙事要素	故事内容	洪恩识字 App 中的故事源自动画片《宇宙护卫队》。主角是一只名叫洪恩的老虎,在小伙伴的陪伴下一起进行冒险旅行。学习者在体验不同的冒险故事的同时,会根据年龄的不同进行不同难度的中文学习。但是在洪恩识字 App 中,仅仅是用了独立动画片中的角色形象,故事内容与教学内容联系的紧密度不高。		
	故事场景	3D		
	故事角色	探索互动性角色		
	学习主题	诱发性主题		

第三章　基于交互性叙事的儿童教育 App 的案例分析

（续表）

用户参与体验叙事要素（有"●"，无"○"）		与媒介的互动性			与故事内容的互动性								
	互动的自由度	直接操作	手势交互	语音交互	移动	探索	模拟	收集	学习	冒险	创造	表演	部署
		●	●	○	●	○	●	●	●	○	○	○	○
	故事的非线性	树状结构			网状结构				迷宫结构				
		●			○				○				
	规则设计	积分			徽章				排行榜				
		●			●				○				
	用户参与程度				○								

表 3-8 悟空识字案例分析

悟空识字	视觉界面		
图形叙事要素	色彩	主色 #FBBB3D 辅助色 #45BFFE #A2CE45 #F5FDE8 #535C65		
	主色的含义	有趣的		
	字体样式	非衬线		
	语音解说	有		
	图标	图形符号	标识符号	象征符号
	界面布局	Tab 式		
	动画	2D		
故事文本叙事要素	故事内容	悟空识字 App 采用了中国传统《西游记》的故事内容和孙悟空的角色为主要故事线索。按照孙悟空的出生、孙悟空遇见朋友、孙悟空与朋友一起去冒险以及冒险的经历来进行故事叙述。每一段故事均结合了相应的中文知识点以供学习者进行学习。学习任务也是通过在故事动画中直接发布,叙事性较强。		
	故事场景	2D		
	故事角色	探索互动性角色		
	学习主题	诱发性主题		

（续表）

用户参与体验叙事要素（有"●"，无"○"）	互动的自由度	与媒介的互动性			与故事内容的互动性								
		直接操作	手势交互	语音交互	移动	探索	模拟	收集	学习	冒险	创造	表演	部署
		●	●	●	●	●	●	●	●	●	○	●	○
	故事的非线性	树状结构			网状结构				迷宫结构				
		●			○				○				
	规则设计	积分			徽章				排行榜				
		●			●				●				
	用户参与程度					●							

表 3-9　洋葱数学案例分析

洋葱数学	视觉界面			
图形叙事要素	色彩	主色 #9EF8FD　辅助色 #00C8FF #E14178 #FDC999 #8581F5		
	主色的含义	思索的		
	字体样式	非衬线		
	语音解说	有		
	图标	图形符号	标识符号	象征符号
	界面布局	Tab 式		
	动画	2D		
故事文本叙事要素	故事内容	洋葱数学 App 是针对中国儿童开发的数学教育用 App，故事的卡通角色叫小正，是数学中的基础元素正方形。随着数学学习难度的升高，学习者会和小正一起体验不同的故事内容。虽然故事整体自由性较高，但是故事情节之间互不关联，情节连贯性较弱。		
	故事场景	2D		
	故事角色	本体互动性角色		
	学习主题	制定性主题		

（续表）

用户参与体验叙事要素（有"●"，无"○"）	互动的自由度	与媒介的互动性			与故事内容的互动性							
		直接操作	手势交互	语音交互	移动	探索	模拟	收集	学习	冒险	创造	表演	部署
		●	●	●	●	○	●	●	●	○	●	●	○
	故事的非线性	树状结构			网状结构				迷宫结构			
		○			●				○			
	规则设计	积分			徽章				排行榜			
		●			●				●			
	用户参与程度				●							

表 3-10 洪恩数学案例分析

洪恩数学	视觉界面		
图形叙事要素	色彩	主色 #3192FAD 辅助色 #FAC857 #CECF50 #EA3B74 #91FADB	
	主色的含义	理性的	
	字体样式	非衬线	
	语音解说	有	
	图标	图形符号 / 标识符号 / 象征符号	
	界面布局	全屏式	
	动画	3D	
故事文本叙事要素	故事内容	洪恩数学的故事结构共分为 4 个阶段，每个故事阶段又由 15 个独立的故事组成。学习者通过体验动画角色马克斯和他的伙伴的成长经历，进行不同年龄阶段的数学知识的学习。各种故事内容和数学知识之间的联系紧密，具有很强的叙事性和互动性。	
	故事场景	3D	
	故事角色	探索互动性角色	
	学习主题	制定性主题	

(续表)

用户参与体验叙事要素（有"●"，无"○"）	互动的自由度	与媒介的互动性			与故事内容的互动性								
		直接操作	手势交互	语音交互	移动	探索	模拟	收集	学习	冒险	创造	表演	部署
		●	●	○	●	●	●	●	●	●	●	○	○
	故事的非线性	树状结构			网状结构				迷宫结构				
		○							○				
	规则设计	积分			徽章				排行榜				
		●			○				○				
	用户参与程度				●								

表 3-11 小伴龙案例分析

小伴龙	视觉界面			
图形叙事要素	色彩	主色 #E7A470 辅助色 #FED362 #Ff2826 #6A8EFC		
	主色的含义	有趣的		
	字体样式	非衬线		
	语音解说	有		
	图标	图形符号	标识符号	象征符号
	界面布局	Tab 式		
	动画	2D		
故事文本叙事要素	故事内容	小伴龙 App 的故事内容主要是由主角小伴龙和它的朋友们一起冒险的故事组成的。不同于其他教育 App,小伴龙的故事内容分冒险、经典、学堂和宝箱四个类型,每个类型又由很多独立的小故事共同组成。学习任务也是伴随着故事情节的发展自然地呈现给学习者,互动性和叙事性较强。		
	故事场景	2D		
	故事角色	外在互动性角色		
	学习主题	嵌入式主题		

（续表）

	互动的自由度	与媒介的互动性			与故事内容的互动性								
		直接操作	手势交互	语音交互	移动	探索	模拟	收集	学习	冒险	创造	表演	部署
用户参与体验叙事要素（有"●"，无"○"）		●	●	●	●	●	●	●	●	●	●	○	○
	故事的非线性	树状结构			网状结构				迷宫结构				
		○			●				○				
	规则设计	积分			徽章				排行榜				
		●			●				○				
	用户参与程度	○											

表 3-12　Tock Life 案例分析

Tock Life	视觉界面		
图形叙事要素	色彩	主色　#84CEFF　辅助色　#21D96A #FFAE52 #59B1A5 #83A3A0		
	主色的含义	思索的		
	字体样式	非衬线		
	语音解说	有		
	图标	图形符号	标识符号	象征符号
				无
	界面布局	全屏式		
	动画	2D		
故事文本叙事要素	故事内容	Tock Life 是一款帮助儿童进行日常生活模拟的认知教育应用程序。App 中的故事不局限于固定的角色，而是提供给儿童很多日常生活中熟悉的故事场景，让学习者通过自己的创造和自由交互产生属于自己的故事情节。学习者扮演的故事角色可以在虚拟社区里与不同的小伙伴进行交流，体验并观看不同的故事的发生和发展，同时学习日常生活知识。App 中整体叙事自由度较高。		
	故事场景	2D		
	故事角色	外在互动性角色		
	学习主题	即时性主题		

（续表）

用户参与体验叙事要素（有"●"，无"○"）	互动的自由度	与媒介的互动性			与故事内容的互动性							
		直接操作	手势交互	语音交互	移动	探索	模拟	收集	学习	冒险	创造	表演	部署
		●	●	○	●	●	●	●	●	○	●	●	●
	故事的非线性	树状结构			网状结构				迷宫结构				
		○			●				○				
	规则设计	积分			徽章				排行榜				
		○			○				○				
	用户参与程度						●						

二、韩国儿童教育 App 的案例分析

表 3-13　Talking Pets 案例分析

Talking Pets	视觉界面		
图形叙事要素	色彩	主色　#F7B016 辅助色　#C7B509　#F9A125　#B3D51F　#BABAEC		
	主色的含义	有趣的		
	字体样式	非衬线		
	语音解说	有		
	图标	图形符号	标识符号	象征符号
	界面布局	全屏式		
	动画	2D		
故事文本叙事要素	故事内容	Talking Pets 是一款以狐狸波波为故事引导角色,帮助儿童学习英语的教育 App。App 中分为 3 个章节,每个章节又分为 30 个部分。每个部分会伴随着全新的故事引导学习者进行英语学习。故事内容主要以儿童日常生活的常识为切入点进行叙事。故事内容虽然多样化,但是故事角色的统一性仍然带来了良好的故事体验。		
	故事场景	2D		
	故事角色	探索互动性角色		
	学习主题	诱发性主题		

（续表）

用户参与体验叙事要素（有"●"，无"○"）												
	互动的自由度	与媒介的互动性			与故事内容的互动性							
		直接操作	手势交互	语音交互	移动	探索	模拟	收集	学习	冒险	创造	表演	部署
		●	●	●	●	○	●	●	●	○	○	●	○
	故事的非线性	树状结构			网状结构				迷宫结构			
		●			○				○			
	规则设计	积分			徽章				排行榜			
		●			○				●			
	用户参与程度				●							

表 3-14　Woo A Young 案例分析

Woo A Young	视觉界面			
(图标)				
图形叙事要素	色彩	主色 #062E53　　辅助色 #608CA4 #FFDC51 #25BEE5 #Ea5120		
	主色的含义	理性的		
	字体样式	非衬线		
	语音解说	有		
	图标	图形符号	标识符号	象征符号
		(图形符号图示)	(标识符号图示)	(星形图示)
	界面布局	Tab 式		
	动画	2D		
故事文本叙事要素	故事内容	Woo A Young 里面分为 3 个教学等级，每个等级又区分为 11 个独立主题故事，每个主题故事的内容和角色均不相同，给人一种新奇感。但也导致了故事主题的整体连贯性不强。学习任务是动画结束后针对动画内容进行英语教学训练，互动性较强。		
	故事场景	2D		
	故事角色	探索互动性角色		
	学习主题	诱发性主题		

（续表）

用户参与体验叙事要素（有"●"，无"○"）	互动的自由度	与媒介的互动性			与故事内容的互动性							
		直接操作	手势交互	语音交互	移动	探索	模拟	收集	学习	冒险	创造	表演	部署
		●	●	●	○	●	○	●	●	○	○	○	○
	故事的非线性	树状结构			网状结构			迷宫结构				
		○			●			○				
	规则设计	积分			徽章			排行榜				
		●			○			○				
	用户参与程度	○										

表 3-15　韩文的故事案例分析

韩文的故事	视觉界面		
图形叙事要素	色彩	主色　#10CFF9 辅助色　#F10010　#23A800　#FF4FE0　#FFD101		
	主色的含义	理性的		
	字体样式	非衬线		
	语音解说	有		
	图标	图形符号	标识符号	象征符号
	界面布局	Tab 式		
	动画	现实角色动画		
故事文本叙事要素	故事内容	故事主角是一个名叫雅虎的老虎角色,它和两个人类小伙伴在日常生活中发生的各种故事构成了整个 App 的故事结构。故事主要分为 12 个章节,每个章节对应不同的故事内容。学习者在体验故事的同时可以学习到不同难度的韩文知识,叙事性和趣味性强。		
	故事场景	2D 现实角色故事场景		
	故事角色	探索互动性角色		
	学习主题	诱发性主题		

（续表）

用户参与体验叙事要素（有"●"，无"○"）	互动的自由度	与媒介的互动性			与故事内容的互动性							
		直接操作	手势交互	语音交互	移动	探索	模拟	收集	学习	冒险	创造	表演	部署
		●	●	○	○	○	●	●	●	○	○	○	○
	故事的非线性	树状结构			网状结构				迷宫结构				
		○			●				○				
	规则设计	积分			徽章				排行榜				
		●			○				○				
	用户参与程度				●								

表 3-16　珍贵的韩文案例分析

珍贵的韩文	视觉界面		
图形叙事要素	色彩	主色　#FFCFAD 辅助色　#B9DE00　#FFC536　#F6FBDE　#E9E9E9	
	主色的含义	积极的	
	字体样式	非衬线	
	语音解说	有	
	图标	图形符号 / 标识符号 / 象征符号	
	界面布局	Tab 式	
	动画	2D	
故事文本叙事要素	故事内容	珍贵的韩文是由韩文组成的动画角色教授儿童韩语发音和认知的教育应用程序。但是整个应用程序都直接采用韩文授课及小游戏的教学方式,并没有采用故事为主的学习方法,因此珍贵的韩文中故事内容被定义为"无"。	
	故事场景	无	
	故事角色	探索互动性角色	
	学习主题	即时性主题	

（续表）

用户参与体验叙事要素（有"●"，无"○"）		与媒介的互动性			与故事内容的互动性								
	互动的自由度	直接操作	手势交互	语音交互	移动	探索	模拟	收集	学习	冒险	创造	表演	部署
		●	●	●	○	●	○	●	●	○	○	○	○
	故事的非线性	树状结构			网状结构			迷宫结构					
		○			○			○					
	规则设计	积分			徽章			排行榜					
		●			○			○					
	用户参与程度						●						

表 3-17　都都数学案例分析

都都数学	视觉界面		
图形叙事要素	色彩	主色　#40AFFF 辅助色　#FED845　#6EEED7　#41403E　#D95052	
	主色的含义	思索的	
	字体样式	非衬线	
	语音解说	有	
	图标	图形符号 / 标识符号 / 象征符号	
	界面布局	全屏式	
	动画	2D	
故事文本叙事要素	故事内容	都都数学是一款帮助儿童学习数学知识的教育 App，以一个叫都都的数学符号的冒险经历为主要故事内容。都都每天会遭遇不同的数学难题，帮助都都完成数学难题会获得奖励，从而帮助都都更好地冒险。	
	故事场景	2D	
	故事角色	内在互动性角色	
	学习主题	制定性主题	

（续表）

用户参与体验叙事要素（有"●"，无"○"）	互动的自由度	与媒介的互动性			与故事内容的互动性							
		直接操作	手势交互	语音交互	移动	探索	模拟	收集	学习	冒险	创造	表演	部署
		●	●	○	●	●	●	●	●	●	○	○	○
	故事的非线性	树状结构			网状结构				迷宫结构				
		○			●				○				
	规则设计	积分			徽章				排行榜				
		●			●				○				
	用户参与程度				●								

表 3-18　Math Land 案例分析

Math Land	视觉界面		
图形叙事要素	色彩	主色　#90B035 辅助色　#43B9E1　#F79E42　#CFBD51　#C80000		
	主色的含义	信任的		
	字体样式	非衬线		
	语音解说	无		
	图标	图形符号	标识符号	象征符号
	界面布局	Tab 式		
	动画	2D		
故事文本叙事要素	故事内容	数学岛被一群邪恶的海盗入侵，海盗偷走了珍贵的数学宝石。学习者将扮演一名善良的船员，通过不断收集海盗的金币和望远镜从而探索未知的数学岛。学习者在收集的过程中通过完成难度不同的数学题，从而找回数学的宝石，并最终战胜邪恶的海盗。App 中故事情节明确，叙事性和互动性较为突出。		
	故事场景	2D		
	故事角色	内在互动性角色		
	学习主题	制定性主题		

（续表）

用户参与体验叙事要素（有"●"，无"○"）	互动的自由度	与媒介的互动性			与故事内容的互动性							
		直接操作	手势交互	语音交互	移动	探索	模拟	收集	学习	冒险	创造	表演	部署
		●	●	○	●	●	●	●	●	●	○	○	○
	故事的非线性	树状结构			网状结构			迷宫结构				
		●			○			○				
	规则设计	积分			徽章			排行榜				
		●			○			○				
	用户参与程度					●						

表 3-19 芝麻恐龙探险案例分析

芝麻恐龙探险	视觉界面		
（图标）	（界面截图）		
图形叙事要素	色彩	主色 #FEDF56 辅助色 #C7EB2A #83ECD5 #D063E7 #00959A		
	主色的含义	有趣的		
	字体样式	非衬线		
	语音解说	有		
	图标	图形符号	标识符号	象征符号
		（图标）	（图标）	（图标）
	界面布局	Tab 式		
	动画	2D		
故事文本叙事要素	故事内容	芝麻恐龙探险是针对儿童增加恐龙科学知识的认知类教育 App。App 针对不同教育类型增加了不同的故事内容，如剪纸类是一个现代儿童穿越回恐龙时代，需要折出不同恐龙的折纸才能让自己生存的故事；恐龙认知类是 3 只小恐龙团结一致，对抗邪恶恐龙的故事。每个类型都拥有不同的故事角色。学习任务也伴随着故事内容发布，叙事性较强。		
	故事场景	2D		
	故事角色	探索互动性角色		
	学习主题	制定性主题		

（续表）

用户参与体验叙事要素（有"●"，无"○"）	互动的自由度	与媒介的互动性			与故事内容的互动性							
		直接操作	手势交互	语音交互	移动	探索	模拟	收集	学习	冒险	创造	表演	部署
		●	●	○	○	●	●	●	●	●	○	○	○
	故事的非线性	树状结构			网状结构				迷宫结构			
		○			●				○			
	规则设计	积分			徽章				排行榜			
		●			○				●			
	用户参与程度	○										

表 3-20 Box Island 案例分析

Box Island	视觉界面		
图形叙事要素	色彩	主色 #40BAD6 辅助色 #437B2E #6D7F95 #BFCF55 #AB9B7C	
	主色的含义	思索的	
	字体样式	非衬线	
	语音解说	有	
	图标	图形符号	标识符号	象征符号
	界面布局	全屏式	
	动画	3D	
故事文本叙事要素	故事内容	Box Island 是通过冒险的形式锻炼儿童逻辑运算能力的教育 App。故事内容是一群小伙伴乘坐热气球旅行时，由于海面的风暴被迫降落在一座由盒子形状的角色组成的小岛上。故事主角西路的小伙伴被一群邪恶的盒子控制后，主角通过层层冒险解救小伙伴。故事内容简单明了，学习任务也随故事内容公布，互动性和叙事性较强。	
	故事场景	3D	
	故事角色	内在互动性角色	
	学习主题	制定性主题	

（续表）

	互动的自由度	与媒介的互动性			与故事内容的互动性							
		直接操作	手势交互	语音交互	移动	探索	模拟	收集	学习	冒险	创造	表演	部署
用户参与体验叙事要素（有"●"，无"○"）		●	●	○	●	●	○	●	●	●	●	○	○
	故事的非线性	树状结构			网状结构				迷宫结构				
		●			○				○				
	规则设计	积分			徽章				排行榜				
		●			○				○				
	用户参与程度	○											

第四节 分析结果

一、图形叙事设计阶段的分析结果

表3-21 中国案例的图形叙事设计阶段分析结果

类型	App	视觉界面	色彩		主色含义	图标			文字		动画	界面布局
						图形符号	标识符号	象征符号	字体样式	语音解说		
外语类教育	叽里呱啦英语		主色 辅助色	#88D4HO #FF0D0C #FF9EFF	信任的				非衬线	有	现实角色动画	侧滑式
	叮咚课堂		主色 辅助色	#8BD4HO #89BFF #FPCA8G #F28MBB	信任的				非衬线	有	2D	Tab式
母语类教育	洪恩识字		主色 辅助色	#19DCE1 #FJDFAB #0F8B6E	思索的				非衬线	有	3D	Tab式
	悟空识字		主色 辅助色	#FBBB3D #08FFE #DJC414	有趣的				非衬线	有	2D	Tab式

第三章 基于交互性叙事的儿童教育 App 的案例分析

（续表）

类型	App	视觉界面	色彩	主色含义	图标 图形符号	图标 标识符号	图标 象征符号	文字 字体样式	文字 语音解说	动画	界面布局
数学类教育	洋葱数学		主色/辅助色	思索的				非衬线	有	2D	Tab式
数学类教育	洪恩数学		主色/辅助色	理性的				非衬线	有	3D	全屏式
认知类教育	小伴龙		主色/辅助色	有趣的				非衬线	有	2D	Tab式
认知类教育	Tock Life		主色/辅助色	思索的			无	非衬线	有	2D	全屏式

139

表3-22 韩国案例的图形叙事设计阶段分析结果

类型	App	视觉界面	色彩		主色含义	图标			文字		动画	界面布局
			主色辅助色			图形符号	标识符号	象征符号	字体样式	语音解说		
外语类教育	Talking Pets		主色 辅助色		有趣的				非衬线	有	2D	全屏式
	Woo A Young		主色 辅助色		理性的				非衬线	有	2D	Tab式
母语类教育	韩文的故事		主色 辅助色		理性的				非衬线	有	现实角色动画	Tab式
	珍贵的韩文		主色 辅助色		积极的				非衬线	有	2D	Tab式

第三章 基于交互性叙事的儿童教育 App 的案例分析

（续表）

类型	App	视觉界面	色彩		主色含义	图标			文字		动画	界面布局
			主色	辅助色		图形符号	标识符号	象征符号	字体样式	语音解说		
数学类教育	帮帮数学				思索的				非衬线	有	2D	全屏式
	Math Land				信任的				非衬线	有	2D	Tab式
认知类教育	芝麻恐龙探险				有趣的				非衬线	有	2D	Tab式
	Box Island				思索的				非衬线	有	3D	全屏式

141

图形叙事设计阶段的色彩分析主要利用门塞尔的 10 色相环和罗伯特·普拉切克的情绪色彩模型为分析基准。首先对中国和韩国的儿童教育 App 主页面中出现的主色和辅助色进行分析,然后分析主色在情绪色彩模型中的含义。

中国和韩国儿童教育 App 的色彩分析结果如下图 3-2 所示。

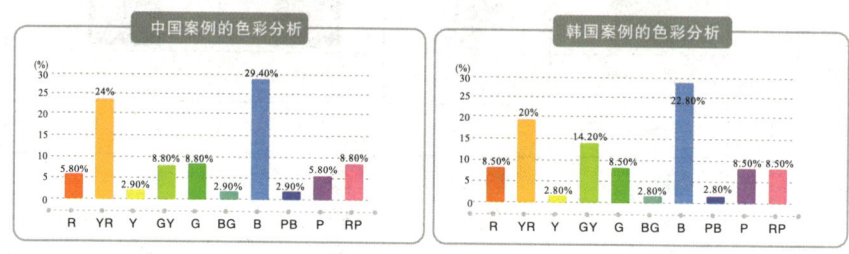

图 3-2　色彩分析

根据门塞尔 10 色相环的分析基准,中国案例的色彩使用频率中,排名前两位的和韩国案例相似,第一名蓝色(B)达到 29.4%,第二名朱黄色(YR)达到 24%,排名第三的色彩是淡绿色(GY),草绿色(G)和紫红色(RP),均达到了 8.8% 的使用率。

而韩国案例中使用最为频繁的是蓝色(B),达到 22.8%,其次是朱黄色(YR)为 20%,排名第三的色彩是淡绿色(GY),使用频率是 14.2%。

外语类儿童教育 App 的主页色彩分析显示,中国的叽里呱啦英语和叮咚课堂使用的均是淡绿色(GY),而韩国的 Talking Pets 和 Woo A Young 主要是采用了朱黄色(YR)和深蓝色(PB)。中国的母语类儿童教育 App 中,洪恩识字和悟空识字使用的分别是蓝色(B)和朱黄色(YR)。韩国的色彩使用分析显示,韩文的故事和珍贵的韩文使用的分别是蓝色(B)和紫红色(RP)。中国的数学类儿童教育 App 中,洋葱数学和洪恩数学使用的分别是蓝色(B)和深蓝色(PB)。韩国的儿童教育 App 中,都都数学和 Math Land 使用的分别是蓝色(B)和草绿色(G)。认知类儿童教育 App 中,中国的小伴龙和 Tock Life 使用的主色分别是朱黄色(YR)和蓝色(B),而韩国的芝麻恐龙冒险和 Box Island 使用的主页色彩主要是朱黄色(YR)和蓝色(B)。

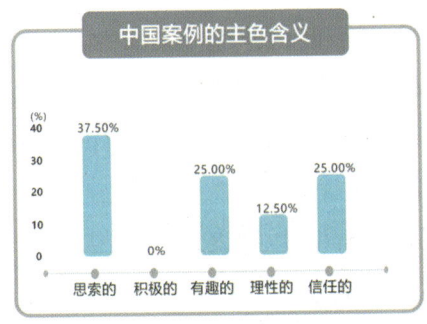 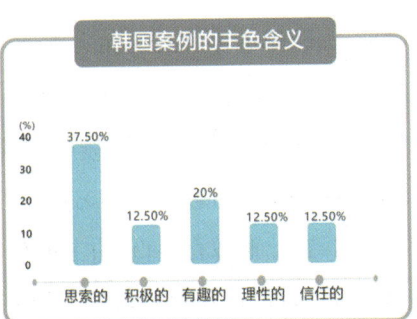

图 3-3　主色含义分析

以罗伯特·普拉切克的情绪色彩模型为基准的儿童教育 App 主页面的主色含义分析中,中国案例的主要色彩含义分析结果排名第一的是寓意"思索的"蓝色,使用率达到 37.5%,但排名第二的则是由寓意"有趣的"的朱黄色和"信任的"的淡绿色,使用率均达到了 25%。韩国案例中排名第一的主色与中国案例相似,均是寓意"思索的"蓝色,使用率达到了 37.5%,排名第二的是寓意"有趣的"朱黄色,使用率为 20%。

第二,文字要素主要分为字体样式和文字的语音解说功能。根据中国和韩国儿童教育 App 的字体样式分析结果显示,两国案例在字体样式设计方面均选择了非衬线字体样式。在文字的语音解说功能调查中,中国案例均采用了有助于儿童理解文字的语音解说功能。而在韩国案例中,除了数学类的 Math Land 没有采用语音解说功能外,其余案例也均采用了语音解说功能帮助儿童理解文字内容。

第三,在图标要素分析中,本研究采用了图形符号、标识符号和象征符号为分析基准。中国和韩国的儿童教育 App 在图标设计方面表现出了一致性。首先,图形符号是通过形象相似的模仿设计,向学习者传递设计师的设计思想,具有明显的可感知特性。因此,多分布于儿童可以直接操作的页面,例如主页面和学习操作页面。其次,标识符号是利用符号与所要表现的对象间存在的因果关系或逻辑性来表达意义。但由于标识符号造型上简洁化的设计手法和其蕴含的直观含义,对于年龄较小的儿童来说理解起来稍有难度,因此多被设计者分布于系统设置页面和家长操作页面。最后,象征符号因图形本身就蕴含了某种特殊含义,多采用抽象符号进行设计。因此,当学习者完成学习任务和挑战后,象征符号类的图标多以奖励和积分的形式出现,代表了学习者完成学习后所获得的荣誉。

第四,在儿童教育 App 的主页布局的分析中,以列表式、九宫格式、Tab 式、侧滑式、组合式和全屏式共 6 种类型为分析基准。中国和韩国案例主页的界面布局分析结果如下图 3-4 所示。

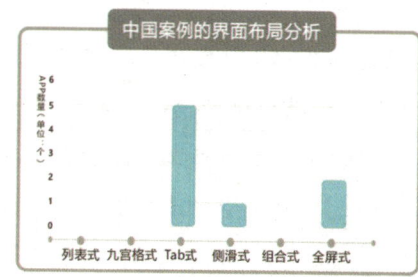 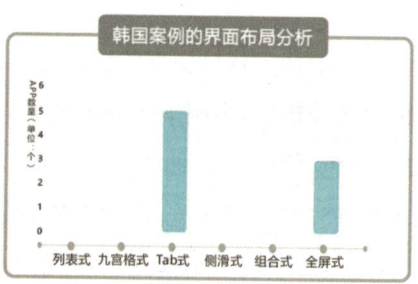

图 3-4　界面布局分析

中国儿童教育 App 的主页面布局设计中有 5 款案例采用了 Tab 式布局,采用全屏式布局方式的 App 只有 2 款,分别是数学类教育的洪恩数学和认知类教育的 Tock Life,而侧滑式布局方式只有外语类教育 App 的叽里呱啦英语在使用。韩国儿童教育 App 中的主页布局设计中,主要采用了 Tab 式和全屏式两种界面布局方式。其中采用 Tab 式的 App 数量最多,共有 5 款 App 使用。采用全屏式的儿童教育 App 达到 3 个,分别是外语类教育的 Talking Pets、数学类教育的都都数学和认知类教育的 Box Island。

第五,动画要素是儿童教育 App 中最常见的表现方式之一,随着现代儿童对动画喜爱程度的提高,教育用 App 合理使用动画要素也会提高学习者对其的好感度和受用度。案例分析以 2D 动画、3D 动画和现实角色动画三种类型为分析基准。中国和韩国的儿童教育 App 的动画类型分析结果如下

图 3-5 所示。

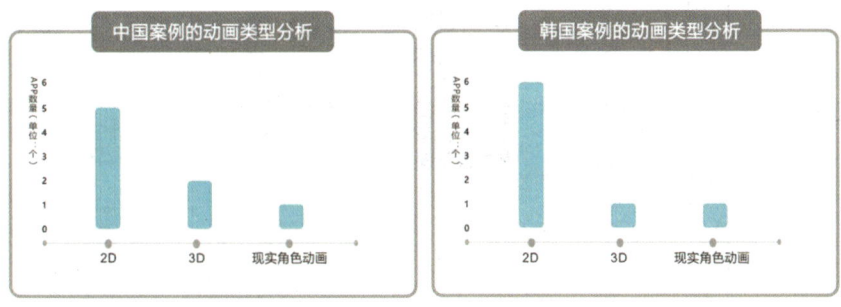

图 3-5　动画类型分析

中国和韩国的儿童教育 App 中采用的动画类型基本一致，大部分儿童教育 App 都采用了制作成本低、更新速度快的 2D 动画。韩国各有一款案例采用了 3D 动画和现实角色动画。中国则有两款教育用 App 采用了 3D 动画，有一款 App 则使用了现实角色动画。其中，使用 3D 动画的是韩国的认知类教育的 Box Island 和中国的母语类教育的洪恩识字与数学类教育的洪恩数学。使用现实角色动画的是韩国母语类教育的韩文的故事和中国外语类教育的叽里呱啦英语。

二、故事文本叙事设计阶段的分析结果

表 3-23　中国案例的故事文本叙事设计阶段分析结果

类型		App	故事内容	故事场景	故事角色	学习主题
外语类教育		叽里呱啦英语	叽里呱啦英语的故事真人模拟加卡通动画角色的形式呈现出来的。故事主要围绕着一只叫叽里呱啦的鹦鹉和它的朋友们包子、馒头一起玩耍和成长的经历开展。故事内容贴近生活，符合儿童生活的真实性。在每一章学习之前均有相应的故事动画，学习主题也是伴随着故事的发展慢慢推进。	2D	探索互动性角色	制定式主题
		叮咚课堂	叮咚课堂 App 是美国英语教程针对中国儿童进行的英语学习 App，教学过程主要依靠英语老师与学习者视频互动的形式。但是里面的卡通角色叮咚仅仅起到导航和指导的作用，并没有任何的故事内容对学习者进行引导。因此，叮咚课堂的故事内容被定义为"无"。	无	探索互动性角色	即时性主题
母语类教育		洪恩识字	洪恩识字 App 中的故事源自动画片《宇宙护卫队》。主角是一只名叫洪恩的老鱼，在小伙伴的陪伴下一起进行冒险旅行。学习者在体验不同的冒险故事的同时会根据年龄的不同进行不同难度的中文学习。但是在洪恩识字 App 中，仅仅是用了独立动画片中的角色形象，故事内容与教学内容联系的紧密度不高。	3D	探索互动性角色	诱发性主题
		悟空识字	悟空识字 App 采用了中国传统《西游记》的故事内容和孙悟空的角色为主要故事线索。按照孙悟空的出生、孙悟空遇见朋友、孙悟空与朋友一起去冒险以及冒险的经历以及叙述故事。每一段故事均结合了相应的中文知识点以供学习者进行学习，学习任务也是通过在故事动画中直接发布，叙事性较强。	2D	探索互动性角色	诱发性主题

第三章　基于交互性叙事的儿童教育 App 的案例分析

（续表）

类别	名称	描述	维度	角色类型	主题类型
数学类教育	洋葱数学	洋葱数学 App 是针对中国儿童开发的数学教育用 App。故事的卡通角色叫小正，是数学中的基础元素正方形。随着数学学习难度的增加，学习者会和小正一起体验不同的故事内容。虽然故事整体自由性较高，但是故事情节之间互不关联，情节的连贯性较弱。	2D	本体互动性角色	制定性主题
数学类教育	洪恩数学	洪恩数学的故事结构共分为 4 个阶段，每个故事阶段又由 15 个独立的故事组成。学习者通过体验动画角色马克斯和他的伙伴的成长经历，进行不同年龄段的数学知识的学习。各种故事内容和数学知识之间联系紧密，具有很强的叙事性和互动性。	3D	探索互动性角色	制定性主题
认知类教育	小伴龙	小伴龙 App 的故事内容主要是由主角小伴龙和它的朋友们一起冒险的故事集成的。不同于其他教育 App，小伴龙的故事内容分为冒险、经典、学堂和宝箱四个类型，每个类型又由很多独立的小故事共同组成。学习任务也是伴随着故事情节的发展自然地呈现给学习者，互动性和叙事性较强。	2D	外在互动性角色	嵌入式主题
认知类教育	Tock Life	Tock Life 是一款帮助儿童进行日常生活模拟的认知教育应用程序。App 中的故事不局限于固定的故事场景，而是提供给儿童很多日常生活中熟悉的故事情节，让学习者扮演自己的角色，自由交互产生属于自己的故事情节。学习者扮演的故事角色可以在虚拟社区里与不同的小伙伴进行交流，体验不同的故事的发生和发展，同时学习日常生活知识。App 中整体叙事自由度较高。	2D	外在互动性角色	即时性主题

表 3-24　韩国案例的故事文本叙事设计阶段分析结果

类型	App	故事内容	故事场景	故事角色	学习主题
外语类教育	Talking Pets	Talking Pets 是一款以狐狸波波为故事引导角色,帮助儿童学习英语的教育 App。App 中分为 3 个学习等级,每个章节又分为 30 个部分。每个部分会伴随着故事引导学习者进行英语学习。故事内容主要以儿童日常生活的常识为切入点进行叙事。故事内容呈现多样化,但是故事角色的统一性仍然带来了良好的故事体验。	2D	探索互动性角色	诱发性主题
外语类教育	Woo A Young	Woo A Young 里面分为 3 个教学等级,每个等级又区分为 11 个独立主题故事,每个主题故事的内容和角色均不相同,给人一种新奇感。但也导致了故事主题的整体连贯性不强,学习任务是动画结束后针对动画内容进行英语教学训练,互动性较强。	2D	探索互动性角色	诱发性主题
母语类教育	韩文的故事	故事主角是一个名叫雅虎的老虎角色,它和两个小伙伴在日常生活中发生的各种故事构成了整个 App 的故事结构。故事主要分为 12 个章节,每个章节对应不同的故事内容。学习者在体验故事的同时可以学习到不同难度的韩文知识,故事的叙事性和趣味性较强。	2D 现实角色故事场景	探索互动性角色	诱发性主题
母语类教育	珍贵的韩文	珍贵的韩文是由韩文组成的动画角色教授儿童韩语发音和认知的教育应用程序。但是整个应用程序都直接采用韩文授课及小游戏的教学方式,并没有采用故事为主的学习方法,因此珍贵的韩文的故事内容被定义为"无"。	无	探索互动性角色	即时性主题

148

第三章 基于交互性叙事的儿童教育 App 的案例分析

(续表)

类别	名称	描述					
数学类教育	都都数学	都都数学是一款帮助儿童学习数学知识的教育 App。以一个叫都都的数学符号,帮助冒险经历各种数学内容,都都每天会遭遇不同的数学难题,帮助都都完成数学难题会获得奖励,从而帮助都都更好地冒险。	2D		内在互动性角色		制定性主题
	Math Land	数学岛故事一群邪恶的海盗入侵,海盗偷走了珍贵的数学宝石。学习者将扮演一名善良的船员,通过不断收集海盗的金币和望远镜从而探索未知的数学岛。学习者在收集过程中通过完成难度不同的数学题,从而找回数学的宝石,并最终战胜邪恶的海盗。App 中故事情节明确,叙事性和互动性较为突出。	2D		内在互动性角色		制定性主题
认知类教育	芝麻恐龙探险	芝麻恐龙探险是针对儿童增加恐龙科学知识的认知类教育 App。App 针对不同教育类型增加了不同的故事内容,如剪纸类是一个现代儿童穿越回恐龙时代,需要折出不同恐龙的折纸才能让自己生存的故事;恐龙认知类是3只小恐龙团结一致,对抗邪恶恐龙的故事。每个类型都拥有不同的故事角色。学习任务也伴随着故事内容发布,叙事性较强。	2D		探索互动性角色		制定性主题
	Box Island	Box Island 是通过冒险的形式锻炼儿童逻辑运算能力的教育 App。故事内容是一群小伙伴乘坐热气球旅行时,由于海面西暴敌迫降落在一座由盒子形态的角色组成的小岛上。故事主角西路的小伙伴被一群邪恶的盒子控制后,主角通过层层冒险解救小伙伴。故事内容简单明了,学习任务也随故事内容公布,互动性和叙事性较强。	3D		内在互动性角色		制定性主题

149

第一，在故事内容分析中，按照故事内容的类型主要分为冒险类、生活类和独立剧本类三种故事类型。中国和韩国案例的故事内容分析结果如下图 3-6 所示。

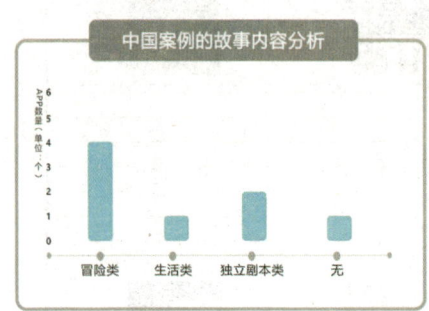 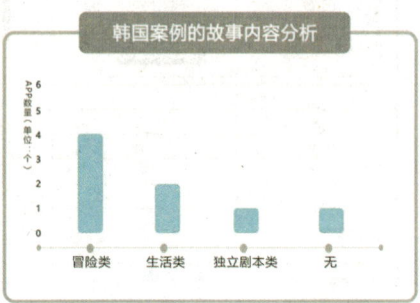

图 3-6　故事内容分析

通过分析后发现，中国和韩国案例中使用最多的是冒险类故事，分别是中国母语类教育的洪恩识字和悟空识字，以及数学类教育的洋葱数学和洪恩数学。韩国的则是数学类教育的都都数学和 Math Land，以及认知类教育的芝麻恐龙探险和 Box Island。此外，韩国有两款案例采用了生活类故事类型，分别是外语类教育的 Talking Pets 和母语类教育的韩文的故事。中国则只有认知类教育的 Tock Life 使用了这种故事类型。而独立剧本类故事只有中国的叽里呱啦英语、小伴龙和韩国外语类教育的 Woo A Young 在使用。值得注意的是，中国外语类教育的叮咚课堂和韩国母语类教育的珍贵的韩文在学习过程中没有利用故事对学习者进行学习引导，仅仅依靠单纯的教育游戏对学习者实施直接教学，因此在该项分析中被判定为故事内容要素"缺失"。

第二，故事环境分析中，由于需要动画来展现故事的整体环境效果，因此采用了和图形叙事要素中的动画类型相同的分类标准。分析结果也与动画分析的结果相似。

第三，故事角色分析主要以学习者在虚拟故事环境中所扮演的角色进行分类。被分为内在互动性角色、外在互动性角色、探索互动性角色和本体互动性角色。分析结果如下图 3-7 所示。

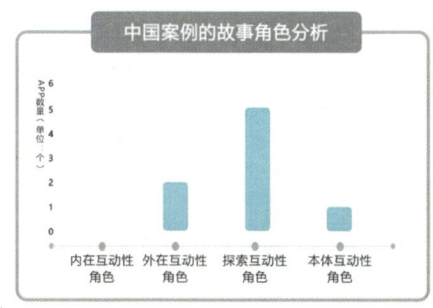
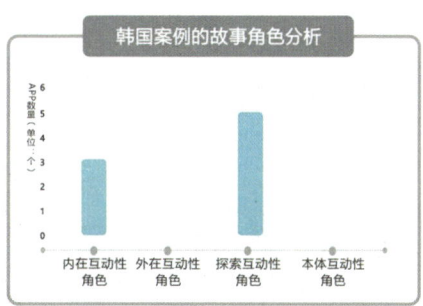

图 3-7　故事角色分析

探索互动性角色只允许学习者在操作界面上进行互动性活动,该活动既不影响故事世界的历史也不会改变故事情节,共有 10 款儿童教育 App 在使用,也是两国儿童教育 App 的设计师采用最多的角色类型。分别是中国外语类教育的叽里呱啦英语和叮咚课堂,母语类教育的洪恩识字和悟空识字,以及数学类教育的洪恩数学。韩国外语类教育的 Talking Pets 和 Woo A Young,母语类教育的韩文的故事和珍贵的韩文,认知类教育的芝麻恐龙探险。

内在互动性角色是将学习者投射进故事世界中并扮演虚拟角色,这个扮演的虚拟角色可以呈现出第一人称或第三人称视角,并会随着故事的发生和发展与故事内容产生互动。韩国有 3 款儿童教育 App 在使用,分别是数学类教育的都都数学和 Math Land,以及认知类教育的 Box Island。中国认知类教育的小伴龙和 Tock Life 则采用了学习者位于故事世界的外部,成为扮演、控制整个故事环境的外在互动性角色。

唯一一款中国数学类教育的洋葱数学 App,由于需要学习者通过控制自己的虚拟角色与其他学习者进行广泛互动,被定义为本体互动性角色。

第四,在学习主题的分析中采用了四种分类基准。分别是通过熟知的故事或神话,激发先前记忆的叙述主题(诱发性主题),通过扮演事件产生的故事背景叙述主题(制定性主题),在故事环境中需要推理所形成的叙述主题(嵌入式主题)和学习者与故事互动中产生的即时叙述主题(即时性主题)。分析结果如下图3-8所示。

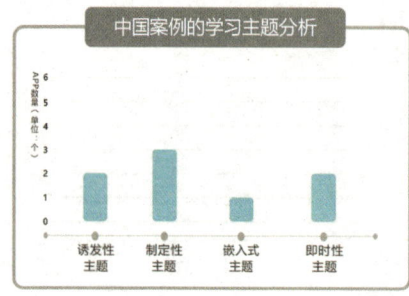 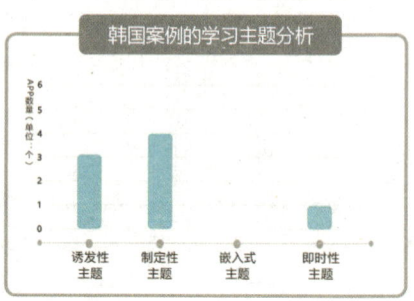

图 3-8 学习主题分析

分析结果显示,由于制定性主题需要广泛依靠创作者所设计的故事内容,且创作难度较低,因此被中国和韩国儿童教育App的开发者大量使用。中国的是外语类教育的叽里呱啦英语和数学类教育的洋葱数学和洪恩数学。韩国的则是数学类教育的都都数学和Math Land,以及认知类教育的芝麻恐龙探险和Box Island。

排名第二的是诱发性主题,此类主题需要依靠已经存在的故事或者学习者熟悉的神话为背景,从而引发学习者的共鸣。中国的是母语类教育的洪恩识字和悟空识字,韩国的是外语类教育的Talking Pets和Woo A Young,以及母语类教育的韩文的故事。在中国同时排名第二的还有即时性主题,同样也有2款App在使用。分别是外语类教育的叮咚课堂和认知类教育的Tock Life。

嵌入式主题需要学习者在体验叙事的过程中,通过推理场景中的各个故事碎片,将各个情节构造成一个完整的故事。该类型的学习主题依靠的是学习者的逻辑推理能力,创作难度和操作难度较高。唯一一款采用了嵌入式主题的是中国认知类教育的小伴龙。

三、用户参与体验叙事设计阶段的分析结果

表 3-25　中国和韩国案例的用户参与体验叙事设计阶段分析结果

类型	App	与媒介的互动性			互动的自由度 — 与故事内容的互动性									故事的非线性			规则设计			用户参与程度
		直接操作	手势交互	语音交互	移动	探索	模拟	收集	学习	冒险	创造	表演	部署	树状结构	网状结构	迷宫结构	积分	徽章	排行榜	
中国 外语类教育	叽里呱啦英语	●	●	●	●	○	○	○	●	○	●	○	○	●	○	○	●	●	○	○
	叮咚课堂	●	●	●	●	○	○	○	●	○	○	○	○	○	○	○	●	●	●	○
中国 母语类教育	洪恩识字	●	●	○	●	●	●	●	●	○	●	●	○	●	○	○	●	●	○	○
	悟空识字	●	●	●	●	○	●	●	●	●	○	○	○	●	○	○	●	●	●	●
中国 数学类教育	洋葱数学	●	●	●	●	○	●	●	●	●	○	○	○	○	●	○	●	●	●	●
	洪恩数学	●	●	●	●	●	●	●	●	●	●	●	●	○	●	○	●	●	●	●
中国 认知类教育	小伴龙	●	●	●	●	●	●	●	●	●	●	○	○	○	●	○	●	○	○	○
	Tock Life	●	●	○	●	●	●	●	●	●	●	○	●	○	●	○	●	●	○	●

	Talking Pets	Woo A Young	韩文的故事	珍贵的韩文	邦邦数学	Math Land	芝麻恐龙探险	Box Island
	●	○	●	●	●	●	○	○
	●	○	○	○	○	○	●	○
	○	○	○	○	●	○	○	○
	●	●	●	●	●	●	●	●
	○	○	○	○	○	○	○	○
	○	●	●	○	●	○	●	○
	●	○	○	○	○	●	○	●
	○	○	○	○	○	○	○	○
	●	○	○	○	○	○	○	○
	○	○	○	○	○	○	○	●
	○	○	○	○	●	●	●	●
	●	●	●	●	●	●	●	●
	●	●	●	●	●	●	●	●
	●	○	●	○	●	●	●	○
	○	●	○	●	●	●	●	●
	●	○	○	○	●	●	○	●
	●	●	○	●	○	○	○	○
	●	●	●	●	●	●	●	●
	●	●	●	●	●	●	●	●

韩国 — 外语类教育: Talking Pets, Woo A Young；母语类教育: 韩文的故事, 珍贵的韩文；数学类教育: 邦邦数学, Math Land；认知类教育: 芝麻恐龙探险, Box Island

第一,互动的自由度要素分析中,依据学习者的互动性行为分为学习者与媒介的互动性和学习者与故事内容的互动性。分析结果整理如下图3-9所示。

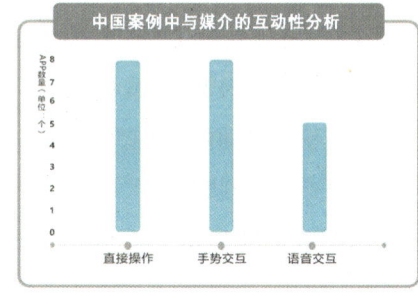
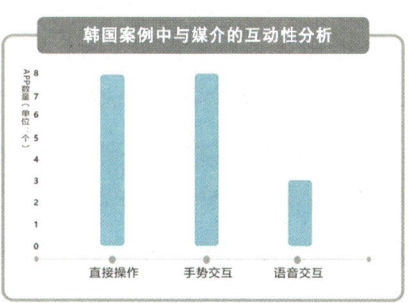

图3-9　学习者与媒介的互动性分析

学习者与媒介的互动性主要分为直接操作、手势交互和语音交互三种。其中,直接操作和手势交互作为互动行为的基本方式,被中国和韩国的儿童教育App广泛使用。但是语音交互功能分析中,中国有5款App使用了语音交互功能,而韩国案例中仅有3款使用了该功能。而且采用语音交互的App大都是外语类教育和母语类教育App,这两种类型的App均需要学习者主动与媒介进行语音沟通,从而加强对单词和句子的记忆理解。这也是语言类教育App和数学类、认知类教育App最大的不同。

学习者与故事内容的互动性主要分析了学习者在虚拟故事空间的行为,由移动、探索、模拟、收集、学习、冒险、创造、表演和部署共同组成。分析结果整理如下图3-10所示。

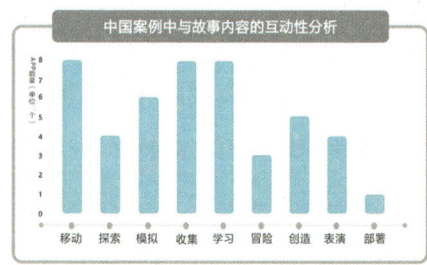
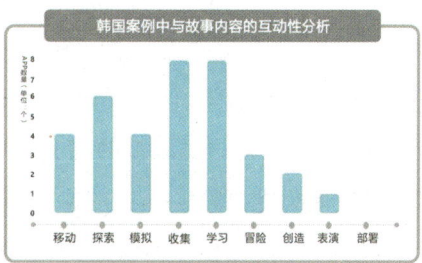

图3-10　学习者与故事内容的互动性分析

学习者与故事内容的互动性分析结果中，中国儿童教育 App 中移动、收集和学习三个行为特征并列第一，被全部中国教育 App 所采用；排名第二的是模拟行为，有 6 款 App 使用；第三名是创造行为，有 5 款 App 使用。韩国的儿童教育 App 全部使用了收集和学习两个行为；排名第二的是探索功能，有 6 款 App 使用；而移动和模拟行为则排名第三，仅有 4 款 App 使用。

第二，故事的非线性主要强调了故事与学习者互动的多样性变化以及交互性叙事的结构特征。主要分为树状结构（Tree）、网状结构（Network）和迷宫结构（Maze）三种类型。分析结果整理如下图 3-11 所示。

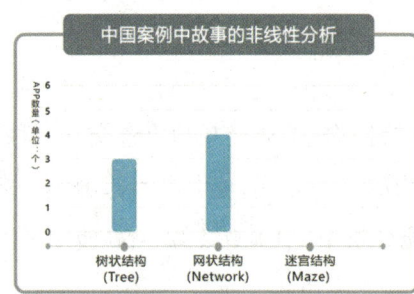
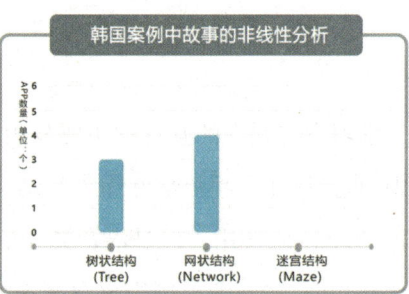

图 3-11　故事非线性分析

由于韩国的珍贵的韩文和中国的叮咚课堂没有采用故事作为儿童学习的主要教学方式，因此在本阶段不进行比较分析。通过对其余类型 App 进行对比分析，韩国和中国的儿童教育 App 所使用的故事的非线性类型完全一致，排名第一的都是网状结构。网状结构的主要特征是可以将每一个故事情节的节点与其他任何节点相链接，学习者有近乎完全的自由去进行整个故事的探索，因此共有 8 款 App 使用该类型。分别是中国数学类教育的洋葱数学和洪恩数学、认知类教育的小伴龙和 Tock Life；韩国外语类教育的 Woo A Young、母语类教育的韩文的故事、数学类教育的都都数学和认知类教育的芝麻恐龙探险。

排名第二的是传统树状结构，中国和韩国各有 3 款 App 在使用。树状结构是指在故事的发展中，每一个故事情节的节点都向下连接着两个或两个以上的节点,这些分支将故事按照线性的方式向前推进,并且不允许循环。

而迷宫结构具有多种未知结局的空间叙事性,学习者的每段互动经历都代表了在故事世界中一次不同的学习体验,并且可以有一种或多种线路到达故事的终点。但也正是由于迷宫结构过于宽泛的自由度和超出儿童认知能力的难度,所以在本次分析中两国均没有 App 采用该类型故事结构方式。

第三,规则设计要素可以很好地限定和引导学习者的行为能力和方向,并依据游戏化理论得出了积分(Point)、徽章(Badge)和排行榜(Leader Board)三个分析基准。分析结果如下图 3-12 所示。

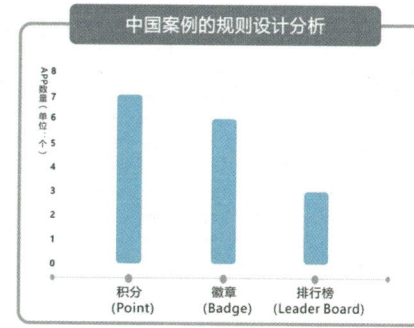 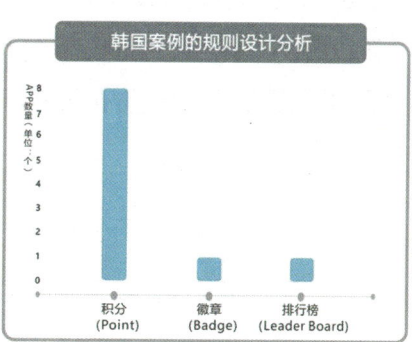

图 3-12 规则设计分析

通过规则设计要素对中国和韩国案例的分析发现,排名第一的是被广泛使用的积分功能。在实际学习过程中,积分功能被 App 的创作者广泛性地作为学习者在完成学习任务后所获得的奖励,并以虚拟货币或经验值的形式反馈给学习者,从而使学习者产生继续使用下去的动力。

但是对徽章和排行榜两个功能的分析中,韩国和中国产生了较大的差异。韩国在徽章和排行榜的分析中,各有一款 App 使用上述两个功能,分别是数学类教育的都都数学和外语类教育的 Talking Pets。中国共有 6 款 App 使用了徽章功能,有 2 款 App 使用了排行榜功能。

第四,用户参与程度要素主要分析了儿童教育 App 是否提供了学习者能够与他人互动和沟通的网络交流功能。但是在此项分析结果中,中国和韩国的儿童教育 App 同样表现了很大的差异。中国多达 5 款 App 使用了该功能。而韩国只有 2 款 App 使用了学习者网络交流功能,分别是外语类教育的 Talking Pets 和数学类教育的都都数学。而对儿童隐私和安全保护的角度不同,或许是此项功能产生较大差异的原因。但是儿童学习者是否赞同在 App 中设置在线交流功能,本研究将在后续问卷调查中以提问的形式进一步分析。

通过对中国和韩国共计 16 款儿童教育 App 中交互性叙事设计阶段的分析,总结了中国和韩国案例的相同点和不同点,并发现同一种类型的儿童教育 App 在交互性叙事设计上存在一定程度的相似性,明确了交互性叙事三个阶段的设计要素在儿童教育 App 中的具体使用情况。这也为后续针对中国和韩国的儿童教育 App 实施问卷调查和假设验证提供了研究设计的基准。

第四章 研究设计

设计者开发儿童教育 App 的主要任务就是设计出令学习者产生沉浸的学习体验效果,以此加强学习者对儿童教育 App 的使用兴趣和动机。由于故事有利于学习者产生沉浸体验,因此其在儿童教育 App 中同样扮演了至关重要的角色。如果要让学习者长期保持对儿童教育 App 的使用兴趣,则需要对在儿童学习进程中与故事相关的叙事要素作出合理的设计。

因此,本章节根据不同阶段交互性叙事与学习沉浸之间的影响关系,结合相关理论性考察,构建研究模型并提出研究假设。最后在此基础上设计儿童和家长的调查问卷,利用案例分析得出的 16 款儿童教育 App 为分析对象,分别对中国上海和韩国首尔地区的 8～12 岁儿童和家长进行问卷的发放与回收工作。

第一节 研究变量及模型

本研究以先行理论性考察为基础,以学习者的特征和交互性叙事的三个设计阶段作为自变量,将学习沉浸体验的不同特征作为因变量提出研究假设。分别考查学习者通过不同阶段的交互性叙事能否正(＋)影响学习沉浸体验。

一、自变量

学习者在使用儿童教育 App 的过程中,学习者的自身特征是学习者使用儿童教育 App 的关键因素,通过文献考证又进一步被归纳为技能水准、感知能力和学习动机三个子因素。而交互性叙事由于受到学习者与媒介互动层次的影响,被总结为图形叙事设计阶段、故事文本叙事设计阶段和用户参与体验叙事设计阶段。这四个主要因素共同构成了本次研究设计的自变量。

表 4-1 自变量

类型		说明
	学习者的特征	技能水准,感知能力,学习动机。
交互性叙事设计	图形叙事设计阶段	色彩,文字,图标,动画,界面布局。
	故事文本叙事设计阶段	故事内容,学习主题,故事场景,故事角色。
	用户参与体验叙事设计阶段	互动的自由度,规则设计,故事的非线性,用户参与程度。

自变量的具体说明如下。

儿童教育 App 是以儿童学习者作为目标用户,以游戏、娱乐为手段,以教授知识为主要目的,同时借助移动终端和互联网的第三方应用程序。相比传统的学习模式,它能够使学习者结合自身技能水准和感知能力,在与虚拟故事世界和现实世界的互动中随时随地地学习,并有效地激发学习动机。学习者可以利用空闲时间进行碎片化学习,更容易提高自主学习的效率。通过先行性理论考察,学习者的特征被定义为技能水准、感知能力和学习动机。

交互性叙事作为一种数字化互动体验形式,是指学习者通过在故事世界中扮演故事角色,向媒介发出控制命令,最终通过互动性行为改变或影响故事情节的过程。伴随着故事的发展,学习者可以通过叙事结构和信息可视化形态来进行探索、互动、游戏和创造新的故事。叙事学家伯格(Arthur Asa Berger)提出了叙事传播的分析模型,并归纳出交互性叙事传播的四个要素,即媒介、文本、互动行为和用户。[①] 并认为这四个构成要素在叙事传播

---

① Arthur Asa Berger. *Narratives in Popular Culture, Media, and Everyday Life*[M]. Los Angeles: Sage Publications, 2007: 84.

的过程中相互关联,可以在任何特定时间、特定场景下进行不同形式的组合。

罗兰·巴特在《叙事作品结构分析导论》中提出的交互性叙事的三个层次,即功能层(Fonctions)、叙述层(Narration)和行为层(Actions)。2015年,瑞安(Ryan)依据其提出的三个层次,认为故事的交互性渗透了整个故事的核心。后期瑞安结合学习者的互动层次和交互性叙事的设计要素,进一步将交互性叙事归纳为三个阶段,即图形叙事设计阶段、故事文本叙事设计阶段和用户参与体验叙事设计阶段。

图形叙事设计阶段主要关注故事的初期视觉呈现和交互界面的设计表现,该阶段不会影响故事的本身结构,也不会影响它的呈现顺序。构成要素分为色彩、图标、文字、动画和界面布局。

故事文本叙事设计阶段更多地关注故事文本的完整性和叙事结构的合理性,其主要影响故事内容和用户之间的交互性。构成要素涵盖故事场景、故事角色、学习主题和故事内容。

用户参与体验叙事设计阶段关注故事自主生成的互动性和学习者的体验程度。故事内容通过学习者和系统之间的良性互动,达成符合学习者心理预期的新目标。构成要素为互动的自由度、故事的非线性、规则设计和用户参与程度。

二、因变量

契克森米哈(Csikszentmihalyi)首次提出了"沉浸"(Flow)概念,用来解释人们进行一些日常活动时表现出的一种状态。例如,全情投入,注意力集中,将各种无关的知觉状态抛掉,是一种极为令人享受的心理状态和暂时性的主观体验。这种体验以内心的愉悦感受以及随之而来的时间飞速流逝为特征。霍夫曼(Hoffman)等学者将沉浸理论首次引入到了互联网行为之中。而戴维斯(Davis)等学者在后来的研究中进一步证实了沉浸体验会显著影响电脑和网络教育的使用。①

沉浸性作为交互性叙事的特征之一,学习者对故事内容施加互动性行为并得到系统反馈后,学习者才会获得学习沉浸体验。学习沉浸体验可以看作是学习者与教育媒介互动性学习的结果。通过理论性考察发现学习沉浸体验共分为三个阶段,即前提阶段(Antecedents)、体验阶段(Experiences)和影响阶段(Effects)。学习沉浸体验在不同阶段下的特征构成了本次研究的因变量。由于目前学者们仍在争论学习沉浸体验各特征应该归属于哪个阶段,因此,本研究以先行理论考察为依据,选择了学术界较为成熟的9个特征作为本次研究的因变量。

本研究的因变量总结如下表 4-2 所示。

表 4-2 因变量

类型		说明
学习沉浸体验	前提阶段（Antecedents）	挑战与技术的均衡,控制感,明确的目标,注意力集中,易用性,即时的反馈。
	体验阶段（Experiences）	自我意识的消失,扭曲的时间感。
	影响阶段（Effects）	具有目的性的体验。

三、研究模型

为进一步揭示学习沉浸体验与学习者在媒介的基础上形成的互动关系,2003 年,芬内兰(Finneran)和张萍在研究沉浸体验的过程中开发出了由用户、媒介和任务共同组成的 PAT 模型(Person-Artifact-Task)。学习沉浸体验是某种特征的人(Person)与特定的工具(Artifact)在完成某项任务

---

① Davis F D, Bagozzi R P, Warshaw P R. *Extrinsic and Intrinsic Motivation to Use Computers in the Workplace*[J]. Journal of Applied Social Psychology,1992,38(02):1111-1132.

(Task)的互动中产生的。学习沉浸的出现并不是由"人"或"工具"单方面形成的,而是用户利用工具在与任务的不断互动中形成的。因此,工具制约了用户直接接触任务的可能性,而用户本身的特征和状态又决定了每次使用产品的体验效果。因此,只有当用户在具有清晰的目标且熟练掌握工具的情况下与任务进行互动才能产生学习沉浸效果,并最终进入忘我的学习状态。

PAT 模型提出人(Person)、工具(Artifact)、任务(Task)是学习者产生学习沉浸体验的重要因素。其中,人的因素包括心理因素(如心理需要、认知需要、动机等)[1]、生理状态因素(如注意力、控制力、技能水平等)[2],工具的因素包括操作系统界面(如信息的可视性、操作的易用性、即时的反馈等)[3],任务的因素包括任务目标的清晰性、文本结构的合理性等。[4] 以上 3 个方面的因素或单独作用或交互作用,共同影响学习沉浸的产生与发展。

吉莉(Kiili)在对以上研究进行总结后,提出了学习沉浸发展的三个阶段,即前提阶段(Antecedents)、体验阶段(Experiences)和影响阶段(Effects),并认为学习沉浸体验的前提阶段由 PAT 模型中的人、工具和任务构成。学习沉浸的体验阶段包含了学习者与工具互动过程中的行为意识和体验效果。而学习沉浸的影响阶段最终促成了学习者对体验过程的目的性,并产生了学习能力的提高、学习态度的改变和学习的愉悦性等良性心理感受。[5]

本研究依据交互性叙事的三个设计阶段(图形叙事设计阶段、故事文本

---

[1] HoL A, Kuo T H. *How can on Amplify the Effect of E-Learning An Examination of Hightech Employees' Computer Attitude and Flow Experience*[J]. Computers in Human Behavior, 2010, (06):23 - 31.

[2] Koufaris M. *Applying the Technology Acceptance Model and Flow Theory to Online Consumer Behavior*[J]. Information Systems Research, 2002, 12(05):205 - 223.

[3] Pace S. *A Grounded Theory of the Flow Experiences of Web Users*[J]. International Journal of Human-Computer Studies, 2004, (02):327 - 363.

[4] Novak T P, Thomas R. *Internet Marketing: Influences, Themes and Directions*[J]. International Journal of Human-Computer Studies, 2017, (03):117 - 142.

[5] Kiili. *Digital Game-Based Learning: Towards an Experiential Gaming Mode*[J]. Internet and Higher Education, 2005, 34(07):13 - 24.

叙事设计和用户参与体验叙事设计阶段),结合 PAT 模型构建了本次系统研究模型,希望探求学习者的特征、图形叙事设计、故事文本叙事设计和用户参与体验叙事设计对学习沉浸的影响关系。

图 4-1　研究模型

结合儿童教育 App 的特点与交互性叙事的阶段特征,本研究把 PAT 模型中的人(Person)、工具(Artifact)和任务(Task)3 个构成要素修正为人(Person)、工具(Artifact)、任务(Task)和行为(Actions)四个构成要素。P(Person)代表学习者的特征、A(Artifact)代表图形叙事设计、T(Task)代表故事文本叙事设计、A(Action)代表用户参与体验叙事设计。

通过先行性理论考察,将学习沉浸中各阶段特征与交互性叙事的三个阶段的影响因素分别进行归纳和总结,最终筛选出交互性叙事在不同阶段下所对应的学习沉浸的具体特征,即 P(Person)对应了挑战和技术的均衡、控制感两个特征,A(Artifact)对应了即时的反馈和易用性两个特征,T(Task)有明确的目标和注意力集中两个特征,A(Action)具有自我意识的消失、扭曲的时间感两个特征,并最终形成学习沉浸体验中具有目的性体验的影响结果,从而实现学习能力的提高,学习态度的转变和学习愉悦性的获得。

研究进程的具体说明如下图 4-2 所示。

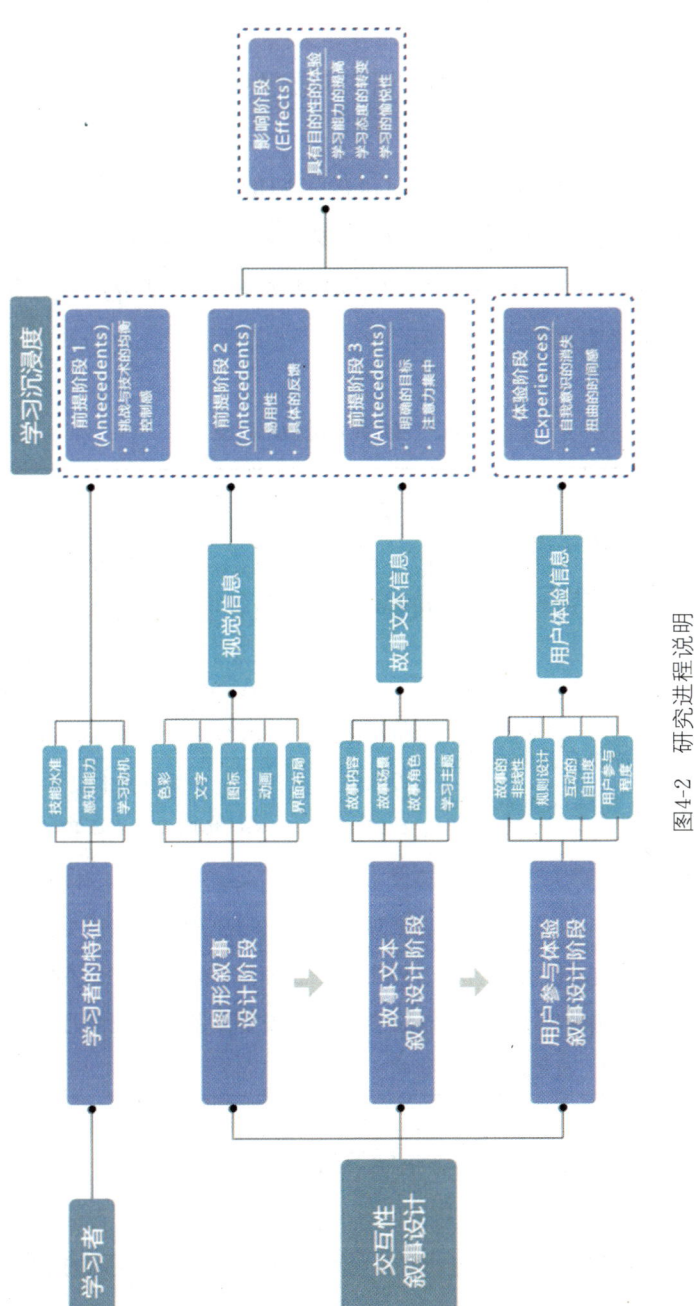

图4-2 研究进程说明

第二节 研究问题及假设

本研究根据交互性叙事与学习沉浸之间的影响关系,利用学习者的特征和交互性叙事三个不同阶段的设计要素,分析学习者在使用儿童教育App时能否对学习沉浸产生积极的影响,并提出3个研究问题。研究问题和假设的具体说明如下表4-3所示。

表4-3 研究问题及假设

研究问题	研究假设
研究问题1.儿童教育App中学习者的特征能否正向(+)影响学习沉浸体验?	假设1.儿童教育App中学习者的特征对学习沉浸体验的前提阶段1产生积极的影响。
研究问题2.儿童教育App中交互性叙事能否正向(+)影响学习沉浸体验?	假设2.儿童教育App中图形叙事设计阶段会对学习沉浸体验的前提阶段2产生积极的影响。
	假设3.儿童教育App中故事文本叙事设计阶段会对学习沉浸体验的前提阶段3产生积极的影响。
	假设4.儿童教育App中用户参与体验叙事设计阶段会对学习沉浸体验的体验阶段产生积极的影响。
研究问题3.基于交互性叙事,学习者通过使用儿童教育App能否正向(+)影响学习沉浸体验?	假设5.基于交互性叙事,学习者通过使用儿童教育App会对学习沉浸体验的影响阶段产生积极的影响。

研究问题1:儿童教育App中学习者的特征能否正向(+)影响学习沉浸体验?

不同学习者特征的差异会因同一活动而产生截然不同的学习沉浸体

验。① 技能水平的高低决定了学习者使用儿童教育 App 的使用能力、学习信息检索及利用能力的差异性。技能水平越高,学习者在进入和使用儿童教育 App 的过程中就感到越轻松和顺畅,也更有能力解决学习问题。

契克森米哈指出,通常能获得最佳沉浸体验的人的区别不仅在于他们的技能,还在于他们基本的学习态度或"自律型人格"的心理特征。加尼(Ghani)在随后发现的学习沉浸效果与学习者的生理和心理感知能力之间存在显著相关性,也佐证了这一观点。②

在学习的过程中,学习者通常希望将学习的主动权和控制权掌握在自己手中,而不愿意受到外界其他因素的干扰。也就是说,学习者的心理感知能力越强,就越能按照自己的意愿进行学习活动,学习的过程就会感到更加的自主和愉悦。③

因此,本研究选择了学习沉浸体验中前提阶段 1 的控制感、挑战和技术的均衡两个特征作为本次假设的因变量。研究问题 1 提出的假设如下所示。

假设 1. 儿童教育 App 中学习者的特征会对学习沉浸体验的前提阶段 1 产生积极的影响。

研究问题 2:儿童教育 App 中交互性叙事设计能否正向(+)影响学习沉浸体验?

霍夫曼发现学习者与媒介的交互反馈速度、学习者与媒介的互动行为会对学习沉浸体验产生积极的影响④。如果媒介的视觉表现要素与学习者处于良性互动状态,学习者就有可能因为使用的流畅感而感到愉悦,也更容易产生学习沉浸体验。感知易用性(PEOU)代表了学习者与媒介之间联系

---

① Csikszentmihalyi M. *Beyond Boredom and Anxiety*[M]. San Francisco:Jossey Bass Publishers,1975:165-172.
② Ghani J A,Supnick R,Rooney P. *The Experience of flow in Computer-Mediated and in Face-To-Face Groups*[J]. International Conference on Information Systems,1991,(06):16-18.
③ Malone T W. *Toward a Theory of Intrinsically Motivating Instruction*[J]. Cognitive Science,1981,35(03):333-369.
④ Hoffman,Donna L,Novak,Thomas P. *Marketing in Hypermedia Computer-Mediated Environments:Conceptual Foundations*[J]. Journal of Marketing,1999,(04):50-68.

的便捷程度。根据技术接收模型(TAM)的研究,人与媒介的互动方式分为特定技术的清晰、可理解的互动性和易于掌握的技术三个特征,并最终发现完成互动不需要花费太多精力时,从而产生学习沉浸体验。① 易用性则必须在学习者清晰地接收到媒介反馈之后才能被理解为是易于使用的。

因此,媒介使用的便捷程度(即感知的易用性)会影响学习者使用的流畅程度。② 儿童教育 App 的易用性越高,学习者使用时就越轻松便捷,从而更加有效地促进其产生学习沉浸。

诺瓦克(Novak)等提出清晰的目标、对任务的高度专注会对学习沉浸体验的产生起到促进作用。③ 在儿童教育 App 中,故事文本所给予学习者的信息越明确,学习者越能更好地完成学习任务。杰克逊(Jackson)支持这一观点并认为熟悉的刺激往往会促进学习者进一步忘我地投入学习活动并产生沉浸效果。④ 文本内容帮助学习者实现了直接操作,因此会减少学习者对故事内容的理解和互动行为之间的错误。但如果故事文本和媒介之间没有很好地配合,学习者则很难获得学习沉浸体验。学习者的学习目标也将会因为故事叙述的错误,从而导致预期目标的矛盾、互动行为的混乱和学习心理的沮丧,并最终影响学习者放弃特定的学习主题并找到使他们能够保持明确目标的任务。

此外,不同的学习主题对学习者的挑战也不同。挑战性强的学习任务在一定程度上会激发用户的专注性,也会在攻克难关的过程中产生更加强烈的沉浸体验。

体验阶段作为学习沉浸体验更深层次的体验效果,霍夫曼通过对学习

---

① Venkatesh V. *Determinants of Perceived Ease of Use: Integrating Control, Intrinsic Motivation and Emotion into the Technology Acceptance Model*[J]. Information Systems Research,2000,11(4):342-365.

② Malone T W. *Toward a Theory of Intrinsically Motivating Instruction*[J]. Cognitive Science. 1981,(06):333-369.

③ Novak T P, Thomas R. *Internet Marketing: Influences, Themes and Directions*[C]. https://www.ama.Org/search/pages/results.aspx? k=internet%20market,2017:03-15.

④ Jackson S A. *Factors Influencing the Occurrence of Flow State in Elite Athletes*[J]. Journal of Applied Sport Psychology,1995,7(05):138-166.

者的互动行为进行分析,得出在学习沉浸的体验阶段会产生学习者自我意识的消失和扭曲的时间感两个特征。① 交互性叙事的用户参与体验叙事设计阶段主要是向用户提供更具有复杂性的互动行为需求,即在与媒介互动的基础上,给学习者提供互动的自由度、规则设计、故事的非线性和用户参与程度(网络交流功能)。

契克森米哈提出,沉浸体验取决于用户参与的活动性质,普通的沉浸体验会在工作和休闲等一切活动中体现出来。而除了具有简单结构的活动外,自我意识的消失效果往往会在用户主动参与具有一定复杂程度的互动行为后才能产生。②

此外,任何活动都可以提供一定的奖励制度。用户往往会优先考虑提供了内在奖励机会的活动,从而获得直接的沉浸效果。用户也可以选择通过直接参与与任务相关的刺激性活动,从而获得具有额外奖励的机会,这也会使用户产生扭曲的时间感效果。③

综上所述,研究问题2提出的假设如下所示。

假设2. 图形叙事设计阶段会对学习沉浸体验的前提阶段2产生积极的影响。

假设3. 故事文本叙事设计阶段对学习沉浸体验的前提阶段3产生积极的影响。

假设4. 用户参与体验叙事设计阶段会对学习沉浸体验的体验阶段产生积极的影响。

研究问题3:基于交互性叙事,学习者通过使用儿童教育App能否正向(+)影响学习沉浸体验?

通过先行性理论研究发现,瑞安认为与传统媒介叙事相比,在新媒介的

---

① Hoffman, Donna L, Novak, Thomas P. *Marketing in Hypermedia Computer-Mediated Environments: Conceptual Foundations*[J]. Journal of Marketing, 1999, (04):50-68.
② Csikszentmihalyi M. *Flow—The Classic Work on How to Achieve Happiness*[M]. London England: Rider Books, 2002:87.
③ Csikszentmihalyi M. *Beyond Boredom and Anxiety*[M]. San Francisco: Jossey Bass Publishers, 1975:36.

基础上，交互性叙事赋予了学习者更多的选择权和自由性行为，改变了传统媒介只是被动接受的境况。这种互动使学习者产生了一种主动参与故事创造的幻觉，从而更为深入地沉浸于故事之中。① 相应地，学习沉浸体验带给学习者的最大收获就是在学习活动的过程中产生学习乐趣以及成就享受。

学习者进入虚拟的故事世界中，也包括了心理与情感上的融入。学习者在儿童教育 App 中扮演故事角色，实施学习行为，这会使他们对在虚拟故事环境中扮演的故事角色产生情感认同，从而更加认可故事内容。② 当学习者进入沉浸状态，他们会在其中投入很多的情感，并将自己的喜怒哀乐一并带入到故事之中，而令人沉浸的故事内容会让学习者认为他们就是虚拟故事世界的一部分。

而沉浸体验本身就是学习者从事学习活动的最大回馈，这种回馈来自学习者在学习活动过程中形成的具有目的性的体验效果，而非来自外部的其他目标。③ 并且这种具有自我目的性的沉浸体验会伴随着学习的愉悦感，最终促使学习能力的提高和学习态度的转变。因此，在学习沉浸的影响阶段中，具有目的性的体验特征被作为本次假设的测量因变量。研究问题 3 提出的假设如下。

假设 5. 基于交互性叙事，学习者通过使用儿童教育 App 会对学习沉浸体验的影响阶段产生积极的影响。

研究假设中各变量的测量指标和出处整理如下表 4-4 所示。

---

① Marie—Laure Ryan. *Narrative as Virtual reality：Immersion and Interactivity in Literature and Electronic Media*[M]. Baltimore：Johns Hopkins University Press，2001：67.

② Ermi L，Mäyrä F. *Fundamental Components of the Gameplay Experience：Analyzing Immersion*[M]. Changing Views：Worlds in Play，2005：15-27.

③ Chen H，Wigand R，Nilan M S. *Marketing in Hypermedia Computer-Mediated Environment：Conceptual Foundations*[J]. Journal of Marketing，1999，(06)：50-68.

表 4-4 测量指标及来源

变量	指标数	测量指标	指标来源	测量尺度
人口统计学的一般特性	5	性别，年龄，教育用 App 的使用经验、使用频度，每次使用的时间		名义尺度
学习者的特征	3	NQ1. 你的能力符合儿童教育 App 的学习要求吗？ NQ2. 当你发现了儿童教育 App 新的使用方法，你会感到高兴吗？ NQ3. 在儿童教育 App 的学习中，你会获得一种成就感吗？	Shao Kang Lo (2005) 才源源 (2007)	李克特（Likert Scales）五分制量表尺度法
图形叙事设计阶段	5	NQ4. 在儿童教育 App 主页中出现的色彩，你最喜欢的是哪个？ NQ5. 你喜欢儿童教育 App 中的图标吗？ NQ6. 儿童教育 App 的文字设计让你感到舒适愉悦吗？ NQ7. 你认为儿童教育 App 的动画是重要的吗？ NQ8. 你喜欢儿童教育 App 的页面设计吗？	Choi D, Kim J (2004) Park Hee Jung (2017) 杨俊坤 (2019)	李克特（Likert Scales）五分制量表尺度法
故事文本叙事设计阶段	4	NQ9. 儿童教育 App 的故事内容让你感到有趣吗？ NQ10. 儿童教育 App 的角色形象让你感到舒适愉悦吗？ NQ11. 你喜欢儿童教育 App 的故事场景吗？ NQ12. 你喜欢儿童教育 App 的学习主题吗？	Choi D, Kim J (2004) 秦华 (2009)	李克特（Likert Scales）五分制量表尺度法
用户参与体验叙事设计阶段	4	NQ13. 你喜欢在儿童教育 App 中，按照你的想法完成学习任务吗？ NQ14. 你喜欢在完成学习任务后获得的奖励吗？ NQ15. 你可以在儿童教育 App 中体验不同的故事吗？ NQ16. 你会和小伙伴一起使用儿童教育 App 学习吗？	Shao Kang Lo (2005) 才源源 (2007)	李克特（Likert Scales）五分制量表尺度法

（续表）

学习沉浸	19	控制感	FQ1. 你会主动了解儿童教育 App 的使用方法吗？	Hoffman (1997) Chio & Kim (2004) Peng and Yang (2006) Chu & Chen (2007) 叶金辉 (2013)
			FQ2. 你可以使用儿童教育 App 来获得想要的学习内容吗？	
		挑战与技术的均衡	FQ3. 在儿童教育 App 中你喜欢有难度的学习任务吗？	
			FQ4. 即使儿童教育 App 的学习任务有些难度，你还想继续使用吗？	
		易用性	FQ5. 你认为儿童教育 App 使用起来容易吗？	
			FQ6. 配有动画、图片和语音解说能让你很快地理解学习内容吗？	
		即时的反馈	FQ7. 点击儿童教育 App 的按钮后的学习内容是你想要的吗？	
			FQ8. 完成学习任务后，你清楚自己学习到的内容吗？	
		明确的目标	FQ9. 完成学习任务会影响你对故事内容的理解吗？	
			FQ10. 每完成一个学习任务，你清楚自己下一个学习目标是什么吗？	
		注意力集中	FQ11. 在使用儿童教育 App 学习的时候不喜欢被打扰吗？	
			FQ12. 使用儿童教育 App 时，你只在乎自己的学习内容吗？	
		自我意识的消失	FQ13. 你的情绪会随着故事的变化而变化吗？	
			FQ14. 在儿童教育 App 的使用过程中，你是否感觉自己也是故事中的角色？	
		扭曲的时间感	FQ15. 使用儿童教育 App 学习时，你感觉时间过得快吗？	
			FQ16. 使用儿童教育 App 时，学习起来就停不下来吗？	
		具有目的性的体验	FQ17. 使用儿童教育 App 学习时，你觉得开心吗？	
			FQ18. 通过儿童教育 App，你掌握了更多的知识吗？	
			FQ19. 你会主动使用儿童教育 App 来进行学习吗？	

第三节 研究流程

调查研究是具有一定计划性、系统性的收集研究对象数据与材料的过程,并以此为依据来验证问题和发现问题的研究方法。调查研究中的调查问卷是用来收集资料的主要工具,主要用来确认学习者的社会性特征、具体行为和问答态度等。因此,本研究向特定用户发放调查问卷,回收后测量有效的问卷数据,并运用统计学分析工具对各项假设进行验证。

图 4-3 研究流程

一、问卷调查对象

由于不同用户在不同教育环境下会造成学习沉浸的差异性。本研究将中国和韩国 8～12 岁的儿童教育 App 分为外语、母语、数学和认知四种类型,通过案例分析得出了每款儿童教育 App 中交互性叙事的具体设计要素,为完善问卷调查的设计提供了参考基准。这 16 款儿童教育 App 也成为本次问卷调查的目标。

表 4-5 中国和韩国儿童教育 App 的事例

类型	中国事例		韩国事例	
外语类教育	1. 叽里呱啦英语	2. 叮咚课堂	1. Talking Pets	2. Woo A Young

(续表)

母语类教育	1. 洪恩识字	2. 悟空识字	1. 韩文的故事	2. 珍贵的韩文
数学类教育	1. 洋葱数学	2. 洪恩数学	1. 都都数学	2. Math Land
认知类教育	1. 小伴龙	2. Tock Life	1. 芝麻恐龙探险	2. Box Island

由于中国上海和韩国首尔地区是两国重要的经济和文化中心,父母和儿童受网络教育的程度也普遍较高,并且两个地区的互联网使用率也是居于中国和韩国的首位,分别达到了91.40%和92.70%。因此,本研究选择了中国上海和韩国首尔地区为问卷调查范围。

为了提高问卷调查的可信度,本研究选择的是具有儿童教育App使用经验的8~12岁的儿童。8~12岁的儿童在皮亚杰(Piaget)的儿童认知心理中被定义为具体运算阶段(Concrete Operational),该阶段儿童的个性特征具有初步抽象思维能力,可以通过直观性、形象化、情节化的内容来引导学习,并可以用逻辑思考的方式解决学习问题。

但是这类群体的行为仍然受到监护人(家长)的监督和影响。一方面,儿童使用教育App进行学习的行为,在一定程度上也是需要得到家长的批准与支持才可以实现。例如,家长要提供网络设备、智能手机等,儿童才有参与移动教育的可能性。另一方面,家长对于移动教育的态度与行为,也会直接或间接地影响儿童对移动教育的使用情况。例如,家长对于移动教育持积极的态度,就会鼓励并指导儿童参与网络学习。而这些都会直接影响学习者对儿童教育App的使用情况。

因此,本研究以4种类型,共16款儿童教育App为研究目标,分别对具有儿童教育App使用经验的中国上海和韩国首尔地区的8~12岁儿童和父母进行问卷调查。以期从多角度分析学习者使用儿童教育App时交互性叙事对学习沉浸的影响效果。

二、问卷调查的选定及构成

本研究的问卷调查内容由人口统计的一般性特征问卷、交互性叙事的设计要素问卷和学习沉浸体验问卷组成。问卷调查根据提问的侧重点的不同，又进一步区分为儿童问卷和父母问卷。

问卷调查的选定和设计结构说明如下：

第一，儿童问卷。

儿童问卷的设计包括三部分：封面、问卷内容说明、问题与答案。封面是向被调查者介绍与说明调查的目的、调查的内容以及对结果进行保密的措施等。问卷内容说明是指导被调查者填答问卷并提供相关用语的说明。问题与答案由先行性研究中各变量的有效问题组成，且每个问题都是封闭式单选结构。

问卷正文由3章组成，共计40题。第一章人口统计的一般性特征问卷由5题组成，主要分析被调查对象的个人基本信息，如年龄、性别、儿童教育App的实际使用情况及使用频率等。第二章调查问卷共计16题，主要基于学习者的特征（技能水准、感知能力和学习动机）和交互性叙述的三个设计阶段（图形叙事设计、故事文本叙事设计和用户参与体验叙事设计）的阶段特征进行提问，每个特征对应一个问题。考虑到儿童理解能力的限制和不同类型中儿童教育App设计要素的差异性，该章问题主要配合图片说明进行提问。第三章调查问卷共计19题，针对学习沉浸体验9个特征（挑战与技术的均衡、控制感、明确的目标、注意力集中、易用性、即时的反馈、自我意识的消失、扭曲的时间感、具有目的性的体验）进行提问，试图对儿童在使用教育App时交互性叙事能否有效形成学习沉浸进行验证。具有目的性的体验特征主要用来分析儿童使用教育App后能否产生学习能力的提高、学习态度的转变和学习愉悦感的获得,因此被分为了三个问题。其余每一个学习沉浸体验的特征均对应了两个问题进行提问。

其中,第二章和第三章问题均采用李克特(Likert Scales)五分制量表的计分方式,设置五级调查刻度,分别是非常赞同、赞同、一般、不赞同、非常不赞同。每个选项对应了5、4、3、2、1不同的分数值。"5"表示非常赞同,"1"表示非常不赞同。

由于本次问卷需要对中国和韩国共计16款儿童教育App分别进行调查,问卷题目会针对案例分析得出的儿童教育App的具体设计要素进行细节调整。为了保证问卷调查的公平性和客观性,问卷内容的用语、难度和问卷针对的假设问题会严格保持一致。

由于年龄较小,被调查者对文字的理解能力与对问卷答题时间的承受能力有限。因此,儿童问卷调查要求在家长的辅助下完成。儿童问卷调查的文字表述不宜复杂,应浅显易懂。问卷题量安排不宜过多,答卷时间应控制在15分钟以内。

第二,家长问卷。

家长问卷在问卷结构方面主要由两部分组成。第一部分是人口统计的一般性特征调查,包括年龄、性别、学历和工作情况,共计4题。第二部分是对家长自身的移动教育使用情况进行分析,以及对儿童使用移动教育时的态度进行分析,共计7题。家长的问卷调查,同样采用李克特(Likert Scales)五分制量表的计分方式,设置五级调查刻度。

三、统计学分析方法

为了得出可信赖的结论,本研究利用广泛用于社会科学研究的统计程序SPSS(Statistical Product and Service Solutions)24.0进行分析。具体的分析方法如下。

首先,为了检验回收问卷数据的准确度和满足度,按照儿童教育App的类型对中国和韩国的问卷调查数据进行儿童和家长的人口统计一般特性、各变因的利用形态、信度及效度进行分析。

其次,为了验证学习者的自身特征和交互性叙事对学习沉浸的影响程度和关系,利用多重回归分析(Multiple Regression Analysis)方法分别实施独立标本 T 检验(T-Test)和显著度分析,从而对本研究提出的假设问题进行验证。

最后,为了更加详细地考查自变量和因变量之间的分析结果,对 16 款儿童教育 App 的学习者特征和交互性叙事各阶段的设计要素实施差异性分析,并对结果进行分析总结。本次研究以提高学习者的学习沉浸体验为目标,期望探索出基于交互性叙事的设计策略。

第五章 实证分析及假设验证

本次问卷调查采用网络调查的方法,在 2020 年 1 月 2 日至 2020 年 2 月 15 日期间,以 4 种类型,共计 16 款儿童教育 App 为调查目标,分别对儿童教育 App 具有使用经验的中国上海地区和韩国首尔地区的 8~12 岁儿童和他们的父母实施问卷调查。

问卷调查的发送数量一般为问卷题目数量的 3~5 倍,如果能够达到 10 倍的话,问卷调查的信任度效果会更好[①]。同时,如果问卷的题目较多,一些研究者认为问卷的发送数量在 200~300 份会达到比较好的效果。

完整性和一致性是进行有效问卷筛选的两个主要标准,完整性指应答者回答了问卷中的所有问题,一致性指应答者对相同变量问题之间的回答不会产生矛盾。根据这两个筛选原则,本次问卷调查分别发放了中国 1000 份问卷和韩国 1000 份问卷。中国儿童和家长的有效问卷合计为 886 份,中国问卷的合格率为 88.6%。韩国儿童和家长的有效问卷合计为 863 份,韩国问卷的合格率为 86.3%。

本章将在有效问卷的数据基础上,首先,利用 SPSS 统计软件,按照儿童教育 App 的 4 种类型(外语、母语、数学和认知),实施标本的一般性特征、自变量的利用形态、信度和效度分析统计。

其次,利用多重回归分析(Multiple Regression Analysis)方法,实施独立标本 T 检验(T-Test)和显著度分析,从而对提出的假设问题进行验证。

最后,为了得出更合理的设计方案和更详细的结果,以应答者层面为基础,本研究实施了中国和韩国问卷调查的差异性对比分析和整理。

---

① 张文彤,董伟. SPSS 统计分析高级教程[M].北京:高等教育出版社,2004:56.

第一节 基础分析及特性

一、样本描述性统计

本研究按照儿童教育 App 的 4 种类型,对儿童问卷和其父母问卷的性别、年龄、儿童的使用频率和经验、家长支持原因及认可程度等,分别对中国和韩国的有效问卷实施了一般特性的统计分析。

第一,儿童问卷。

首先,外语类儿童教育 App 的调查对象分为中国的叽里呱啦英语和叮咚课堂,韩国的 Talking Pets 和 Woo A Young。外语类儿童问卷的标本一般性特征分析结果如下。

中国外语类儿童教育 App 的问卷调查中有效问卷人数合计为 108 人,男生和女生各为 54 人。其中,9 岁儿童人数最多,为 30 人,约占总人数的 27.8%。12 岁儿童人数最少,为 8 人,仅约占总人数的 7.4%。中国儿童使用外语类教育用 App 的频率分析结果显示,每周使用 1~2 次的人数较多,为 26 人;每周使用 6 次以上的人数最少,为 8 人。中国儿童使用外语类教育用 App 的学习时间结果显示,每次使用小于 15 分钟的人数最多,为 30 人;每次使用超过 1 小时的人数最少仅为 9 人,占总人数的 8.3%。中国儿童利用外语类教育用 App 进行学习的年限与韩国相似,5 年以上最多为 37 人,1 年以内的人数最少为 8 人。

韩国的外语类儿童教育 App 中有效问卷合计 113 人。其中,男生 51 人,女生 62 人,分别约占调查总人数的 45.1% 和 54.9%。韩国 9 岁儿童人数在调查中略多,达到 33 人,约占总人数的 29.2%;12 岁儿童人数最少,为 7 人,仅约占总人数的 6.2%。在韩国儿童使用外语类教育用 App 的频率分析中,每周使用 1~2 次的人数为最多,为 34 人;每周使用 6 次以上的人数最少,为 11 人。韩国儿童使用外语类教育用 App 的学习时间调查显示,每次使用 15~30 分钟、30~45 分钟的人数较多,均为 30 人。根据学习经验调查结果显示,韩国儿童使用外语类教育用 App 的学习年限在 5 年以上的最多为 38 人,学习年限在 1～2 年的人数最少为 5 人。

表 5-1 外语类儿童教育 App 的儿童问卷统计结果

类型	区分	中国		韩国	
		样本量(名)	百分率(%)	样本量(名)	百分率(%)
性别	男	54	50.0%	51	45.1%
	女	54	50.0%	62	54.9%
年龄	8 岁	26	24.1%	21	18.6%
	9 岁	30	27.8%	33	29.2%
	10 岁	24	22.2%	23	20.4%
	11 岁	20	18.4%	29	25.7%
	12 岁	8	7.4%	7	6.2%
使用频率	一次以下	27	25.0%	20	17.7%
	1～2 次	26	24.1%	34	30.1%
	3～4 次	22	20.4%	26	23.0%
	5～6 次	25	23.1%	22	19.5%
	6 次以上	8	7.4%	11	9.7%
学习时间	小于 15 分钟	30	27.8%	23	20.4%
	15～30 分钟	24	22.2%	30	26.5%
	30～45 分钟	23	21.3%	30	26.5%
	45～60 分钟	22	20.4%	19	16.8%
	1 小时以上	9	8.3%	11	9.7%
学习经验	1 年以内	8	7.4%	25	22.1%
	1～2 年	24	22.2%	5	4.4%
	2～3 年	21	19.4%	17	15.0%
	3～4 年	18	16.7%	28	24.8%
	5 年以上	37	34.3%	38	33.6%

母语类儿童教育 App 的调查对象分为中国的洪恩识字和悟空识字，韩国的韩文的故事和珍贵的韩文。母语类儿童教育 App 的儿童问卷一般特征分析结果如下。

中国的母语类儿童教育 App 中有效问卷合计 110 人。问卷调查结果显示，男生 51 人，女生 59 人，分别约占总人数的 46.4% 和 53.6%。中国儿童使用母语类教育用 App 的频率结果显示，一次以下、1~2 次、3~4 次和 5~6 次的人数基本相同。而每周使用 6 次以上的人数最少，为 7 人。每次学习时间的调查结果显示，小于 15 分钟、15~30 分钟、30~45 分钟和 45~60 分钟时间段的人数基本相同。中国儿童具有 3~4 年母语类教育用 App 学习年限的人数最多，有 37 人。

韩国母语类儿童教育 App 中有效问卷合计 105 人。问卷调查结果显示，男生 48 人，女生 57 人，分别约占总人数的 45.7% 和 52.3%。韩国儿童使用母语类教育用 App 的频率调查结果显示，每周使用 1~2 次的人数最多，为 33 人；每周使用 6 次以上的人数最少，仅为 7 人。每次学习时间的调查结果显示，每次学习 15~30 分钟和 30~45 分钟的儿童人数最多，都是 31 人。关于母语类教育用 App 的学习经验调查显示，韩国儿童具有 5 年以上使用经验的人最多，为 39 人，占调查总人数的 37.1%。

表 5-2　母语类儿童教育 App 的儿童问卷统计结果

类型	区分	中国		韩国	
		样本量(名)	百分率(%)	样本量(名)	百分率(%)
性别	男	51	46.4%	48	45.7%
	女	59	53.6%	57	54.3%
年龄	8 岁	17	15.5%	18	17.1%
	9 岁	30	27.2%	30	28.6%
	10 岁	24	21.8%	24	22.9%
	11 岁	27	24.5%	24	22.9%
	12 岁	12	10.9%	9	8.6%

(续表)

使用频率	一次以下	25	22.7%	15	14.3%
	1～2次	26	23.6%	33	31.4%
	3～4次	25	22.7%	21	20.0%
	5～6次	27	24.5%	29	27.6%
	6次以上	7	6.4%	7	6.7%
学习时间	小于15分钟	25	22.7%	17	16.2%
	15～30分钟	26	23.6%	31	29.5%
	30～45分钟	25	22.7%	31	29.5%
	45～60分钟	26	23.6%	18	17.1%
	1小时以上	8	7.3%	8	7.6%
学习经验	1年以内	9	8.2%	19	18.1%
	1～2年	24	21.8%	8	7.6%
	2～3年	23	20.9%	17	16.2%
	3～4年	37	33.6%	22	21.0%
	5年以上	17	15.5%	39	37.1%

数学类儿童教育App的调查对象分为中国的洋葱数学和洪恩数学，韩国的都都数学和Math Land。数学类儿童教育App的儿童问卷调查的一般特征分析结果如下。

中国的数学类儿童教育App中有效问卷合计113人。在问卷中，男生63人，女生50人，分别约占总人数的55.8%和44.2%。中国儿童使用数学类教育用App的频率调查结果显示，每周使用3～4次的学生数量最多，为32人次，约占调查总人数的28.3%；每周使用6次以上的人数最少，为8人。每次学习时间的调查结果显示，每次使用15～30分钟和45～60分钟的儿童人数最多，各为30人。另外，中国儿童具有5年以上数学类教育用App使用经验的学生数量最多，为35人。

韩国的数学类儿童教育App中有效问卷合计107人。问卷调查结果显示，男生有49人，女生有58人，分别约占调查总人数的45.8%和54.2%。

韩国儿童使用数学类教育用 App 的频率调查结果显示,每周使用 5~6 次的人数最多,为 29 人。在关于学习时间的调查中,每次学习 15~30 分钟时间的人数最多,是 32 人。韩国儿童的数学类教育用 App 的学习经验调查显示,具有 2~3 年学习经验的学生最多,为 31 人;具有 5 年以上学习经验的人数最少,为 8 人。

表 5-3 数学类儿童教育 App 的儿童问卷统计结果

类型	区分	中国		韩国	
		样本量(名)	百分率(%)	样本量(名)	百分率(%)
性别	男	63	55.8%	49	45.8%
	女	50	44.2%	58	54.2%
年龄	8 岁	25	22.1%	21	19.6%
	9 岁	32	28.3%	28	26.2%
	10 岁	20	17.7%	22	20.6%
	11 岁	23	20.4%	28	26.2%
	12 岁	13	11.5%	8	7.5%
使用频率	一次以下	25	22.1%	21	19.6%
	1~2 次	23	20.4%	28	26.2%
	3~4 次	32	28.3%	24	22.4%
	5~6 次	25	22.1%	29	27.1%
	6 次以上	8	7.1%	5	4.7%
学习时间	小于 15 分钟	21	18.6%	5	4.7%
	15~30 分钟	30	26.5%	32	29.9%
	30~45 分钟	26	23.0%	25	23.4%
	45~60 分钟	30	26.5%	28	26.2%
	1 小时以上	6	5.3%	17	15.9%

（续表）

学习经验	1年以内	8	7.1%	27	25.2%
	1～2年	26	23.0%	16	15.0%
	2～3年	23	20.4%	31	29.0%
	3～4年	21	18.6%	25	23.4%
	5年以上	35	31.0%	8	7.5%

认知类儿童教育App的调查对象分为中国的小伴龙和Tock Life，韩国的芝麻恐龙探险和Box Island。认知类儿童教育App的儿童问卷调查一般特征分析结果如下。

中国的认知类儿童教育App中有效问卷合计112人。其中，男生为50人，女生为62人，分别约占总人数的44.6%和55.4%。学习者年龄结构中，9岁儿童人数最多，为35人，约占总人数的31.3%。中国儿童使用认知类教育用App的频率调查结果显示，每周使用一次以下、1～2次、3～4次和5～6次的人数基本相等。每次使用认知类教育用App的学习时间调查结果显示，每次使用超过1小时的人数最多，为36人，约占总人数的32.1%。中国儿童使用认知类教育App的学习经验调查结果与韩国相似，具有5年以上使用经验的学习者最多。

韩国的认知类儿童教育App中有效问卷合计109人。调查结果显示，男生为52人，女生为57人，分别约占总人数的47.7%和52.3%。韩国儿童使用认知类教育用App的每周频率调查结果显示，每周使用3～4次的学习者人数最多，为31人；每周使用6次以上的人数最少，为8人。每次儿童学习时间调查结果显示，每次学习时间在30～45分钟的儿童人数最多，是31人。学习经验调查结果中具有5年以上学习经验的人数最多，为32人；具有1年以内学习经验的人数最少，为6人。

表 5-4 认知类儿童教育 App 的儿童问卷统计结果

类型	区分	中国		韩国	
		样本量(名)	百分率(%)	样本量(名)	百分率(%)
性别	男	50	44.6%	52	47.7%
	女	62	55.4%	57	52.3%
年龄	8 岁	16	14.3%	23	21.1%
	9 岁	35	31.3%	30	27.5%
	10 岁	27	24.1%	26	23.9%
	11 岁	24	21.4%	20	18.3%
	12 岁	10	8.9%	10	9.2%
使用频率	一次以下	26	23.2%	27	24.8%
	1~2 次	26	23.2%	26	24.8%
	3~4 次	27	24.1%	31	28.4%
	5~6 次	26	23.2%	17	15.6%
	6 次以上	7	6.3%	8	7.3%
学习时间	小于 15 分钟	7	6.3%	25	22.9%
	15~30 分钟	20	17.8%	26	23.9%
	30~45 分钟	24	21.4%	31	28.4%
	45~60 分钟	25	22.3%	17	15.6%
	1 小时以上	36	32.1%	10	9.2%
学习经验	1 年以内	9	8.0%	6	5.5%
	1~2 年	25	22.3%	28	25.7%
	2~3 年	21	18.8%	23	21.1%
	3~4 年	21	18.8%	20	18.3%
	5 年以上	36	32.1%	32	29.4%

中国和韩国儿童教育 App 的儿童调查问卷样本一般性统计结果总结如下。

表 5-5　儿童教育 App 的儿童问卷综合统计结果

类型		中国样本量（名）				合计	韩国样本量（名）				合计
		外语	母语	数学	认知		外语	母语	数学	认知	
性别	男	54	51	63	50	218	51	48	49	52	200
	女	54	59	50	62	225	62	57	58	57	234
	合计	108	110	113	112	443	113	105	107	109	434
年龄	8 岁	26	17	25	16	84	21	18	21	23	83
	9 岁	30	30	32	35	127	33	30	28	30	121
	10 岁	24	24	20	27	95	23	24	22	26	95
	11 岁	20	27	23	24	94	29	24	28	20	101
	12 岁	8	12	13	10	43	7	9	8	10	34
使用频率	1 次以下	27	25	25	26	103	20	15	21	27	83
	1~2 次	26	26	23	26	101	34	33	28	26	121
	3~4 次	22	25	32	27	106	26	21	24	31	102
	5~6 次	25	27	25	26	103	22	29	29	17	97
	6 次以上	8	7	8	7	30	11	7	5	8	31
学习时间	小于 15 分钟	30	25	21	7	83	23	17	5	25	70
	15~30 分钟	24	26	30	20	100	30	31	32	26	119
	30~45 分钟	23	25	26	24	98	30	31	25	31	117
	45~60 分钟	22	26	30	25	103	19	18	28	17	82
	1 小时以上	9	8	6	36	59	11	8	17	10	46

(续表)

学习经验	1年以内	8	9	8	9	34	25	19	27	6	77
	1~2年	24	24	26	25	99	5	8	16	28	57
	2~3年	21	23	23	21	88	17	17	31	23	88
	3~4年	18	37	21	21	97	28	22	25	20	95
	5年以上	37	17	35	36	125	38	39	8	32	117

中国和韩国的儿童调查问卷人数总计为877人。其中，中国儿童调查人数共计为443人，男生为218人，女生为225人。韩国儿童调查人数为434人，男生为200人，女生为234人。调查结果显示，两个国家的女生应答者人数均多于男生应答者人数。其中，年龄分析结果显示，中国儿童问卷的调查结果与韩国相似，其中9岁儿童人数最多，为127人；12岁儿童最少，为43人。韩国儿童的年龄调查显示，9岁儿童人数最多，为121人；12岁儿童最少，仅有34人。

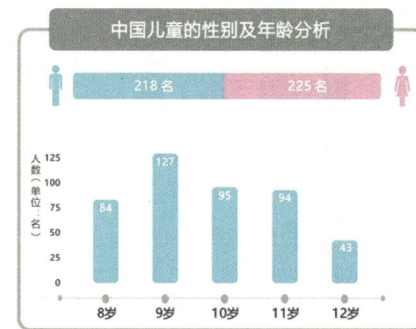
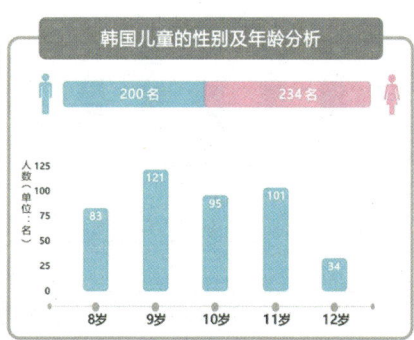

图 5-1 中国和韩国儿童的性别及年龄统计

中国和韩国儿童每周使用教育用App的频率显示，在中国调查结果中，每周使用1次以下、1~2次、3~4次和5~6次的人数较为相似，每周使用6次以上的人数最少，仅有30人。韩国儿童每周使用1~2次的人数最多，为121人；每周使用6次以上的人数最少，仅为31人。同时，调查结果显示随着年龄的增长，中国和韩国儿童使用教育用App的频率呈现下降的趋势。

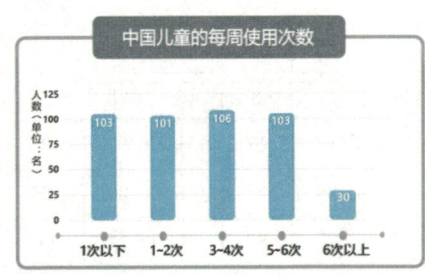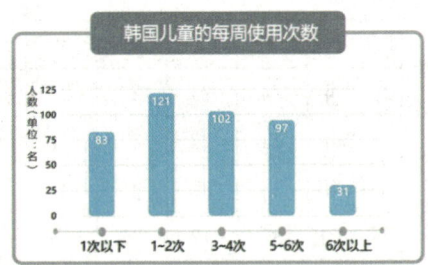

图 5-2　中国和韩国儿童的每周使用次数统计

儿童每次使用教育 App 的学习时间调查结果显示，中国儿童每次学习时间在 15～60 分钟的人数最多，为 301 人，占中国总调查人数的 67.94%。韩国儿童更多集中在每次使用 15～45 分钟阶段，该阶段人数总计为 236 人，占调查人数的 54.37%。

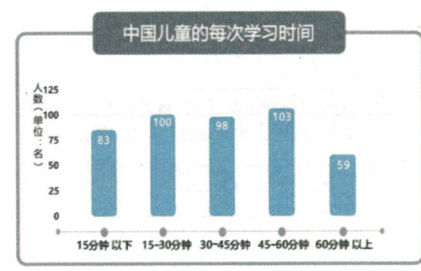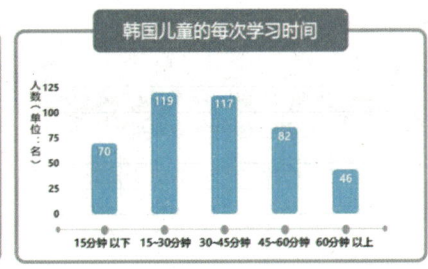

图 5-3　中国和韩国儿童的每次学习时间统计

儿童使用教育 App 的学习经验调查结果显示，中国和韩国具有 5 年以上儿童教育 App 使用经验的被调查者人数最多，分别为 125 人和 117 人。韩国具有 1～2 年使用经验的被调查人数最少，为 57 人。中国具有 1 年以内儿童教育 App 使用经验的人数最少，仅为 34 人。调查结果证明：中国和韩国儿童均具有丰富的教育用 App 的使用经验。

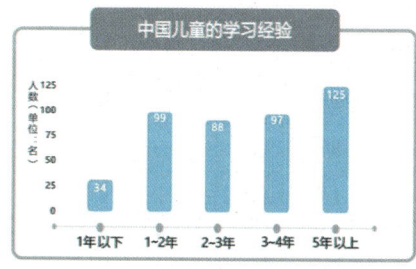 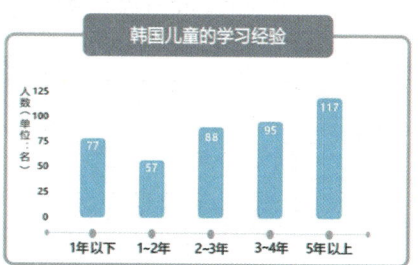

图 5-4 中国和韩国儿童的学习经验统计

第二,家长问卷。

家长问卷主要试图通过中国和韩国家长的年龄、学历以及对子女利用儿童教育 App 进行学习的态度进行一般性统计分析。

外语类儿童教育 App 的中国外语类儿童教育 App 的家长有效问卷人数为 108 人,其中,男性为 23 名,女性为 85 名。家长的年龄在 31～40 岁之间的偏多,有 43 人。大专以下、大专和本科学历的家长有 92 人,占总调查人数的 85.2%。此外,83.0% 的家长赞同孩子利用智能手机进行学习,68.5% 的家长会控制孩子利用外语类教育用 App 的学习时间,67.6% 的家长会监督孩子利用外语类教育用 App 的学习过程,68.5% 的家长认可孩子使用的外语类教育 App 的学习内容。

外语类儿童教育 App 的韩国外语类儿童教育 App 的家长有效问卷人数为 113 人,其中,男性为 32 名,女性为 81 名。家长年龄在 41～50 岁之间的偏多,有 57 人。并且具有本科及以下学历的家长共有 90 人。其中,72.5% 的被调查者赞同孩子利用智能手机进行学习。此外,65.1% 的家长会控制孩子利用外语类教育用 App 的学习时间,69.7% 的家长会监督孩子利用外语类教育用 App 的学习过程,73.4% 的家长认可孩子使用的外语类教育 App 的学习内容。

表 5-6 外语类儿童教育 App 的家长问卷统计结果

类型	区分	中国样本量(名)	韩国样本量(名)
性别	男	23	32
	女	85	81
年龄	30 岁以下	10	1
	31~40 岁	43	13
	41~50 岁	40	57
	50 岁以上	15	42
学历	大专以下	18	21
	大专	39	34
	本科	35	35
	硕士以上	16	23
工作情况	公务员	39	25
	教师	22	40
	企业管理人员	21	26
	自由工作者	21	22
	其他	5	0
赞同原因	学习资源丰富	82	74
	能培养孩子的信息素质	44	49
	形象生动的内容能提高孩子的学习兴趣	64	71
	学习场所和时间比较自由	60	66
	其他	8	3
不赞同原因	影响孩子的视力	59	48
	会让孩子接触一些不良内容	25	32
	会让孩子沉迷于游戏	26	12
	会影响孩子的学习	6	5
	其他	3	6

母语类儿童教育 App 的家长问卷统计结果如下。

中国母语类儿童教育 App 的家长有效问卷人数共 110 人。其中,男性为 28 名,女性为 82 名。中国家长的年龄在 31~40 岁为最多,有 46 人。此外,66.4%的家长赞同孩子利用智能手机进行学习,70.0%的家长会控制孩子的学习时间,68.2%的家长会监督孩子的学习过程,68.2%的家长认可母语类儿童教育 App 的学习内容。

韩国母语类儿童教育 App 的家长有效问卷人数为 105 人。其中,男性为 19 名,女性为 86 名。韩国家长在 41~50 岁年龄段的人数偏多,为 44 人。从家长的学历角度来看,本科及以下学历的家长有 79 人,约占总调查人数的 75.2%。此外,72.8%的家长赞同孩子利用智能手机进行学习。68.6%的家长会控制孩子的学习时间,48.5%的家长会监督孩子的学习过程,71.4%的家长认可母语类儿童教育 App 的学习内容。

表 5-7 母语类儿童教育 App 的家长问卷统计结果

类型	区分	中国样本量(名)	韩国样本量(名)
性别	男	28	19
	女	82	86
年龄	30 岁以下	9	4
	31~40 岁	46	23
	41~50 岁	37	44
	50 岁以上	15	34
学历	大专以下	18	11
	大专	26	31
	本科	43	37
	硕士以上	23	26

（续表）

工作情况	公务员	36	29
	教师	33	43
	企业管理人员	19	23
	自由工作者	22	10
	其他	0	0
赞同原因	学习资源丰富	54	67
	能培养孩子的信息素质	72	48
	形象生动的内容能提高孩子的学习兴趣	63	68
	学习场所和时间比较自由	56	52
	其他	6	21
不赞同原因	影响孩子的视力	38	31
	会让孩子接触一些不良内容	8	16
	会让孩子沉迷于游戏	35	12
	会影响孩子的学习	12	6
	其他	5	0

数学类儿童教育App的家长问卷统计结果如下。

中国数学类儿童教育App的家长有效问卷人数为113人。男性为40名，女性为73名。在31～40岁年龄段的家长人数有47人。具有大专学历的中国家长人数最多，占据调查总人口的36.2%。此外，82.1%的中国家长赞同孩子利用智能手机进行学习。67.3%的家长会控制孩子的学习时间，65.5%的家长会监督孩子的学习过程，67.3%的家长认可数学类儿童教育App的学习内容。

韩国数学类儿童教育App的家长有效问卷人数为107人。其中，男性为38名，女性为69名。41～50岁之间的韩国家长偏多，有48人。韩国家长的学历调查结果显示，具有大专和本科学历的家长有74人，约占总调查人数的69.1%。此外，72.0%的家长赞同孩子利用智能手机进行学习，71.0%

的家长会控制孩子的学习时间，71.0%的家长会监督孩子的学习过程，71.0%的家长认可数学类儿童教育 App 的学习内容。

表 5-8　数学类儿童教育 App 的家长问卷统计结果

类型	区分	中国样本量（名）	韩国样本量（名）
性别	男	40	38
	女	73	69
年龄	30 岁以下	8	6
	31~40 岁	47	14
	41~50 岁	37	48
	50 岁以上	21	39
学历	大专以下	26	14
	大专	41	34
	本科	34	40
	硕士以上	12	19
工作情况	公务员	35	27
	教师	30	26
	企业管理人员	27	26
	自由工作者	19	22
	其他	2	6
赞同原因	学习资源丰富	83	44
	能培养孩子的信息素质	62	72
	形象生动的内容能提高孩子的学习兴趣	69	61
	学习场所和时间比较自由	55	63
	其他	0	0

(续表)

不赞同原因	影响孩子的视力	30	47
	会让孩子接触一些不良内容	7	15
	会让孩子沉迷于游戏	25	35
	会影响孩子的学习	11	17
	其他	8	4

认知类儿童教育App的家长问卷统计结果如下。

中国认知类儿童教育App的家长有效问卷人数为112人,其中男性为38名,女性为74名。从中国家长年龄结构可以发现,31~40岁的家长人数偏多,有32人。具有大专和本科学历的家长有71人,约占据调查总数的63.4%。此外,81.5%的家长赞同孩子利用智能手机进行学习,65.1%的家长会控制孩子的学习时间,69.7%的家长会监督孩子的学习过程,89.2%的家长认可认知类儿童教育App的学习内容。

韩国认知类儿童教育App的家长有效问卷人数为109人,其中男性为41名,女性为68名。从韩国家长的年龄结构可以看出,年龄在41~50岁之间的人数最多,有58人。具有本科学历的韩国家长最多,有59人,约占调查总人数的54.1%。此外,72.5%的韩国家长赞同孩子利用智能手机进行学习,65.1%的家长会控制孩子的学习时间,69.7%的家长会监督孩子的学习过程。83.4%的家长认可认知类儿童教育App的学习内容。

表5-9 认知类儿童教育App的家长问卷统计结果

类型	区分	中国样本量(名)	韩国样本量(名)
性别	男	38	41
	女	74	68

（续表）

年龄	30 岁以下	26	5
	31～40 岁	32	11
	41～50 岁	29	58
	50 岁以上	25	35
学历	大专以下	22	12
	大专	33	26
	本科	38	59
	硕士以上	19	12
工作情况	公务员	33	26
	教师	30	31
	企业管理人员	31	26
	自由工作者	15	19
	其他	3	7
赞同原因	学习资源丰富	83	47
	能培养孩子的信息素质	70	65
	形象生动的内容能提高孩子的学习兴趣	66	73
	学习场所和时间比较自由	62	53
	其他	2	7
不赞同原因	影响孩子的视力	29	35
	会让孩子接触一些不良内容	18	11
	会让孩子沉迷于游戏	21	28
	会影响孩子的学习	18	31
	其他	6	3

中国和韩国儿童教育 App 的家长调查问卷统计结果总结如下。

表 5-10 儿童教育 App 的家长问卷综合统计结果

类型		中国样本量（名）				合计	韩国样本量（名）				合计
		外语	母语	数学	认知		外语	母语	数学	认知	
性别	男	23	28	40	38	129	30	19	35	41	125
	女	85	82	73	74	314	81	86	69	68	304
	合计	108	110	113	112	443	111	105	104	109	429
年龄	30 岁以下	10	9	8	26	53	1	4	6	5	16
	31~40 岁	43	46	47	32	168	13	23	14	11	61
	41~50 岁	40	37	37	29	143	57	44	48	58	207
	50 岁以上	15	15	21	25	76	42	34	39	35	150
学历	大专以下	18	18	26	22	84	21	11	14	12	58
	大专	39	26	41	33	139	34	31	34	26	125
	本科	35	43	34	38	150	35	37	40	59	171
	硕士以上	16	23	12	19	70	23	26	19	12	80
工作情况	公务员	39	36	35	33	143	25	29	27	26	107
	教师	22	33	30	30	115	40	43	26	31	140
	企业管理人员	21	19	27	31	98	26	23	26	26	101
	自由工作者	21	22	19	15	77	22	10	22	19	73
	其他	5	0	2	3	10	0	0	6	7	13
赞同原因	学习资源丰富	82	54	83	83	302	74	67	44	47	232
	能培养孩子的信息素质	44	72	62	70	248	49	48	72	65	234
	形象生动的内容能提高孩子的学习兴趣	64	63	69	66	262	71	68	61	73	273
	学习场所和时间自由	60	56	55	62	233	66	52	63	53	234
	其他	8	6	0	2	16	3	21	0	7	31

(续表)

不赞同原因	影响孩子的视力	59	38	30	29	156	48	31	47	35	161
	会让孩子接触一些不良内容	25	8	7	18	58	32	16	15	11	74
	会让孩子沉迷于游戏	26	35	25	21	107	12	12	35	28	87
	影响孩子的学习	6	12	11	18	47	5	6	17	31	59
	其他	3	5	8	6	22	6	0	4	3	13

中国和韩国的父母问卷调查人数总计为877人。其中,中国家长人数为443人,男性为129人,女性为314人。韩国家长人数为429人,男性为125人,女性为304人。调查结果显示,女性家长人数大幅度领先于男性家长。中国家长在31~40岁的人数最多,为168人;30岁以下的中国家长人数最少,为53人。韩国家长的年龄调查结果显示,41~50岁家长人数最多,为207人;30岁以下家长人数最少,仅有16人。

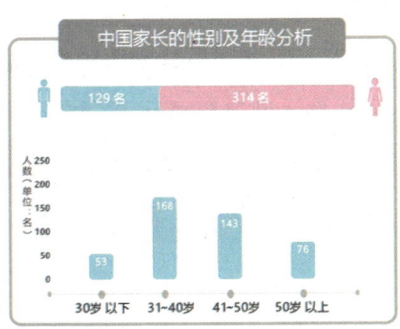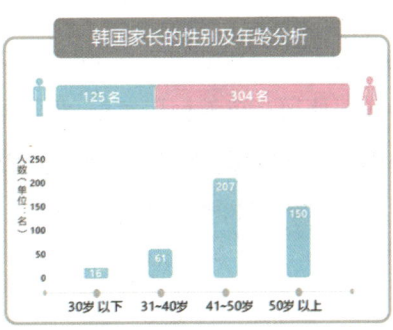

图 5-5 中国和韩国家长的性别及年龄分析

针对家长的学历调查结果显示:韩国具有本科学历的家长人数为最多,达到171人;拥有大专以下学历人数最少,仅为58。中国调查结果显示:拥有本科学历的家长人数同样最多,有 150 人;具有大专以下学历的中国家长人数虽然较少,但是调查人数达到了 84 人。从分析结果可以看出,韩国家长中高学历人数要略高于中国的家长。

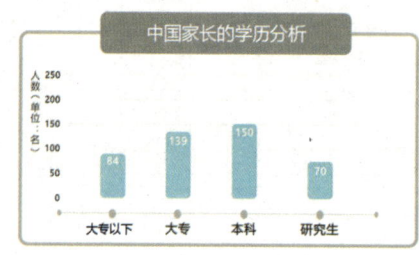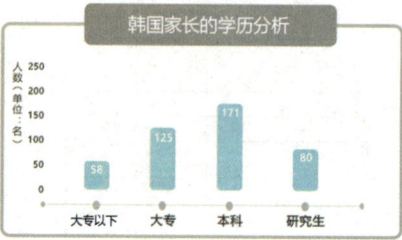

图 5-6　中国和韩国家长的学历分析

针对家长的工作情况调查显示:中国从事公务员的家长人数为最多,达到 143 人;韩国家长中从事教师工作的人数为最多,达到 140 人。

中国家长中,赞同孩子使用儿童教育 App 学习的人数达到 347 人,占中国总调查人数的 78.3%。控制孩子学习时间,监督学习过程和认可教育用 App 的学习内容的应答人数分别是 300 人、300 人和 325 人。而在韩国家长中,赞同孩子使用儿童教育 App 学习的人数达到 314 人,占韩国总调查人数的 72.3%。控制孩子学习时间、监督学习过程和认可教育用 App 的学习内容的应答人数分别是 293 人、282 人和 325 人。调查结果显示两国家长普遍支持孩子使用儿童教育用 App 进行学习,并且认可教育 App 提供的学习内容。但是孩子的学习时间和学习过程,家长们还是会直接予以监督。

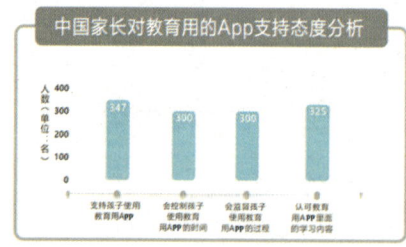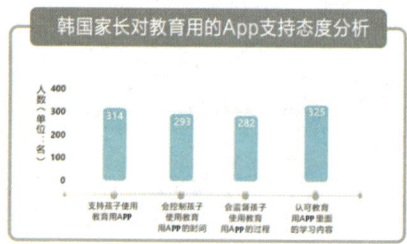

图 5-7　中国和韩国家长的支持态度分析

在家长赞同儿童使用教育用 App 的原因中,中国家长的调查结果赞同原因排名第一的是"学习资源丰富",达到了 302 人。排名第二的是"形象生动的内容能提高孩子的学习兴趣",选择人数为 262 人。韩国家长选择的"形象生动的内容能提高孩子的学习兴趣"人数为最多,达到 273 人。选择"学习资源丰富"、"能培养孩子的信息素质"和"学习场所和时间比较自由"的人数较为平均。

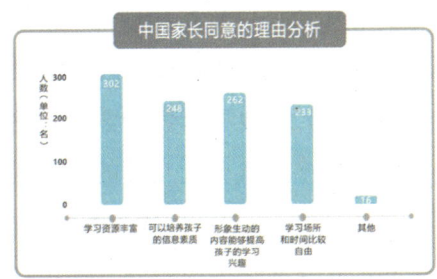
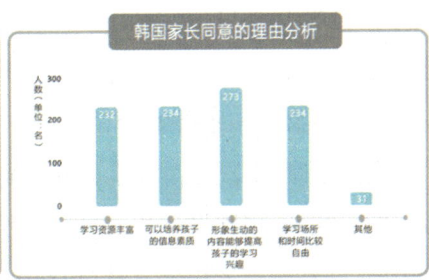

图 5-8 中国和韩国家长赞同孩子使用教育 App 的理由分析

在家长不赞同儿童使用教育用 App 的原因调查结果中,中国和韩国家长的意见基本一致,"影响孩子的视力"同时排名第一,分别是 156 人和 161 人。排名第二的是"会让孩子沉迷于游戏",分别是 107 人和 87 人。这说明两国家长虽然赞同儿童教育 App 提供的便利和丰富的学习内容,但是孩子的视力问题仍然是家长们关注的重点。同时家长对儿童教育 App 中出现的大量会让孩子沉迷的游戏也表示担忧。

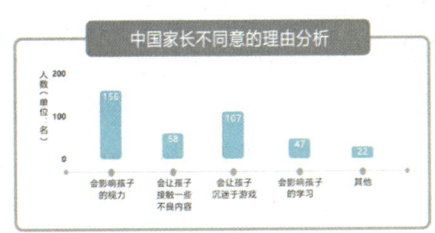
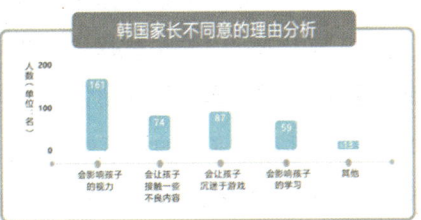

图 5-9 中国和韩国家长不赞同孩子使用教育 App 的理由分析

二、问卷的正态分布检验

为了解应答者对儿童自身特征和交互性叙事相关问题的利用情况,在对本研究实施研究假设验证之前,针对学习者的自身特征和交互性叙事各阶段设计要素的利用形态实施分析。

其中,学习者的特征分为技能水准、感知能力和学习动机共3个变量,对应问题是NQ1、NQ2和NQ3。交互性叙事分3个设计阶段,图形叙述要素分为色彩、图标、文字、动画和界面布局共5个变量,对应问题是NQ4至NQ8。故事文本叙事要素分为故事内容、故事场景、故事角色和学习主题,对应的问题是NQ9至NQ12。用户参与体验叙事要素分为互动的自由度、故事的非线性、规则设计和用户参与程度共4个变量,对应问题是NQ13至NQ16。问卷调查采用李克特(Likert Scales)五分制量表的计分方式,分别是非常赞同、赞同、一般、不赞同、非常不赞同。每个选项对应了5、4、3、2、1不同的分数值。"5"表示非常赞同,"1"表示非常不赞同。

平均值表示样本数据的中心趋势统计量,平均偏差是每个原数据值与平均数之间的均值。平均偏差往往被用于衡量各变量均值的代表性,反映被测量数据的区分程度,其系数越小说明数据越集中,对应的平均值代表性就越高。通过对本研究中共25个变量进行平均值与标准偏差的统计分析,可以分析问卷数据的质量,在总体上把握标本数据的利用形态情况。

不同类型的儿童教育App的变量利用形态分析结果如下。

第一,中国外语类儿童教育App的分析结果显示,学习者的特征中NQ3的均值最高为4.12,说明儿童使用教育用App时会提高个人学习动机。图形叙事设计阶段中NQ5的均值最高为4.24,说明儿童认可教育用App的图标设计。故事文本叙事设计阶段中,均值普遍较低,其中NQ9的均值为2.76,说明故事并没有在儿童学习过程中发挥作用。用户参与体验叙事设计阶段中,NQ14和NQ16均值较高,分别达到4.24和4.25,说明外语类教育用App的奖励制度和在线交流功能在学习者学习过程中发挥了重要影响。在标准差部分,所有测量项的标准差在 0.846~1.272 之间,说明变量服从正态性分布。

韩国外语类儿童教育 App 的分析结果显示,学习者的特征中 NQ1 的均值最高为 4.12,说明儿童使用教育用 App 时更加注重对提高个人技能水平的帮助。图形叙事设计阶段中 NQ5 均值最高,说明儿童认可教育用 App 的图标设计。故事文本叙事设计阶段中,NQ9 的均值最高为 4.35,说明故事在儿童学习过程中发挥重要的影响。用户参与体验叙事设计阶段中,NQ16 均值最高,达到 4.33,说明儿童希望能和朋友在教育用 App 中共同互动。在标准差部分,所有测量项的标准差在 0.887~1.179 之间,说明变量服从正态性分布。

表 5-11 外语类问卷的变量正态分布检验

变量	测量项	中国(n=108)		韩国(n=113)	
		均值(M)	标准偏差	均值(M)	标准偏差
学习者的特征	NQ1	3.94	0.967	4.12	0.973
	NQ2	3.94	0.982	4.05	1.009
	NQ3	4.12	1.003	4.00	0.940
图形叙事设计阶段	NQ4	3.97	1.272	4.05	0.988
	NQ5	4.24	1.024	4.34	1.086
	NQ6	3.87	0.934	3.62	0.948
	NQ7	4.10	0.846	4.15	0.916
	NQ8	4.06	1.172	4.14	1.067
故事文本叙事设计阶段	NQ9	2.76	1.246	4.35	0.980
	NQ10	4.15	0.876	4.18	1.005
	NQ11	2.82	1.203	4.00	0.909
	NQ12	3.95	0.901	4.04	0.979
用户参与体验叙事设计阶段	NQ13	4.00	0.932	3.84	1.179
	NQ14	4.24	0.883	4.09	0.971
	NQ15	3.54	0.998	3.94	1.031
	NQ16	4.25	0.866	4.33	0.887

第二,中国母语类儿童教育 App 的分析结果显示,学习者的特征中 NQ1 的均值为 4.36,说明儿童使用教育用 App 时更加注重对提高个人技能水平的帮助。图形叙事设计阶段中 NQ7 和 NQ8 均值最高为 4.16,说明儿童认可教育用 App 中动画和界面布局的设计。故事文本叙事设计阶段中, NQ9 和 NQ10 的均值较高,说明故事及故事角色在儿童学习过程中发挥重要的影响。用户参与体验叙事设计阶段中,NQ16 均值最高,达到 4.31,说明儿童对教育用 App 能和小伙伴一起互动感到满足。在标准差检验部分,所有测量项的标准差在 0.882~1.137 之间波动,说明变量服从正态性分布。

韩国母语类儿童教育 App 的分析结果显示,学习者的特征中 NQ1 的均值最高为 4.23,说明韩国儿童使用教育用 App 时更加注重个人技能水平的帮助。图形叙事设计阶段中 NQ7 均值最高为 4.15,说明儿童认可教育用 App 的动画设计。故事文本叙事设计阶段中,NQ12 的均值最高为 4.28,说明儿童在学习过程中对具有特色的学习主题认可度较高。用户参与体验叙事设计阶段中,NQ13 均值最高达到 4.28,说明儿童认可学习中的互动行为体验。所有测量项的标准差在 0.781~1.185 之间,说明变量服从正态性分布。

表 5-12 母语类问卷的变量正态分布检验

变量	测量项	中国(n=110)		韩国(n=105)	
		均值(M)	标准偏差	均值(M)	标准偏差
学习者的特征	NQ1	4.36	0.960	4.23	1.028
	NQ2	4.06	0.983	4.00	0.892
	NQ3	3.87	0.984	4.00	0.955
图形叙事设计阶段	NQ4	4.09	1.048	3.87	0.903
	NQ5	4.09	0.882	3.69	0.886
	NQ6	3.89	0.914	3.98	0.917
	NQ7	4.16	1.055	4.15	1.005
	NQ8	4.16	1.059	3.86	0.987

(续表)

故事文本叙事设计阶段	NQ9	4.33	1.049	2.83	0.946
	NQ10	4.31	1.137	3.98	0.967
	NQ11	4.05	0.967	3.14	0.936
	NQ12	4.02	1.013	4.28	0.915
用户参与体验叙事设计阶段	NQ13	3.97	0.941	4.28	0.781
	NQ14	4.23	0.971	4.05	1.044
	NQ15	4.05	1.023	3.62	1.185
	NQ16	4.31	0.936	4.18	0.907

第三，中国数学类儿童教育App的各变量利用形态分析结果显示，学习者的特征中NQ3的均值最高为4.19，说明学习动机对中国儿童使用儿童教育App产生积极影响。图形叙事设计阶段中NQ5均值最高为4.19，说明儿童认可教育用App的图标设计。故事文本叙事设计阶段中，NQ9均值最高为4.38，说明故事内容在儿童学习过程中产生了重要的影响。用户参与体验叙事设计阶段中，NQ16均值最高，达到4.27，说明儿童对教育用App能和小伙伴一起互动感到满足。标准差部分，所有测量项的标准差在0.864~1.113之间波动，说明变量服从正态性分布。

韩国数学类儿童教育App的各变量利用形态分析结果显示，学习者的特征中NQ3的均值最高为4.36，说明学习动机对韩国儿童使用儿童教育App产生积极影响。图形叙事设计阶段中NQ8均值最高为4.13，说明儿童认可教育用App的布局设计。故事文本叙事设计阶段中，NQ9的均值最高为4.21，说明儿童在学习过程中对App出现的故事内容认可度较高。用户参与体验叙事设计阶段中，NQ14均值最高，达到4.20，说明儿童喜欢在学习过程中获得的相应奖励。在标准差部分，所有测量项的标准差在0.788~1.193之间波动，说明变量服从正态性分布。

表 5-13　数学类问卷的变量正态分布检验

变量	测量项	中国(n=113)		韩国(n=107)	
		均值(M)	标准偏差	均值(M)	标准偏差
学习者的特征	NQ1	4.08	1.058	4.02	0.878
	NQ2	3.96	1.041	4.01	0.955
	NQ3	4.19	0.978	4.36	0.915
图形叙事设计阶段	NQ4	4.00	1.036	3.89	0.951
	NQ5	4.19	0.950	3.98	0.880
	NQ6	4.06	0.940	3.78	0.984
	NQ7	4.04	1.113	4.01	0.888
	NQ8	4.04	0.893	4.13	0.888
故事文本叙事设计阶段	NQ9	4.38	0.998	4.21	0.788
	NQ10	4.18	1.045	3.93	0.993
	NQ11	4.03	0.864	4.08	1.148
	NQ12	4.04	1.027	3.90	1.193
用户参与体验叙事设计阶段	NQ13	4.11	0.972	3.99	0.966
	NQ14	4.05	1.001	4.20	0.917
	NQ15	4.02	1.045	3.96	0.923
	NQ16	4.27	0.989	4.00	0.968

第四,中国认知类儿童教育 App 的各变量利用形态分析结果显示,学习者的特征中 NQ1 的均值最高为 4.17,说明技能水平对中国儿童使用儿童教育 App 产生积极影响。图形叙事设计阶段中 NQ8 均值最高为 4.22,说明儿童认可教育用 App 中的界面布局设计。故事文本叙事设计阶段中,NQ9 均值最高为 4.28,说明故事内容在儿童学习过程中产生重要的影响。用户参与体验叙事设计阶段中,NQ16 均值最高,达到 4.32,说明儿童对教育用 App 能和小伙伴一起互动感到满足。在标准差部分,所有测量项的标准差在 0.830~1.157 之间波动,说明变量服从正态性分布。

韩国认知类儿童教育 App 的各变量利用形态分析结果显示,学习者的特征中 NQ1 的均值最高为 4.22,说明技能水平对韩国儿童使用儿童教育 App 产生积极影响。图形叙事设计阶段中 NQ5 均值最高为 4.25,说明儿童认可教育用 App 的图标设计。故事文本叙事设计阶段中,NQ9 的均值最高为 4.26,说明儿童在学习过程中对 App 中出现的故事内容认可度较高。用户参与体验叙事设计阶段中,NQ14 均值最高,达到 4.10,说明儿童喜欢在学习过程中获得相应奖励。在标准差部分,所有测量项的标准差在 0.899~1.064 之间波动,说明变量服从正态性分布。

表 5-14 认知类问卷的变量正态分布检验

变量	测量项	中国(n=112)		韩国(n=109)	
		均值(M)	标准偏差	均值(M)	标准偏差
学习者的特征	NQ1	4.17	0.876	4.22	1.058
	NQ2	4.10	1.012	4.12	1.056
	NQ3	3.81	1.157	4.15	1.050
图形叙事设计阶段	NQ4	3.86	1.095	4.06	1.030
	NQ5	4.13	0.975	4.25	0.921
	NQ6	3.74	1.043	4.05	0.943
	NQ7	3.89	1.151	4.03	0.899
	NQ8	4.22	0.897	4.18	0.995
故事文本叙事设计阶段	NQ9	4.28	0.956	4.26	1.064
	NQ10	3.34	1.098	4.06	1.002
	NQ11	4.04	1.114	3.85	1.006
	NQ12	3.87	1.119	4.16	1.037
用户参与体验叙事设计阶段	NQ13	3.71	1.095	4.05	1.036
	NQ14	4.26	0.833	4.10	1.012
	NQ15	4.04	0.968	3.87	1.024
	NQ16	4.32	0.830	4.08	1.041

三、信度分析

信度(Reliability)是指测量结果的一致性(Consistency)或稳定性(Stability),也就是研究者对于相同的或相似的现象进行不同层次的测量时,获得结果的一致性和可靠性程度。测量数据包括实际数据与误差数据两部分。信度越高表示误差数据越低,同时表明获得的测量数据值不会因环境或时间的改变而发生变化并具有稳定性。目前最常用的检验方法是克朗巴哈系数(Cronbach's Alpha)。信度系数越高,表明问卷的数据越具有可靠性。

系数大小表明了问卷中各变量之间的相关程度,系数值越大表示问卷信度越高。吉尔福德(Gilford)认为,值大于0.70时,属于高信度。当值在0.35~0.70之间,表示信度一般。当值小于0.35时,表示为低信度。[1]努纳利(Nunnally)等人认为,系数值在0.60~0.65之间,最好不要使用;值如果在0.65~0.75之间是最小可接收值。值在0.75~0.85之间相当好,可以采用。[2] 因此,本研究的信任度标准设定为≥0.85。

不同类型的儿童教育App的问卷调查信度分析结果如下所示。

表 5-15 外语类问卷的信度分析

变量	测量项目数	Cronbach's Alpha	
		中国	韩国
学习者的特征	3	0.895	0.890
图形叙事设计阶段	5	0.929	0.929
故事文本叙事设计阶段	4	0.890	0.909
用户参与体验叙事设计阶段	4	0.907	0.918
学习沉浸体验	19	0.917	0.930
综合统计	35	0.928	0.939

---

[1] J P Gilford. *Psychometric Methods 2*[M]. New York: McGraw Hill, 1954: 13.
[2] J C Nunnally, L H Bernstein. *Psychometric Theory*[M]. New York: McGraw Hill, 1994: 73.

表 5-16　母语类问卷的信度分析

变量	测量项目数	Cronbach's Alpha	
		中国	韩国
学习者的特征	3	0.892	0.907
图形叙事设计阶段	5	0.933	0.932
故事文本叙事设计阶段	4	0.929	0.899
用户参与体验叙事设计阶段	4	0.919	0.898
学习沉浸体验	19	0.921	0.909
综合统计	35	0.910	0.938

表 5-17　数学类问卷的信度分析

变量	测量项目数	Cronbach's Alpha	
		中国	韩国
学习者的特征	3	0.904	0.863
图形叙事设计阶段	5	0.924	0.922
故事文本叙事设计阶段	4	0.919	0.879
用户参与体验叙事设计阶段	4	0.917	0.905
学习沉浸体验	19	0.881	0.908
综合统计	35	0.910	0.927

表 5-18　认知类问卷的信度分析

变量	测量项目数	Cronbach's Alpha	
		中国	韩国
学习者的特征	3	0.861	0.893
图形叙事设计阶段	5	0.881	0.936
故事文本叙事设计阶段	4	0.866	0.923
用户参与体验叙事设计阶段	4	0.871	0.920
学习沉浸体验	19	0.914	0.862
综合统计	35	0.884	0.890

4种类型的儿童教育App问卷调查信度检验结果显示,学习者的特征、图形叙事设计阶段、故事文本叙事设计阶段、用户参与体验叙事设计阶段和学习沉浸体验的Cronbach's Alpha系数均大于0.85,满足信任度预期标准。因此,各问卷调查的测量项都具有较高的可靠性。

四、效度分析

效度(Validity)即有效性,是指测量工具或测量手段能够准确测量出数据的程度。本研究采用SPSS24.0进行效度分析,分析方法采用主成分分析法(Principle Component Analysis),对变量采用巴特莱球性检验(Bartlett's Test of Sphericity)和KMO检验分析(Kaiser Meyer Olkin Measure of Sampling Adequacy)。

巴特莱球性检验是一种检查问卷数据中各变量是否相关的统计检验方法。巴特莱球性检验对样本数据的大小很敏感,即使各变量的相关性很低,但样本数据数量很大时,巴特莱球性检验仍然可以统计出显著性结果。

KMO检验分析是用来检验变量是否适合进行假设验证的指标。KMO数值的变化范围为0~1。KMO值越接近1时,越适合做假设验证分析;KMO值过小时,则不适合做假设验证分析。一般认为,KMO值在0.90以上非常适合,KMO值介于0.80到0.90之间,则较为适合做假设验证分析。[①]

按照儿童教育App类型的中国和韩国的问卷调查效度分析结果如下。

中国外语类儿童教育App中,问卷整体的效度检验结果显示KMO=0.913,大于0.8。巴特莱球形度检验值是4217.177(df=595),其中数据显著性sig=0.000,小于0.001。韩国外语类儿童教育App问卷调查中,效度检验结果显示KMO=0.904,大于0.8。巴特莱球形度检验值是4594.268(df=595),统计数据的显著性sig=0.000,小于0.001,表明研究数据之间具有很高的相关性。

---

① 魏婷.教育游戏参与者行为意向影响因素模型与实证研究[D].南京:南京师范大学,2011.

表 5-19　外语类问卷的效度分析

类型	KMO	Bartlett's Test of Sphericity		
		Chi-Square Test	df	Sig.
中国	0.913	4217.177	595	0.000
韩国	0.904	4594.268	595	0.000

中国母语类儿童教育 App 问卷的效度检验结果显示,KMO=0.914,大于 0.8,巴特莱球形度检验值是 4654.513(df=595),统计值显著性 sig=0.000,小于 0.001。韩国母语类儿童教育 App 的问卷整体进行效度检验,结果显示 KMO=0.923,大于 0.8。巴特莱球形度检验值是 3674.074(df=496),数据显著性 sig=0.000,表明研究数据具有很高的相关性。

表 5-20　母语类问卷的效度分析

类型	KMO	Bartlett's Test of Sphericity		
		Chi-Square Test	df	Sig.
中国	0.914	4654.513	595	0.000
韩国	0.923	3674.074	496	0.000

中国数学类儿童教育 App 的问卷调查效度检验结果中,KMO=0.876,大于 0.8。巴特莱球形度检验值是 4690.808(df=595),数据显著性 sig=0.000,小于 0.001。韩国数学类儿童教育 App 的问卷整体的效度检验结果显示,KMO=0.893,大于 0.8。巴特莱球形度检验值是 4093.349(df=595),数据显著性 sig=0.000,小于 0.001。表明研究数据具有很高的相关性。

表 5-21 数学类问卷的效度分析

类型	KMO	Bartlett's Test of Sphericity		
		Chi-Square Test	df	Sig.
中国	0.876	4690.808	595	0.000
韩国	0.893	4093.349	595	0.000

中国认知类儿童教育 App 的问卷调查效度检验 KMO＝0.971,大于 0.8。巴特莱球形度检验值是 3759.962(df＝595),数据显著性 sig＝0.000,小于 0.001。韩国认知类儿童教育 App 的问卷整体的效度检验 KMO＝0.977,大于 0.8。巴特莱球形度检验值是 4626.118(df＝595),数据显著性 sig＝0.000,小于 0.001,表明研究数据具有很高的相关性。

表 5-22 认知类问卷的效度分析

类型	KMO	Bartlett's Test of Sphericity		
		Chi-Square Test	df	Sig.
中国	0.971	3759.962	595	0.000
韩国	0.977	4626.118	595	0.000

对儿童教育 App 的问卷调查其他相关变量也进行了效度检验,KMO 值均大于 0.8,说明儿童教育 App 的中国和韩国问卷的测量项基本通过效度检验。

第二节 假设验证的分析结果

本研究在第五章提出了基于交互性叙事,学习者使用儿童教育 App 产生学习沉浸体验的研究模型。研究模型中各变量分别是学习者的特征、图形叙事设计阶段、故事文本叙事设计阶段、用户参与体验叙事设计阶段和学习沉浸体验,并依据各变量之间的影响关系提出了研究问题和假设。

通过前文对中国和韩国有效问卷中数据的信度和效度分析,验证了标本数据的真实可靠性。因此,本研究将依靠 SPSS 统计学分析程序的特性,继续对外语、母语、数学和认知 4 种类型的中国和韩国的问卷调查数据进行假设验证分析。

在研究假设的验证分析阶段,利用多重回归分析(Multiple Regression Analysis)方法,对中国和韩国不同类型的数据进行独立标本 T-Test 和显著度分析,并且对提出的 5 个研究假设进行验证。期待发现不同类型的儿童教育 App 的差异性。

不同儿童教育 App 类型的假设验证分析结果如下。

一、外语类教育用 App 的分析结果

外语类儿童教育 App 分别是中国的叽里呱啦英语和叮咚课堂,韩国的 Talking Pets 和 Woo A Young。外语类儿童教育 App 的假设验证分析结果如下。

假设 1. 儿童教育 App 中学习者的特征会对学习沉浸体验的前提阶段 1 产生积极的影响。

为了验证学习者的特征中技能水准(NQ1)、感知能力(NQ2)和学习动机(NQ3)能否对学习沉浸体验前提阶段 1 中的控制感(FQ1,FQ2)和挑战与技术的均衡(FQ3,FQ4)产生积极的影响,从而实施了回归分析。回归分析结果如表 5-23 所示。

中国验证结果显示,控制感的 F 值分别是 FQ1＝46.604 和 FQ2＝66.110。挑战与技术的均衡的 F 值分别是 FQ3＝55.098 和 FQ4＝64.826。模型的 $Adj. R^2$ 的解释度分别为 56.1%、64.6%、60.3% 和 64.2%。韩国验证结果显示,控制感的 F 值分别是 FQ1＝55.747 和 FQ2＝53.123。挑战与技术的均衡的 F 值分别是 FQ3＝80.576 和 FQ4＝59.414。模型的 $Adj. R^2$ 的解释度分别为 59.5%、58.3%、68.1% 和 61%。其中,p 均值小于 0.01。

本研究对外语类儿童教育 App 问卷调查中,各变量之间回归系数显著度也进行了验证。结果表明中国和韩国的学习者特征对学习沉浸体验的前

提阶段1均产生了积极的影响。因此得出验证结果,外语类儿童教育 App 的学习者的特征越突出,对控制感和挑战与技术的均衡所产生的影响就越强。

表 5-23　外语类教育用 App 的假设 1 回归分析结果

测量项	中国				韩国			
	FQ1	FQ2	FQ3	FQ4	FQ1	FQ2	FQ3	FQ4
(常数)	0.414**	0.295*	0.458***	0.320*	0.433***	0.466*	0.478*	0.203
	(2.361)	(1.834)	(2.843)	(2.020)	(2.505)	(2.797)	(2.477)	(1.145)
NQ1	0.406*	0.340***	0.232*	0.406***	0.219	0.340***	0.478***	0.111
	(3.858)	(3.528)	(2.397)	(4.266)	(2.258)	(3.647)	(5.257)	(1.118)
NQ2	0.091	0.260***	0.249*	0.209	0.353***	0.184	0.281***	0.327***
	(0.853)	(2.668)	(2.543)	(2.178)	(3.824)	(2.068)	(3.241)	(3.451)
NQ3	0.313***	0.292	0.334***	0.255***	0.274***	0.274***	0.194	0.452***
	(3.172)	(3.224)	(3.678)	(2.852)	(2.746)	(2.852)	(2.063)	(4.412)
Adj. R^2	0.561	0.646	0.603	0.642	0.595	0.583	0.681	0.610
F 值	46.604***	66.110***	55.098***	64.826***	55.747***	53.123***	80.576***	59.414***

注:1) *p<0.10,** p<0.05,*** p<0.01;2) 括号内为 t 值

假设 2. 儿童教育 App 中图形叙事设计阶段会对学习沉浸体验的前提阶段 2 产生积极的影响。

为了验证图形叙事设计阶段中色彩(NQ4)、图标(NQ5)、文字(NQ6)、动画(NQ7)和界面布局(NQ8)能否对学习沉浸体验前提阶段 2 中的易用性(FQ5,FQ6)和即时的反馈(FQ7,FQ8)产生积极的影响,从而实施了回归分析。分析结果如表 5-24 所示。

中国验证结果显示,易用性的 F 值分别是 FQ5=39.175 和 FQ6=35.728。具体的反馈的 F 值分别是 FQ7=40.448 和 FQ8=44.430。p 值均小于 0.01。模型的 Adj. R^2 的解释度分别为 64.1%、61.9%、64.8% 和 67%。韩国验证结果显示,易用性的 F 值分别是 FQ5=47.780 和 FQ6=63.650。具体反馈的 F 值分别是 FQ7=64.192 和 FQ8=36.510。模型的 Adj. R^2 的解释度分别为 67.6%、73.7%、73.8% 和 61.3%。

对各变量之间回归系数的显著度进行了验证,结果表明韩国外语类儿童教育 App 中文字(NQ6)对易用性和即时的反馈产生负影响,说明文字设计会反向影响儿童的学习。其余图形叙事设计阶段的变量对学习沉浸体验的前提阶段2均产生了积极的影响。因此得出验证结果,韩国外语类儿童教育 App 中图形叙事设计阶段对易用性和即时的反馈产生部分影响。

中国的验证结果表明图形叙事设计阶段的各变量对学习沉浸体验的前提阶段2均产生积极的影响。因此得出验证结果,中国的外语类儿童教育 App 的图形叙事设计的越出色,对易用性和即时的反馈所产生的影响就越强。

表 5-24 外语类教育用 App 的假设 2 回归分析结果

测量项	中国				韩国			
	FQ5	FQ6	FQ7	FQ8	FQ5	FQ6	FQ7	FQ8
(常数)	0.349**	0.273***	0.339***	0.269**	0.287*	0.131	0.311*	0.437**
	(2.278)	(2.987)	(2.508)	(2.413)	(1.787)	(0.108)	(2.074)	(2.621)
NQ4	0.223**	0.254**	0.272***	0.173*	0.174	0.324***	0.198*	0.186
	(2.252)	(1.567)	(3.102)	(1.857)	(1.744)	(3.533)	(2.185)	(1.792)
NQ5	0.257***	0.236***	0.089	0.196**	0.190*	0.219***	0.271***	0.087
	(2.501)	(1.355)	(0.964)	(2.004)	(2.122)	(3.642)	(3.321)	(0.940)
NQ6	0.083	0.486***	0.218***	0.232**	0.199	−0.087	−0.118*	0.173
	(0.799)	(4.771)	(2.928)	(2.342)	(2.211)	(−1.062)	(−1.461)	(1.843)
NQ7	0.414***	0.209	0.244**	0.346***	0.047	0.236**	0.269***	0.222**
	(3.837)	(2.033)	(2.524)	(3.928)	(0.492)	(2.700)	(3.123)	(2.240)
NQ8	0.364***	0.267***	0.237	0.210	0.275***	0.278***	0.122	0.171*
	(3.900)	(2.951)	(1.387)	(2.081)	(2.753)	(3.031)	(1.345)	(1.642)
Adj. R^2	0.641	0.619	0.648	0.670	0.676	0.737	0.738	0.613
F 值	39.175***	35.728***	40.448***	44.430***	47.780***	63.650***	64.192***	36.510***

注:1) *p<0.10,**p<0.05,***p<0.01;2)括号内为 t 值

假设 3. 儿童教育 App 中故事文本叙事设计阶段会对学习沉浸体验的前提阶段 3 产生积极的影响。

为了验证故事文本叙事设计阶段中故事内容(NQ9)、故事场景(NQ10)、故事角色(NQ11)和学习主题(NQ12)是否对学习沉浸体验前提阶

段 3 中的明确的目标(FQ9,FQ10)和注意力集中(FQ11,FQ12)产生积极的影响,从而实施了回归分析法。回归分析结果如下。

中国的验证结果显示,明确的目标的 F 值分别是 FQ9=41.687 和 FQ10=46.634。注意力集中的 F 值分别是 FQ11=39.970 和 FQ12=35.978。p 值均小于 0.01。模型的 Adj. R^2 的解释度分别为 60.3%、63%、59.3% 和 56.7%。韩国的验证结果显示,明确的目标的 F 值分别是 FQ9=38.085 和 FQ10=58.517。注意力集中的 F 值分别是 FQ11=47.857 和 FQ12=40.808。模型的 Adj. R^2 的解释度分别为 57%、67.3%、62.6% 和 58.7%。

对各变量之间的回归系数的显著度进行了验证,结果表明中国分析结果中,故事角色(NQ10)和学习主题(NQ12)可以对明确的目标和专注力产生积极的影响,但是故事内容(NQ9)和故事场面(NQ11)对明确的目标和专注力没有产生影响。因此得出验证结果,中国的外语类儿童教育 App 的故事文本叙事设计阶段对学习沉浸体验的前提阶段 3 产生部分影响。

韩国的故事文本叙事设计阶段的各变量对学习沉浸体验的前提阶段 3 均产生了积极的影响。因此得出验证结果,如果韩国的外语类儿童教育 App 采用了出色的故事要素的话,对学习者学习过程中所产生的明确的目标和学习专注力的影响就越强。

表 5-25　外语类教育用 App 的假设 3 回归分析结果

测量项	中国				韩国			
	FQ9	FQ10	FQ11	FQ12	FQ9	FQ10	FQ11	FQ12
(常数)	0.292*	0.172	0.432**	0.388**	0.455**	0.342***	0.212***	0.189***
	(1.772)	(1.064)	(2.637)	(2.170)	(2.620)	(3.863)	(3.208)	(3.035)
NQ9	0.063	0.030	0.011	0.064	0.310***	0.165*	0.193*	0.179*
	(0.653)	(1.761)	(0.122)	(0.594)	(3.110)	(1.740)	(1.913)	(1.713)
NQ10	0.258***	0.209***	0.314***	0.239***	0.129	0.265***	0.207*	0.195*
	(3.231)	(2.676)	(3.952)	(2.758)	(1.386)	(3.000)	(2.212)	(1.997)
NQ11	0.019	0.078	0.144	0.292	0.206*	0.270***	0.277***	0.323***
	(1.546)	(1.292)	(2.853)	(0.126)	(1.999)	(2.761)	(2.661)	(2.986)

(续表)

NQ12	0.220**	0.171*	0.153	0.252**	0.176	0.272***	0.259**	0.203
	(2.232)	(1.792)	(1.578)	(2.379)	(1.780)	(2.891)	(2.590)	(1.957)
Adj. R^2	0.603	0.630	0.593	0.567	0.570	0.673	0.626	0.587
F值	41.687***	46.634***	39.970***	35.978***	38.085***	58.517***	47.857***	40.808***

注：1) $*p<0.10$, $**p<0.05$, $***p<0.01$；2) 括号内为 t 值

假设 4. 儿童教育 App 中用户参与体验叙事设计阶段会对学习沉浸体验的体验阶段产生积极的影响。

为了验证用户参与体验叙事设计阶段中互动的自由度（NQ13）、规则设计（NQ14）、故事的非线性（NQ15）和用户参与程度（NQ16）能否对学习沉浸体验的体验阶段的自我意识的消失（FQ13，FQ14）和扭曲的时间感（FQ15，FQ16）产生积极的影响，从而实施了回归分析法。

中国的验证结果显示，自我意识的消失的 F 值分别是 FQ13=55.730 和 FQ14=41.923。扭曲的时间感的 F 值分别是 FQ15=47.182 和 FQ16=42.841。p 值均小于 0.01。模型的 Adj. R^2 的解释度分别为 62.6%、69.5%、63.3%和 61%。韩国的验证结果显示，自我意识的消失的 F 值分别是 FQ13=44.825 和 FQ14=55.126。扭曲的时间感的 F 值分别是 FQ15=59.835 和 FQ16=47.824。模型的 Adj. R^2 的解释度分别为 61%、65.9%、67.8%和 62.6%。

对各变量之间的回归系数的显著度进行了验证，中国系数分析结果表明，故事的非线性（NQ15）没有对自我意识的消失和扭曲的时间感产生影响，但是该阶段的其余变量对学习沉浸体验的体验阶段均产生了积极的影响。因此得出验证结果，中国的外语类儿童教育 App 的用户体验设计叙事设计阶段对自我意识的消失和扭曲的时间感产生部分影响。

韩国分析结果表明用户参与体验叙事设计阶段的各变量对学习沉浸体验的体验阶段产生了积极的影响。因此得出验证结果，如果韩国的外语类儿童教育 App 的用户体验设计叙事阶段设计得越出色的话，越会使学习者在学习过程中产生自我意识的消失和扭曲的时间感。

表 5-26 外语类教育用 App 的假设 4 回归分析结果

测量项	中国				韩国			
	FQ13	FQ14	FQ15	FQ16	FQ13	FQ14	FQ15	FQ16
(常数)	0.353***	0.019	0.218*	0.362**	0.376**	0.343***	0.356***	0.375**
	(3.854)	(0.120)	(1.717)	(2.170)	(2.207)	(3.839)	(3.640)	(2.368)
NQ13	0.424***	0.399***	0.385***	0.285***	0.278***	0.226	0.291***	0.102
	(4.033)	(4.196)	(3.978)	(2.910)	(2.879)	(2.334)	(3.280)	(1.135)
NQ14	0.304***	0.257**	0.255**	0.363***	0.305***	0.234**	0.213**	0.278***
	(1.909)	(1.625)	(1.576)	(3.647)	(2.915)	(2.238)	(2.216)	(2.858)
NQ15	0.188	0.115	0.030	0.093	0.206**	0.274***	0.175	0.293***
	(1.983)	(1.267)	(1.183)	(1.045)	(2.125)	(2.826)	(1.969)	(3.250)
NQ16	0.307***	0.246**	0.216	0.312***	0.086	0.233**	0.247**	0.156
	(2.968)	(2.638)	(2.275)	(3.247)	(0.824)	(2.235)	(2.591)	(1.618)
Adj. R^2	0.626	0.695	0.633	0.610	0.610	0.659	0.678	0.626
F 值	55.730***	41.923***	47.182***	42.841***	44.825***	55.126***	59.835***	47.824***

注:1) * $p<0.10$,** $p<0.05$,*** $p<0.01$;2) 括号内为 t 值

假设 5. 基于交互性叙事,学习者通过使用儿童教育 App 会对学习沉浸体验的影响阶段产生积极的影响。

为了验证学习者通过交互性叙事中的要素能否对学习沉浸体验影响阶段产生积极的影响,从而实施了回归分析。回归分析结果如下。

自我目的的实现分为 FQ17 学习的愉悦性、FQ18 学习能力的提高和 FQ19 学习态度的转变三个测定标准。中国调查结果显示学习的愉悦性的 FQ17=135.525,学习能力的提高 FQ18=171.774,学习态度的转变 FQ19=122.922。模型的 Adj. R^2 的解释度分别为 67.9%、70.9% 和 59.9%。韩国调查结果显示,学习的愉悦性 FQ17=148.167,学习能力的提高 FQ18=178.008,学习态度的转变 FQ19=169.527。模型的 Adj. R^2 的解释度分别为 72.4%、72.4% 和 68.9%。p 值均小于 0.01。

对各变量之间的回归系数的显著度进行了验证。中国的变量系数显示,故事内容(NQ9)和故事场景(NQ11)显示没有对自我目的的实现产生影响。故事角色(NQ10)对学习能力的提高没有产生影响。互动的自由度

(NQ13)则对学习态度的转变显示影响为负数。其他变量均显示对学习沉浸体验中的自我目的的实现有正向影响。因此得出结论,基于交互性叙事,中国学习者通过使用外语类儿童教育 App 会对学习沉浸体验的影响阶段产生部分影响。

韩国的各变量均显示对学习沉浸体验中的自我目的的实现有正向影响。因此得出结论,基于交互性叙事,韩国学习者通过使用外语类儿童教育 App 会对学习沉浸体验的影响阶段产生积极的影响,从而产生学习的愉悦性、学习能力的提高和学习态度的转变。

表 5-27　外语类教育用 App 的假设 5 回归分析结果

测量项	中国			韩国		
	FQ17	FQ18	FQ19	FQ17	FQ18	FQ19
(常数)	0.363 * * *	0.356 * * *	0.157	0.248 * *	0.326 * * *	0.109
	(2.880)	(3.338)	(1.799)	(2.431)	(3.437)	(1.053)
NQ1	0.360 * * *	0.236 * *	0.331 * * *	0.243 * *	0.336 * * *	0.108
	(3.545)	(2.059)	(2.017)	(2.450)	(2.380)	(1.975)
NQ2	0.215 * *	0.312 * * *	0.219 * *	0.262	0.373 * * *	0.205 * *
	(2.125)	(3.121)	(2.004)	(1.658)	(3.854)	(2.028)
NQ3	0.319 * *	0.390 * * *	0.237 * *	0.102	0.215 * *	0.222 * *
	(3.089)	(2.873)	(0.305)	(1.924)	(2.177)	(2.158)
NQ4	0.317 * *	0.228 * *	0.287 * *	0.125 *	0.204 * *	0.357 * * *
	(3.171)	(2.331)	(2.466)	(1.843)	(1.027)	(1.435)
NQ5	0.286 * * *	0.204 * * *	0.350 * * *	0.234 * *	0.336 * *	0.211
	(2.808)	(3.036)	(2.399)	(2.359)	(2.428)	(2.087)
NQ6	0.219 * * *	0.350 * * *	0.115 * *	0.186 *	0.186	0.223 * *
	(2.088)	(2.472)	(1.915)	(1.924)	(2.902)	(2.220)
NQ7	0.238 * *	0.163	0.189 * *	0.238 * *	0.212 * *	0.195 * *
	(2.189)	(1.514)	(2.694)	(1.396)	(2.123)	(1.918)
NQ8	0.369 * * *	0.121 * *	0.377 * * *	0.126	0.175	0.233 * *
	(3.667)	(2.189)	(3.639)	(1.193)	(1.681)	(1.288)
NQ9	0.131	0.186 *	0.165	0.206 * *	0.277 *	0.214 * *
	(1.186)	(2.013)	(1.278)	(2.125)	(1.788)	(2.136)

(续表)

NQ10	0.148	0.011	0.204**	0.203**	0.310**	0.360***
	(1.922)	(0.105)	(2.397)	(1.051)	(2.100)	(3.570)
NQ11	0.190	0.137	0.050	0.201**	0.216**	0.304**
	(2.001)	(1.454)	(0.451)	(1.996)	(2.168)	(2.960)
NQ12	0.351***	0.243***	0.338***	0.135	0.206**	0.389***
	(3.437)	(2.028)	(3.123)	(2.495)	(2.162)	(2.919)
NQ13	0.380	0.199	−0.148*	0.061	0.280**	0.195
	(2.750)	(1.943)	(−1.183)	(0.644)	(3.391)	(1.944)
NQ14	0.153**	0.183*	0.384***	0.222**	0.302***	0.148*
	(2.530)	(1.947)	(3.562)	(2.207)	(3.018)	(1.941)
NQ15	0.150*	0.119	0.184*	0.205**	0.351**	0.109*
	(1.897)	(1.187)	(2.050)	(2.126)	(3.648)	(2.098)
NQ16	0.391**	0.174*	0.153	0.246**	0.116	0.385*
	(2.862)	(2.675)	(2.432)	(2.410)	(0.124)	(2.763)
Adj. R^2	0.679	0.709	0.599	0.724	0.724	0.689
F 值	135.525***	171.774***	122.922***	148.167***	178.008***	169.527***

注:1) * $p<0.10$,** $p<0.05$,*** $p<0.01$;2) 括号内为 t 值

通过对外语类儿童教育 App 中,中国的叽里呱啦英语和叮咚课堂,韩国 Talking Pets 和 Woo A Young 的问卷调查,分析基于交互性叙事,学习者通过使用儿童教育 App 能否对学习沉浸体验形成积极影响。假设验证分析结果显示中国的调查结果中,假设 3、假设 4 和假设 5 是部分支持,假设 1 和假设 2 中学习者的特征和图形叙事设计阶段要素均对学习沉浸体验产生了积极的影响。韩国的分析结果中假设 2 是部分支持,其余的假设结果全部呈支持态度。

外语类儿童教育 App 的问卷调查验证结果如下所示。

表 5-28 外语类教育用 App 的假设验证结果

研究假设	支持程度	
	中国	韩国
假设 1. 儿童教育 App 中学习者的特征会对学习沉浸体验的前提阶段 1 产生积极的影响。	支持	支持

(续表)

假设2.儿童教育App中图形叙事设计阶段会对学习沉浸体验的前提阶段2产生积极的影响。	支持	部分支持
假设3.儿童教育App中故事文本叙事设计阶段会对学习沉浸体验的前提阶段3产生积极的影响。	部分支持	支持
假设4.儿童教育App中用户参与体验叙事设计阶段会对学习沉浸体验的体验阶段产生积极的影响。	部分支持	支持
假设5.基于交互性叙事,学习者通过使用儿童教育App会对学习沉浸体验的影响阶段产生积极的影响。	部分支持	支持

二、母语类教育用App的分析结果

母语类儿童教育App的调查案例分为中国的洪恩识字和悟空识字,韩国的韩文的故事和珍贵的韩文。母语类儿童教育App的假设验证分析结果如下。

假设1.儿童教育App中学习者的特征会对学习沉浸体验的前提阶段1产生积极的影响。

为了验证学习者的特征中技能水准(NQ1)、感知能力(NQ2)和内在动机(NQ3)能否对学习沉浸体验前提阶段1中的控制感(FQ1,FQ2)和挑战与技术的均衡(FQ3,FQ4)产生积极的影响,从而实施了回归分析。回归分析结果如下。

回归模型的验证结果中,中国验证结果显示,控制感F值分别是FQ1=79.684和FQ2=83.561。挑战与技术的均衡的F值分别是FQ3=70.882和FQ4=67.500。p值均小于0.01。模型的Adj. R^2 的解释度分别为68.4%、69.4%、65.8%和64.7%。韩国的控制感F值分别是FQ1=47.868和FQ2=66.481。挑战与技术的均衡的F值分别是FQ3=60.686和FQ4=43.558。模型的Adj. R^2 的解释度分别为57.5%、65.4%、63.3%和55.1%。

对母语类儿童教育App问卷调查中各变量之间的回归系数的显著度进

行验证,结果表明中国和韩国的学习者特征的各变量,均对学习沉浸体验的前提阶段1产生了积极的影响。因此得出验证结果,母语类儿童教育App的学习者自身特征越突出,对控制感和挑战与技术的均衡所产生的影响就越强。

表 5-29　母语类教育用 App 的假设 1 回归分析结果

测量项	中国				韩国			
	FQ1	FQ2	FQ3	FQ4	FQ1	FQ2	FQ3	FQ4
(常数)	0.204*	0.362**	0.351***	0.279*	0.396***	0.363**	0.336**	0.444**
	(2.353)	(2.388)	(3.613)	(1.743)	(2.180)	(2.289)	(2.020)	(2.416)
NQ1	0.398***	0.405***	0.293***	0.175	0.201*	0.462***	0.413***	0.171
	(4.589)	(4.418)	(3.276)	(1.904)	(2.121)	(4.548)	(3.875)	(1.450)
NQ2	0.265**	0.283**	0.247	0.467***	0.210*	0.080	0.216**	0.407***
	(3.049)	(3.074)	(2.758)	(5.067)	(1.979)	(0.865)	(2.226)	(3.799)
NQ3	0.247**	0.298**	0.343***	0.233	0.418***	0.271***	0.210	0.239**
	(2.856)	(3.262)	(3.861)	(2.552)	(3.572)	(2.655)	(1.962)	(2.016)
Adj. R^2	0.684	0.694	0.658	0.647	0.575	0.654	0.633	0.551
F 值	79.684***	83.561***	70.882***	67.500***	47.868***	66.481***	60.686***	43.558***

注:1) * $p<0.10$,** $p<0.05$,*** $p<0.01$;2) 括号内为 t 值

假设 2. 儿童教育 App 中图形叙事设计阶段会对学习沉浸体验的前提阶段 2 产生积极的影响。

为了验证图形叙事设计阶段中色彩(NQ4)、图标(NQ5)、文字(NQ6)、动画(NQ7)和界面布局(NQ8)能否对学习沉浸体验前提阶段 2 中的易用性(FQ5,FQ6)和即时的反馈(FQ7,FQ8)产生积极的影响,从而实施了回归分析。

在回归模型的验证结果中,中国案例的易用性 F 值分别是 FQ5=48.849 和 FQ6=44.854。即时的反馈 F 值分别是 FQ7=50.499 和 FQ8=61.309。模型的 Adj. R^2 的解释度分别为 68.7%、66.8%、69.4% 和 73.4%。韩国的易用性 F 值分别是 FQ5=51.007 和 FQ6=56.157。即时的反馈 F 值分别是 FQ7=64.178 和 FQ8=48.755。模型的 Adj. R^2 的解释

度分别为 59.1%、62.8%、61.5% 和 69.7%。p 值均小于 0.01。

对母语类儿童教育 App 问卷调查中各变量之间的回归系数的显著度进行了验证,结果表明图形叙事设计阶段的各变量对学习沉浸体验的前提阶段 2 均产生了积极的影响。因此得出验证结果,母语类儿童教育 App 的图形叙事阶段设计得越出色,对易用性和即时的反馈所产生的影响就越强。

表 5-30 母语类教育用 App 的假设 2 回归分析结果

测量项	中国				韩国			
	FQ5	FQ6	FQ7	FQ8	FQ5	FQ6	FQ7	FQ8
(常数)	0.310**	0.338**	0.222	0.224*	0.518***	0.441***	0.303*	0.151
	(1.989)	(2.093)	(1.417)	(2.157)	(3.090)	(2.748)	(1.802)	(1.322)
NQ4	0.215**	0.313***	0.180	0.268***	0.241*	0.252*	0.211	0.228**
	(2.624)	(3.672)	(2.185)	(3.368)	(2.402)	(2.570)	(2.382)	(2.344)
NQ5	0.356***	0.236**	0.177*	0.168	0.269***	0.302***	0.259**	0.303***
	(3.615)	(2.353)	(1.820)	(1.989)	(2.752)	(3.226)	(2.644)	(3.271)
NQ6	0.319***	0.217**	0.133	0.319***	0.373***	0.398***	0.193	0.249**
	(2.188)	(2.086)	(1.321)	(3.287)	(2.728)	(2.020)	(1.918)	(2.616)
NQ7	0.225**	0.307***	0.152	0.345***	0.167*	0.093	0.189**	0.148*
	(2.415)	(3.167)	(2.115)	(3.529)	(1.826)	(1.061)	(2.047)	(1.995)
NQ8	0.274***	0.322***	0.272***	0.262***	0.356***	0.309**	0.316***	0.260***
	(2.906)	(3.250)	(2.864)	(2.869)	(3.640)	(2.169)	(3.187)	(2.648)
Adj. R^2	0.687	0.668	0.694	0.734	0.591	0.628	0.615	0.697
F 值	48.849***	44.845***	50.499***	61.309***	51.007***	56.157***	64.178***	48.755***

注:1) * $p<0.10$, ** $p<0.05$, *** $p<0.01$; 2) 括号内为 t 值

假设 3. 儿童教育 App 中故事文本叙事设计阶段会对学习沉浸体验的前提阶段 3 产生积极的影响。

回归模型的验证结果显示,中国母语类儿童教育 App 中明确目标的 F 值分别是 FQ9=59.415 和 FQ10=53.415。注意力集中的 F 值分别是 FQ11=41.476 和 FQ12=61.584。模型的 Adj. R^2 的解释度分别为 68.2%、65.8%、59.8% 和 69%。韩国明确目标的 F 值分别是 FQ9=51.732 和 FQ10=38.289。注意力集中的 F 值分别是 FQ11=43.138 和 FQ12=

62.179。模型的 Adj. R^2 的解释度分别为 66.1%、58.9%、61.8% 和 70.2%。p 值均小于 0.01。

对各变量之间的回归系数的显著度进行了验证,结果表明中国母语类儿童教育 App 的系数分析结果表明,故事文本叙事设计阶段的变量对学习沉浸体验的前提阶段 3 产生了积极的影响。因此得出验证结果,如果中国母语类儿童教育 App 采用了出色的故事要素,对学习者学习过程中所产生的明确的目标和学习专注力的影响就越强。

韩国的故事文本叙事设计阶段的变量中,故事内容(NQ9)和故事场景(NQ11)没有对学习沉浸体验前提阶段 3 产生影响,说明韩国母语类教育用 App 的故事内容和故事场景没有获得韩国学习者的认可。但是故事角色(NQ10)和学习主题(NQ12)的回归系数验证结果均对明确的目标和注意力的集中产生了积极影响。因此得出验证结果,韩国母语类儿童教育 App 中故事文本叙事设计阶段对学习沉浸体验的前提阶段 3 产生了部分影响。

表 5-31　母语类教育用 App 的假设 3 回归分析结果

测量项	中国				韩国			
	FQ9	FQ10	FQ11	FQ12	FQ9	FQ10	FQ11	FQ12
(常数)	0.324**	0.444***	0.627***	0.299*	0.190	0.392**	0.368**	0.105
	(2.083)	(2.8282)	(3.713)	(2.636)	(1.553)	(2.305)	(2.134)	(0.637)
NQ9	0.382***	0.341**	0.381***	0.351**	0.093	0.108	0.063	0.056
	(3.854)	(4.421)	(3.781)	(3.532)	(1.061)	(1.936)	(0.730)	(0.778)
NQ10	0.281**	0.389**	0.388**	0.230	0.205**	0.232**	0.261***	0.172
	(3.001)	(4.122)	(3.830)	(2.457)	(2.300)	(2.482)	(2.750)	(1.902)
NQ11	0.322**	0.247*	0.319**	0.447***	0.111	0.048	0.086	0.063
	(3.074)	(2.334)	(2.811)	(4.260)	(1.232)	(1.563)	(0.889)	(0.862)
NQ12	0.210*	0.159	0.010	0.188*	0.337***	0.347***	0.288**	0.351***
	(2.242)	(1.979)	(0.097)	(2.002)	(3.685)	(3.614)	(2.963)	(3.778)
Adj. R^2	0.682	0.658	0.598	0.690	0.661	0.589	0.618	0.702
F 值	59.415***	53.415***	41.476***	61.584***	51.732***	38.289***	43.138***	62.179***

注:1) * $p<0.10$,** $p<0.05$,*** $p<0.01$;2) 括号内为 t 值

假设 4. 儿童教育 App 中用户参与体验叙事设计阶段会对学习沉浸体验的体验阶段产生积极的影响。

回归模型的验证结果中,中国母语类儿童教育 App 的自我意识的消失的 F 值分别是 FQ13＝70.306 和 FQ14＝58.940。扭曲的时间感的 F 值分别是 FQ15＝43.532 和 FQ16＝52.430。模型的 Adj. R^2 的解释度分别为 77.5％、69.0％、62.1％和 70.3％。韩国验证结果显示,自我意识的消失 F 值分别是 FQ13＝57.155 和 FQ14＝39.517。扭曲的时间感的 F 值分别是 FQ15＝56.915 和 FQ16＝52.485。模型的 Adj. R^2 的解释度分别为 67.3％、58.6％、67.2％和 65.4％。p 值均小于 0.01。

对各变量之间的回归系数的显著度进行了验证,中国母语类儿童教育 App 的系数分析结果表明,用户参与体验叙事设计阶段的各变量会对学习沉浸体验的体验阶段产生积极的影响。因此得出验证结果,如果中国母语类儿童教育 App 的用户体验设计叙事要素设计得越出色的话,越会使学习者在学习过程中产生自我意识的消失和扭曲的时间感。

韩国分析结果中,故事的非线性(NQ15)对自我意识的消失和扭曲的时间感仅产生了部分影响。而该阶段其他变量对学习沉浸体验的体验阶段均产生了积极的影响。因此得出验证结果,韩国的母语类儿童教育 App 的用户体验设计叙事设计阶段会对自我意识的消失和扭曲的时间感产生部分影响。

表 5-32　母语类教育用 App 的假设 4 回归分析结果

测量项	中国				韩国			
	FQ13	FQ14	FQ15	FQ16	FQ13	FQ14	FQ15	FQ16
(常数)	0.265 *	0.247 * *	0.224	0.302 * *	0.355 * *	0.541 * * *	0.172 *	0.325 * *
	(1.858)	(2.904)	(1.323)	(2.610)	(2.226)	(3.228)	(2.170)	(2.010)
NQ13	0.471 * * *	0.473 * * *	0.418 * * *	0.252 * * *	0.120	0.194 * *	0.178 *	0.004
	(5.834)	(5.400)	(4.357)	(2.781)	(1.995)	(1.993)	(1.901)	(0.038)
NQ14	0.241 * * *	0.169	0.228 *	0.379 * * *	0.150	0.240 * *	0.279 * * *	0.174 *
	(3.288)	(2.118)	(2.618)	(4.596)	(2.016)	(2.371)	(2.873)	(1.876)

NQ15	0.223 *	0.120	0.164	0.121	0.502 * * *	0.276 * * *	0.324 * * *	0.332 * * *
	(1.906)	(1.366)	(1.610)	(1.256)	(5.542)	(2.906)	(3.545)	(3.614)
NQ16	0.138 *	0.178	0.266 * * *	0.231 * * *	0.214 * *	0.084	0.235 * *	0.370 * * *
	(1.988)	(1.932)	(2.719)	(2.661)	(2.182)	(0.818)	(2.361)	(3.713)
Adj. R^2	0.775	0.690	0.621	0.703	0.673	0.586	0.672	0.654
F值	70.306 * * *	58.940 * * *	43.532 * * *	52.430 * * *	57.155 * * *	39.517 * * *	56.915 * * *	52.485 * * *

注:1) * $p<0.10$, * * $p<0.05$, * * * $p<0.01$; 2) 括号内为 t 值

假设5. 基于交互性叙事,学习者通过使用儿童教育App会对学习沉浸体验的影响阶段产生积极的影响。

为了验证学习者通过交互性叙事能否对学习沉浸体验影响阶段产生积极的影响,从而实施了回归分析法。

自我目的的实现分为FQ17学习的愉悦性、FQ18学习能力的提高和FQ19学习态度的转变三个测定标准。中国分析结果显示,学习的愉悦性FQ17=177.846,学习能力的提高FQ18=165.687,学习态度的转变FQ19=194.175。模型的Adj. R^2的解释度分别为72.9%、67.6%和66.8%。韩国分析结果显示,学习的愉悦性的FQ17=145.017,学习能力的提高FQ18=139.704,学习态度的转变FQ19=138.972。模型的Adj. R^2的解释度分别为72.7%、70.5%和70.2%。p值均小于0.01。

对各变量之间的回归系数的显著度进行了验证。中国的各变量均对学习沉浸体验中自我目的的实现产生了积极的影响。因此得出结论,基于交互性叙事,中国学习者通过使用母语类儿童教育App会对学习沉浸体验的影响阶段产生积极影响。

韩国的系数分析显示故事内容(NQ9)和故事场景(NQ11)没有对学习沉浸体验中的自我目的的实现产生任何影响。其他变量均显示对学习沉浸体验中的自我目的的实现有正向影响。因此得出结论,基于交互性叙事,学习者通过使用韩国母语类儿童教育App会对学习沉浸体验的影响阶段产生部分影响。

表 5-33　母语类教育用 App 的假设 5 回归分析结果

测量项	中国			韩国		
	FQ17	FQ18	FQ19	FQ17	FQ18	FQ19
（常数）	0.356＊＊＊	0.379＊＊＊	0.221＊＊	0.320＊＊＊	0.288＊	0.133
	(3.344)	(3.451)	(2.686)	(3.763)	(2.128)	(1.855)
NQ1	0.331＊＊＊	0.242＊＊	0.178＊	0.399＊＊＊	0.330＊＊	0.111
	(3.285)	(2.380)	(1.903)	(3.808)	(3.254)	(0.100)
NQ2	0.320＊＊＊	0.468＊＊＊	0.165＊	0.334＊＊＊	0.350＊＊＊	0.316＊＊＊
	(3.208)	(3.640)	(2.604)	(2.384)	(2.485)	(3.164)
NQ3	0.328＊＊＊	0.139	0.197＊	0.376＊＊＊	0.328＊＊	0.326＊
	(3.245)	(2.023)	(2.172)	(3.595)	(1.067)	(3.241)
NQ4	0.407＊＊＊	0.358＊＊＊	0.349＊＊＊	0.206	0.266＊＊＊	0.216＊＊
	(3.076)	(3.487)	(2.456)	(1.999)	(2.619)	(2.156)
NQ5	0.324＊＊＊	0.302＊＊＊	0.306＊＊＊	0.247＊＊＊	0.179＊	0.169＊
	(3.228)	(3.916)	(3.051)	(3.487)	(1.931)	(1.896)
NQ6	0.127＊	0.375＊＊＊	0.113	0.383＊＊＊	0.234＊＊	0.198＊
	(1.179)	(3.648)	(1.960)	(3.818)	(2.186)	(1.976)
NQ7	0.231＊＊	0.357＊＊	0.277＊＊	0.325＊＊	0.131	0.059
	(2.304)	(3.524)	(2..707)	(2.289)	(1.301)	(0.614)
NQ8	0.205＊	0.459＊＊＊	0.363＊＊＊	0.296＊＊＊	0.342＊＊＊	0.128＊
	(1.885)	(3.506)	(3.535)	(2.014)	(3.379)	(1.959)
NQ9	0.167＊	0.315＊＊＊	0.263＊＊	0.103	0.100	0.037
	(1.979)	(3.084)	(2.586)	(1.022)	(0.934)	(0.367)
NQ10	0.094	0.324＊＊＊	0.203＊＊	0.331＊＊＊	0.330＊＊＊	0.170＊
	(0.845)	(3.039)	(2.027)	(2.347)	(2.281)	(1.886)
NQ11	0.313＊＊＊	0.111	0.381＊＊＊	0.080	0.080	0.069
	(3.110)	(2.189)	(3.647)	(0.876)	(0.825)	(0.757)
NQ12	0.381＊＊＊	0.113	0.336＊＊	0.196＊＊	0.316＊＊＊	0.136＊＊
	(3.509)	(1.125)	(2.344)	(2.192)	(3.169)	(1.926)
NQ13	0.284＊＊＊	0.325＊＊＊	0.354＊＊＊	0.332＊＊＊	0.276＊＊＊	0.312＊＊＊
	(2.864)	(3.239)	(3.453)	(3.288)	(3.509)	(2.112)
NQ14	0.101	0.371＊＊＊	0.416＊＊＊	0.384＊＊＊	0.355＊＊＊	0.029＊＊＊
	(1.971)	(3.633)	(3.851)	(2.899)	(3.595)	(0.315)
NQ15	0.318＊＊＊	0.278＊＊	0.249＊	0.164	0.137	0.296＊＊
	(3.164)	(2.644)	(2.399)	(1.675)	(1.361)	(2.986)

(续表)

NQ16	0.209** (2.018)	0.134 (1.998)	0.392*** (3.817)	0.284*** (2.939)	0.102 (1.208)	0.302*** (3.210)
Adj. R^2	0.729	0.676	0.668	0.727	0.705	0.702
F值	177.846***	165.687***	194.175***	145.017***	139.704***	138.972***

注:1) * p<0.10,** p<0.05,*** p< 0.01; 2) 括号内为 t 值

通过对母语类儿童教育 App 中的中国的洪恩识字和悟空识字,韩国韩文的故事和珍贵的韩文的问卷调查,分析基于交互性叙事,儿童通过使用教育用 App 能否对学习沉浸体验形成积极影响。由于韩国的珍贵的韩文 App 并没有将故事融入学习方法之中,实证分析显示韩国调查结果中假设 3、假设 4 和假设 5 是部分支持,缺分项目主要集中在与故事有关的问项中。但韩国母语类儿童教育 App 的假设 1、假设 2 的结果呈支持态度。中国的调查结果中,假设验证全部呈支持的态度。

母语类儿童教育 App 的问卷调查验证结果如下所示。

表 5-34　母语类教育用 App 的假设验证结果

研究假设	支持程度	
	中国	韩国
假设 1. 儿童教育 App 中学习者的特征会对学习沉浸体验的前提阶段 1 产生积极的影响。	支持	支持
假设 2. 儿童教育 App 中图形叙事设计阶段会对学习沉浸体验的前提阶段 2 产生积极的影响。	支持	支持
假设 3. 儿童教育 App 中故事文本叙事设计阶段会对学习沉浸体验的前提阶段 3 产生积极的影响。	支持	部分支持
假设 4. 儿童教育 App 中用户参与体验叙事设计阶段会对学习沉浸体验的体验阶段产生积极的影响。	支持	部分支持
假设 5. 基于交互性叙事,学习者通过使用儿童教育 App 会对学习沉浸体验的影响阶段产生积极的影响。	支持	部分支持

三、数学类教育用 App 的分析结果

数学类儿童教育 App 的调查案例分为中国的洋葱数学和洪恩数学,韩国的都都数学和 Math Land。数学类儿童教育 App 的假设验证分析结果如下。

假设 1. 儿童教育 App 中学习者的特征会对学习沉浸体验的前提阶段 1 产生积极的影响。

为了验证学习者的特征中技能水准(NQ1)、感知能力(NQ2)和学习动机(NQ3)能否对学习沉浸体验前提阶段 1 中的控制感(FQ1,FQ2)和挑战与技术的均衡(FQ3,FQ4)产生积极的影响,从而实施了回归分析。

回归模型的分析结果显示,中国的控制感的 F 值分别是 FQ1=57.073 和 FQ2=70.132。挑战与技术的均衡的 F 值分别是 FQ3=79.845 和 FQ4=95.296。模型的 Adj. R^2 的解释度分别为 60%、64.9%、67.9% 和 71.6%。韩国的控制感的 F 值分别是 FQ1=57.931 和 FQ2=59.889。挑战与技术的均衡的 F 值分别是 FQ3=52.254 和 FQ4=53.345。模型的 Adj. R^2 的解释度分别为 61.7%、62.5%、59.2% 和 59.7%。p 值均小于 0.01。

对数学类儿童教育 App 问卷调查中各变量之间的回归系数的显著度进行了验证,结果表明两国学习者的特征对学习沉浸体验的前提阶段 1 均产生了积极影响。因此得出验证结果,数学类儿童教育 App 的学习者自身特征越突出,对控制感和挑战与技术的均衡所产生的影响就越强。

表 5-35　数学类教育用 App 的假设 1 回归分析结果

测量项	中国				韩国			
	FQ1	FQ2	FQ3	FQ4	FQ1	FQ2	FQ3	FQ4
(常数)	0.308*	0.334**	0.330**	0.341***	0.317***	0.282**	0.352**	0.391**
	(1.743)	(2.063)	(2.187)	(3.937)	(3.693)	(2.478)	(2.075)	(2.316)
NQ1	0.187	0.272***	0.290***	0.266***	0.269***	0.533***	0.224***	0.297***
	(1.873)	(2.981)	(3.401)	(3.134)	(2.975)	(5.815)	(2.461)	(3.273)

(续表)

NQ2	0.391***	0.337***	0.238	0.260**	0.243**	0.084	0.276***	0.259***
	(3.448)	(3.258)	(2.461)	(2.707)	(2.799)	(0.954)	(3.152)	(2.979)
NQ3	0.282**	0.263**	0.348***	0.427***	0.352***	0.268	0.324***	0.275***
	(2.758)	(2.815)	(3.995)	(4.932)	(4.236)	(3.185)	(3.869)	(3.309)
Adj. R^2	0.600	0.649	0.679	0.716	0.617	0.625	0.592	0.597
F 值	57.073***	70.132***	79.845***	95.296***	57.931***	59.889***	52.254***	53.345***

注：1) * $p<0.10$，** $p<0.05$，*** $p<0.01$；2) 括号内为 t 值

假设 2. 儿童教育 App 中图形叙事设计阶段会对学习沉浸体验的前提阶段 2 产生积极的影响。

为了验证图形叙事设计阶段中色彩（NQ4）、图标（NQ5）、文字（NQ6）、动画（NQ7）和界面布局（NQ8）能否对学习沉浸体验前提阶段 2 中的易用性（FQ5，FQ6）和即时的反馈（FQ7，FQ8）产生积极的影响，从而实施了回归分析。

中国的分析结果显示，易用性的 F 值分别是 FQ5=49.626 和 FQ6=43.020。即时的反馈的 F 值分别是 FQ7=56.403 和 FQ8=58.279。模型的 Adj. R^2 的解释度分别为 63.3%、65.2%、67% 和 71.9%。韩国的易用性的 F 值分别是 FQ5=69.806 和 FQ6=55.032。即时的反馈的 F 值分别是 FQ7=64.965 和 FQ8=49.999。模型的 Adj. R^2 的解释度分别为 57.6%、61.6%、67.5% 和 69.8%。p 值均小于 0.01。

对各变量之间的回归系数的显著度进行了验证，结果表明中国和韩国数学类儿童教育 App 的图形叙事设计阶段的各变量对学习沉浸体验前提阶段 2 均产生了积极影响。因此得出验证结果，数学类儿童教育 App 的图形叙事要素设计得越出色，对易用性和即时的反馈所产生的影响就越强。

表 5-36　数学类教育用 App 的假设 2 回归分析结果

测量项	中国				韩国			
	FQ5	FQ6	FQ7	FQ8	FQ5	FQ6	FQ7	FQ8
(常数)	0.330*	0.404***	0.400***	0.528***	0.559**	0.492***	0.315**	0.481***
	(1.974)	(3.229)	(3.232)	(3.842)	(3.416)	(4.098)	(2.356)	(4.491)
NQ4	0.340***	0.143	0.200**	0.211**	0.345***	0.194	0.296***	0.240**
	(3.759)	(1.893)	(2.281)	(2.574)	(3.162)	(1.966)	(2.804)	(2.276)
NQ5	0.062	0.187	0.277**	0.366***	0.180	0.277***	0.215**	0.250**
	(0.545)	(1.834)	(2.441)	(3.709)	(1.977)	(2.695)	(2.313)	(2.600)
NQ6	0.198**	0.170	0.170	0.216**	0.117	0.268**	0.322***	0.232***
	(2.190)	(1.982)	(1.930)	(2.198)	(1.866)	(2.747)	(3.882)	(2.695)
NQ7	0.177*	0.206**	0.145	0.467***	0.357***	0.225**	0.141	0.133**
	(1.823)	(2.021)	(2.055)	(5.002)	(3.617)	(2.281)	(1.981)	(2.312)
NQ8	0.298*	0.304***	0.337***	0.171	0.270**	0.161	0.266**	0.281***
	(2.093)	(3.420)	(3.883)	(2.099)	(2.666)	(1.977)	(2.668)	(2.747)
Adj. R^2	0.633	0.652	0.670	0.719	0.576	0.616	0.675	0.698
F 值	49.626***	43.020***	56.403***	58.279***	69.806***	55.032***	64.965***	49.999***

注:1) * $p<0.10$,** $p<0.05$,*** $p<0.01$;2) 括号内为 t 值

假设 3.儿童教育 App 中故事文本叙事设计阶段会对学习沉浸体验的前提阶段 3 产生积极的影响。

为了验证故事文本叙事设计阶段中故事内容(NQ9)、故事场景(NQ10)、故事角色(NQ11)和故事主题(NQ12)是否对学习沉浸体验中前提阶段 3 的明确的目标(FQ9,FQ10)和注意力集中(FQ11,FQ12)产生积极的影响,从而实施了回归分析。

中国的分析结果中,明确的目标 F 值分别是 FQ9＝68.115 和 FQ10＝58.986。注意力的集中的 F 值分别是 FQ11＝55.786 和 FQ12＝67.365。模型的 Adj. R^2 的解释度分别为 70.6%、67.4%、66.2% 和 70.3%。韩国的分析结果显示,明确的目标 F 值分别是 FQ9＝41.713 和 FQ10＝56.747。注意力的集中的 F 值分别是 FQ11＝44.674 和 FQ12＝61.656。模型的 Adj. R^2 的解释度分别为 60.6%、67.8%、62.2% 和 69.6%。p 值均小于 0.01。

对数学类儿童教育 App 问卷调查中各变量之间的回归系数的显著度进行了验证,结果表明中国和韩国的故事文本叙事设计阶段的各变量对学习沉浸体验的前提阶段 3 均产生了积极影响。因此得出验证结果,如果数学类儿童教育 App 采用了出色的故事要素的话,对学习者学习过程中所产生的明确的目标和学习专注力的影响就越强。

表 5-37 数学类教育用 App 的假设 3 回归分析结果

测量项	中国				韩国			
	FQ9	FQ10	FQ11	FQ12	FQ9	FQ10	FQ11	FQ12
(常数)	0.496***	0.372***	0.268*	0.263	0.321***	0.315*	0.213*	0.485***
	(3.281)	(3.083)	(1.718)	(1.780)	(3.646)	(2.239)	(2.632)	(3.509)
NQ9	0.392***	0.245**	0.183*	0.352***	0.327***	0.595***	0.266***	0.275***
	(4.295)	(2.578)	(1.963)	(3.982)	(3.454)	(6.534)	(2.930)	(3.239)
NQ10	0.102	0.177*	0.309***	0.160	0.272***	0.187**	0.327***	0.295***
	(1.187)	(1.984)	(3.522)	(1.922)	(2.967)	(2.126)	(3.715)	(3.584)
NQ11	0.191	0.247***	0.224**	0.275***	0.177*	0.066	0.036	0.317***
	(2.212)	(2.738)	(2.541)	(3.286)	(1.775)	(0.687)	(0.374)	(3.526)
NQ12	0.260***	0.254**	0.261**	0.233	0.182*	0.234**	0.294***	0.155
	(2.672)	(2.511)	(2.624)	(2.418)	(1.877)	(2.506)	(3.159)	(1.977)
Adj. R^2	0.706	0.674	0.662	0.703	0.606	0.678	0.622	0.696
F 值	68.115***	58.986***	55.786***	67.365***	41.713***	56.747***	44.674***	61.656***

注:1) * $p<0.10$,** $p<0.05$,*** $p<0.01$;2) 括号内为 t 值

假设 4. 儿童教育 App 中用户参与体验叙事设计阶段会对学习沉浸体验的体验阶段产生积极的影响。

为了验证用户参与体验叙事设计阶段中互动的自由度(NQ13)、规则设计(NQ14)、故事的非线性(NQ15)和用户参与程度(NQ16)能否对学习沉浸体验中体验阶段的自我意识的消失(FQ13,FQ14)和扭曲的时间感(FQ15,FQ16)产生积极的影响,从而实施了回归分析。

中国的分析结果中,自我意识的消失的 F 值分别是 FQ13=58.638 和 FQ14=50.167。扭曲的时间感 F 值分别是 FQ15=65.531 和 FQ16=52.144。模型的 Adj. R^2 的解释度分别为 58.7%、65%、62.7% 和 60.8%。

韩国回归模型的分析结果显示,自我意识的消失的 F 值分别是 FQ13＝52.298 和 FQ14＝81.880。扭曲的时间感的 F 值分别是 FQ15＝44.803 和 FQ16＝61.051。模型的 Adj. R^2 的解释度分别为 64.7％、74.3％、61％和 68.2％。p 值均小于 0.01。

对数学类儿童教育 App 问卷调查中各变量之间的回归系数的显著度进行了验证,结果表明中国和韩国的用户参与体验叙事设计阶段的各变量对学习沉浸体验的体验阶段均产生了积极影响。因此得出验证结果,如果数学类儿童教育 App 的用户体验设计叙事要素设计得越出色的话,越会使学习者在学习过程中产生自我意识的消失和扭曲的时间感。

表 5-38　数学类教育用 App 的假设 4 回归分析结果

测量项	中国				韩国			
	FQ13	FQ14	FQ15	FQ16	FQ13	FQ14	FQ15	FQ16
(常数)	0.318*	0.310***	0.237**	0.349**	0.249**	0.355***	0.395***	0.215
	(1.792)	(3.056)	(2.209)	(2.111)	(2.163)	(2.383)	(2.342)	(1.352)
NQ13	0.286**	0.436***	0.249*	0.287**	0.211	0.334***	0.219*	0.166*
	(2.858)	(3.358)	(2.505)	(3.093)	(2.093)	(3.999)	(2.224)	(1.786)
NQ14	0.375***	0.246**	0.307***	0.157	0.196*	0.262**	0.234**	0.288***
	(3.759)	(2.490)	(3.177)	(1.720)	(1.995)	(3.222)	(2.437)	(3.182)
NQ15	0.545***	0.287**	0.330**	0.214*	0.280**	0.211	0.217*	0.224**
	(5.137)	(2.689)	(3.170)	(2.172)	(2.755)	(2.511)	(2.191)	(2.393)
NQ16	0.144	0.334***	0.248**	0.190*	0.259**	0.178**	0.188	0.265***
	(1.396)	(3.209)	(2.439)	(1.973)	(2.592)	(2.146)	(1.922)	(2.877)
Adj. R^2	0.587	0.650	0.627	0.608	0.647	0.743	0.610	0.682
F 值	58.638***	50.167***	65.531***	52.144***	52.298***	81.880***	44.803***	61.051***

注:1) * $p<0.10$,** $p<0.05$,*** $p<0.01$;2) 括号内为 t 值

假设 5. 基于交互性叙事,学习者通过使用儿童教育 App 会对学习沉浸体验的影响阶段产生积极的影响。

为了验证学习者通过交互性叙事中的各阶段要素能否对学习沉浸体验影响阶段的自我目的的实现产生积极的影响,从而实施了回归分析。

自我目的的实现分为 FQ17 学习的愉悦性、FQ18 学习能力的提高和

FQ19学习态度的转变三个测定标准。回归模型的分析结果中,中国的学习的愉悦性的 FQ17=166.263,学习能力的提高的 FQ18=145.408,学习态度的转变的 FQ19=156.774。模型的 Adj. R^2 的解释度分别为 77.7%、66.9% 和 61.7%。韩国的学习的愉悦性的 FQ17=172.422,学习能力的提高的 FQ18=173.595,学习态度的转变的 FQ19=206.415。模型的 Adj. R^2 的解释度分别为 71.3%、71.8%和 72.9%。p 值均小于 0.01。

对数学类儿童教育 App 问卷调查中各变量之间的回归系数的显著度进行了验证,结果显示中国和韩国各变量均显示对学习沉浸体验中自我目的的实现有正向影响。因此得出结论,基于交互性叙事,学习者通过使用数学类教育 App 会对学习沉浸体验的影响阶段产生积极的影响。

表 5-39 数学类教育用 App 的假设 5 回归分析结果

测量项	中国			韩国		
	FQ17	FQ18	FQ19	FQ17	FQ18	FQ19
(常数)	0.385***	0.150*	0.353**	0.441***	0.323***	0392***
	(3.595)	(1.864)	(2.150)	(3.243)	(2.135)	(4.535)
NQ1	0.260*	0.356***	0.210	0.309**	0.389***	0.180
	(2.718)	(3.482)	(2.002)	(3.086)	(3.812)	(1.622)
NQ2	0.337***	0.244*	0.106	0.322***	0.292*	0.120
	(3.371)	(2.032)	(1.938)	(3.822)	(3.962)	(1.948)
NQ3	0.390***	0.211	0.365***	0.305***	0.319***	0.022
	(3.955)	(2.096)	(3.603)	(3.050)	(3.202)	(0.227)
NQ4	0.332***	2.060**	0.360***	0.354***	0.288*	0.413***
	(3.366)	(3.569)	(3.603)	(3.309)	(2.447)	(3.469)
NQ5	0.184	0.174	0.327	0.334***	0.301***	0.363***
	(2.013)	(1.668)	(3.213)	(3.326)	(3.008)	(3.607)
NQ6	0.203**	0.273**	0.377***	0.134	0.326***	0.345***
	(2.035)	(2.674)	(3.796)	(2.062)	(3.263)	(3.450)
NQ7	0.387***	0.191	0.332***	0.422***	0.299*	0.128
	(3.821)	(1.792)	(3.266)	(3.238)	(3.089)	(1.903)
NQ8	0.186	0.394***	0.030	0.206*	0.316***	0.369***
	(1.964)	(3.824)	(0.274)	(1.987)	(3.155)	(2.655)

(续表)

NQ9	0.225** (2.400)	0.210** (2.091)	0.393*** (3.869)	0.197** (1.994)	0.333*** (3.339)	0.162 (1.835)
NQ10	0.371*** (2.802)	0.340*** (3.375)	0.202** (1.989)	0.363*** (3.573)	0.182 (1.947)	0.332*** (2.250)
NQ11	0.327*** (3.302)	0.356*** (3.450)	0.264* (2.634)	0.113 (2.123)	0.219* (2.183)	0.323*** (3.219)
NQ12	0.333*** (3.346)	0.238** (2.208)	0.166 (1.614)	0.313*** (3.166)	0.349*** (3.536)	0.351*** (3.538)
NQ13	0.323*** (3.257)	0.340*** (3.367)	0.139 (1.835)	0.121 (2.281)	0.353*** (3.558)	0.390*** (3.943)
NQ14	0.311*** (3.121)	0.213 (1.123)	0.351*** (3.491)	0.226** (2.282)	0.138 (2.100)	0.204* (1.746)
NQ15	0.242* (2.544)	0.371*** (3.639)	0.386*** (3.815)	0.390*** (3.848)	0.301*** (3.012)	0.335*** (3.256)
NQ16	0.243* (2.474)	0.361*** (3.467)	0.358*** (3.556)	0.175 (1.969)	0.333*** (3.334)	0.354*** (2.530)
Adj. R^2	0.777	0.669	0.617	0.713	0.718	0.729
F 值	166.263***	145.408***	156.774***	172.422***	173.595***	206.415***

注：1）* $p<0.10$，** $p<0.05$，*** $p<0.01$；2）括号内为 t 值

通过对数学教育 App 中中国的洋葱数学和洪恩数学和韩国的都都数学和 Math Land 的问卷调查进行的分析，基于交互性叙事，儿童通过使用教育用 App 能否对学习沉浸体验形成积极的影响。实证分析结果显示中国和韩国的问卷调查对假设问题全部呈支持的态度。数学类儿童教育 App 的问卷调查验证结果如下所示。

表 5-40 数学类教育用 App 的假设验证结果

研究假设	支持程度	
	中国	韩国
假设 1. 儿童教育 App 中学习者的特征会对学习沉浸体验的前提阶段 1 产生积极的影响。	支持	支持
假设 2. 儿童教育 App 中图形叙事设计阶段会对学习沉浸体验的前提阶段 2 产生积极的影响。	支持	支持

(续表)

假设		
假设3. 儿童教育App中故事文本叙事设计阶段会对学习沉浸体验的前提阶段3产生积极的影响。	支持	支持
假设4. 儿童教育App中用户参与体验叙事设计阶段会对学习沉浸体验的体验阶段产生积极的影响。	支持	支持
假设5. 基于交互性叙事，学习者通过使用儿童教育App会对学习沉浸体验的影响阶段产生积极的影响。	支持	支持

四、认知类教育用App的分析结果

认知类儿童教育App的调查案例分为中国的小伴龙和Tock Life，韩国的芝麻恐龙探险和Box Island。认知类儿童教育App的假设验证分析结果如下。

假设1. 儿童教育App中学习者的特征会对学习沉浸体验的前提阶段1产生积极的影响。

为了验证学习者的特征中技能水准(NQ1)、感知能力(NQ2)和学习动机(NQ3)能否对学习沉浸体验前提阶段1中的控制感(FQ1,FQ2)和挑战与技术的均衡(FQ3,FQ4)产生积极的影响，从而实施了回归分析。

中国的回归模型的验证结果显示，控制感的F值分别是FQ1＝45.926和FQ2＝48.589。挑战与技术的均衡的F值分别是FQ3＝50.866和FQ4＝33.274。模型的Adj. R^2的解释度分别为54.8％、56.3％、57.4％和46.6％。韩国的分析结果显示，控制感的F值分别是FQ1＝69.063和FQ2＝81.641。挑战与技术的均衡的F值分别是FQ3＝69.279和FQ4＝43.256。模型的Adj. R^2的解释度分别为65.4％、69.1％、65.5％和54％。p值均小于0.01。

对中国和韩国的认知类儿童教育App各变量之间的回归系的显著度进行了验证，结果表明两国的学习者的特征均对学习沉浸体验的前提阶段1产生了积极影响。因此得出验证结果，认知类儿童教育App的学习者自身特征越突出，对控制感和挑战与技术的均衡所产生的影响就越强。

表 5-41　认知类教育用 App 的假设 1 回归分析结果

测量项	中国				韩国			
	FQ1	FQ2	FQ3	FQ4	FQ1	FQ2	FQ3	FQ4
(常数)	0.508***	0.469***	0.233**	0.235**	0.476***	0.413***	0.283*	0.557***
	(3.040)	(3.381)	(2.765)	(2.973)	(3.440)	(3.705)	(1.721)	(3.095)
NQ1	0.349***	0.351***	0.408***	0.235**	0.385***	0.244**	0.288***	0.317***
	(3.817)	(4.102)	(4.985)	(2.102)	(4.280)	(2.933)	(3.366)	(3.380)
NQ2	0.345***	0.168	0.302***	0.323***	0.242**	0.359***	0.273***	0.168
	(3.837)	(1.994)	(3.752)	(3.494)	(2.497)	(4.014)	(2.967)	(1.971)
NQ3	0.260**	0.377***	0.190*	0.172	0.279***	0.307***	0.303***	0.262***
	(2.927)	(4.533)	(2.378)	(1.969)	(3.119)	(3.709)	(3.564)	(2.808)
Adj. R^2	0.548	0.563	0.574	0.466	0.654	0.691	0.655	0.540
F 值	45.926***	48.589***	50.866***	33.274***	69.063***	81.641***	69.279***	43.256***

注:1) * $p<0.10$,** $p<0.05$,*** $p<0.01$;2) 括号内为 t 值

假设 2.儿童教育 App 中图形叙事设计阶段会对学习沉浸体验的前提阶段 2 产生积极的影响。

为了验证图形叙事设计阶段中色彩(NQ4)、图标(NQ5)、图标(NQ6)、动画(NQ7)和界面布局(NQ8)能否对学习沉浸体验前提阶段 2 中的易用性(FQ5,FQ6)和即时的反馈(FQ7,FQ8)产生积极的影响,从而实施了回归分析。

回归模型的分析结果显示,中国案例的易用性的 F 值分别是 FQ5=53.037 和 FQ6=47.148。即时的反馈的 F 值分别是 FQ7=50.116 和 FQ8=50.516。模型的 Adj. R^2 的解释度分别为 65.4%、62%、68.9% 和 57.1%。韩国的易用性的 F 值分别是 FQ5=63.740 和 FQ6=67.520。即时的反馈的 F 值分别是 FQ7=59.092 和 FQ8=67.794。模型的 Adj. R^2 的解释度分别为 70.9%、75.5%、69% 和 68.4%。p 值均小于 0.01。

对中国和韩国的认知类儿童教育 App 各变量之间的回归系数的显著度进行了验证,结果表明图形叙事设计阶段的各变量对学习沉浸体验的前提阶段 2 均产生了积极影响。因此得出验证结果,认知类儿童教育 App 的图形叙事要素设计得越出色,对易用性和即时的反馈所产生的影响就越强。

表 5-42　认知类教育用 App 的假设 2 回归分析结果

测量项	中国				韩国			
	FQ5	FQ6	FQ7	FQ8	FQ5	FQ6	FQ7	FQ8
(常数)	0.335＊＊＊	0.293＊＊	0.120	0.115	0.280＊＊＊	0.246＊	0.392＊＊	0.145＊
	(2.972)	(2.521)	(0.783)	(0.619)	(2.488)	(1.802)	(2.551)	(2.271)
NQ4	0.207＊＊	0.220＊	0.190	0.191＊	0.265＊＊＊	0.443＊＊＊	0.237＊＊	0.145
	(2.394)	(2.128)	(2.473)	(2.040)	(3.028)	(6.069)	(2.648)	(1.841)
NQ5	0.377＊＊＊	0.267＊＊	0.146	0.212＊	0.168	0.337＊＊＊	0.202＊	0.185＊
	(4.204)	(2.852)	(1.833)	(2.186)	(1.909)	(3.427)	(1.889)	(2.004)
NQ6	0.180	0.201＊	0.249＊＊	0.381＊＊＊	0.362＊＊＊	0.385＊＊＊	0.188	0.231＊
	(2.006)	(2.141)	(2.618)	(3.408)	(3.637)	(3.031)	(1.955)	(2.305)
NQ7	0.373＊	0.196＊	0.189＊	0.309＊＊＊	0.264	0.256＊	0.281＊＊	0.451＊＊＊
	(3.872)	(2.235)	(2.528)	(3.405)	(2.743)	(3.184)	(2.861)	(3.550)
NQ8	0.247	0.269＊＊＊	0.434＊＊	0.177	0.427＊＊＊	0.376＊＊＊	0.354＊＊＊	0.317＊＊＊
	(2.750)	(2.860)	(5.421)	(1.818)	(4.299)	(3.937)	(3.538)	(3.222)
Adj. R^2	0.654	0.620	0.689	0.571	0.709	0.755	0.690	0.684
F 值	53.037＊＊＊	47.148＊＊＊	50.116＊＊＊	50.516＊＊＊	63.740＊＊＊	67.520＊＊＊	59.092＊＊＊	67.794＊＊＊

注:1) ＊ $p<0.10$，＊＊ $p<0.05$，＊＊＊ $p<0.01$；2) 括号内为 t 值

假设 3. 儿童教育 App 中故事文本叙事设计阶段会对学习沉浸体验的前提阶段 3 产生积极的影响。

中国的分析结果显示,明确的目标的 F 值分别是 FQ9＝39.458 和 FQ10＝38.372。注意力的集中的 F 值分别是 FQ11＝48.102 和 FQ12＝49.770。模型的 Adj. R^2 的解释度分别为 57.4%、57.4%、62.9% 和 58.3%。韩国分析结果显示,明确的目标的 F 值分别是 FQ9＝67.911 和 FQ10＝78.695。注意力的集中的 F 值分别是 FQ11＝63.288 和 FQ12＝73.450。模型的 Adj. R^2 的解释度分别为 63.5%、74.2%、69.8% 和 72.9%。p 值均小于 0.01。

对中国和韩国的认知类教育 App 各变量之间的回归系数的显著度进行了验证,中国分析结果表明故事角色(NQ10)的回归系数没有对 FQ9 和 FQ10 产生影响,说明中国的认知类教育 App 中的故事角色无法产生明确的

目标。其他故事文本叙事设计阶段的变量对学习沉浸体验的前提阶段3均产生积极的影响。因此得出验证结果，中国认知类儿童教育App中故事文本叙事要素对学习沉浸体验的前提阶段3产生了部分影响。

韩国的故事文本叙事设计阶段的变量对学习沉浸体验的前提阶段3产生积极的影响。因此得出验证结果，如果韩国的认知类儿童教育App采用了出色的故事要素的话，对学习者学习过程中所产生的明确的目标和学习专注力的影响就越强。

表5-43 认知类教育用App的假设3回归分析结果

测量项	中国				韩国			
	FQ9	FQ10	FQ11	FQ12	FQ9	FQ10	FQ11	FQ12
(常数)	0.168	0.219*	0.230**	0.303*	0.430***	0.200**	0.380*	0.010
	(1.235)	(1.963)	(2.978)	(1.797)	(2.730)	(2.499)	(2.175)	(0.947)
NQ9	0.346***	0.269**	0.297***	0.297***	0.369***	0.190	0.237*	0.386***
	(3.887)	(2.998)	(3.397)	(3.405)	(3.952)	(2.405)	(2.603)	(3.342)
NQ10	0.035	0.082	0.183*	0.312***	0.174	0.389***	0.397***	0.233*
	(0.393)	(0.870)	(1.986)	(3.214)	(1.822)	(4.803)	(4.253)	(2.515)
NQ11	0.414***	0.323***	0.303***	0.236**	0.339***	0.262**	0.333***	0.350***
	(4.800)	(3.553)	(3.420)	(2.674)	(3.424)	(2.792)	(3.468)	(3.888)
NQ12	0.174	0.253**	0.236**	0.274***	0.225*	0.249**	0.159	0.327***
	(1.986)	(2.744)	(2.628)	(3.052)	(2.295)	(3.003)	(1.857)	(3.437)
Adj. R^2	0.574	0.574	0.629	0.583	0.635	0.742	0.698	0.729
F值	39.458***	38.372***	48.102***	49.770***	67.911***	78.695***	63.288***	73.450***

注:1) * $p<0.10$，** $p<0.05$，*** $p<0.01$；2) 括号内为t值

假设4. 儿童教育App中用户参与体验叙事设计阶段会对学习沉浸体验的体验阶段产生积极的影响。

为了验证用户参与体验叙事设计阶段中互动的自由度(NQ13)、规则设计(NQ14)、故事的非线性(NQ15)和用户参与程度(NQ16)能否对学习沉浸体验体验阶段的自我意识的消失(FQ13,FQ14)和扭曲的时间感(FQ15,FQ16)产生积极的影响，从而实施了回归分析。回归分析结果如下。

回归模型的验证结果显示，中国案例的自我意识的消失F值分别是

FQ13＝46.027 和 FQ14＝53.190。扭曲的时间感的 F 值分别是 FQ15＝53.052 和 FQ16＝45.326。模型的 Adj. R^2 的解释度分别为 61.9%、53.7%、65.2%和55.3%。韩国分析结果显示,自我意识的消失的 F 值分别是 FQ13＝69.536 和 FQ14＝59.466。扭曲的时间感的 F 值分别是 FQ15＝62.796 和 FQ16＝49.947。模型的 Adj. R^2 的解释度分别为 71.7%、68.4%、69.6%和59.1%。p 值均小于 0.01。

对各变量之间的回归系数的显著度进行了验证,结果表明认知类教育 App 中用户参与体验叙事设计阶段的变量对学习沉浸体验的体验阶段均产生积极的影响。因此得出验证结果,认知类儿童教育 App 的用户体验设计叙事要素设计得越出色的话,越会使学习者在学习过程中产生自我意识的消失和扭曲的时间感。

表5-44　认知类教育用 App 的假设4回归分析结果

测量项	中国				韩国			
	FQ13	FQ14	FQ15	FQ16	FQ13	FQ14	FQ15	FQ16
(常数)	0.201	0.308*	0.304**	0.503***	0.183	0.309**	0.290*	0.440***
	(0.105)	(1.833)	(2.826)	(3.062)	(1.234)	(2.074)	(1.953)	(2.544)
NQ13	0.280**	0.179	0.291**	0.214*	0.326***	0.204*	0.331***	0.286**
	(3.110)	(1.942)	(3.296)	(2.151)	(3.287)	(2.257)	(3.685)	(2.731)
NQ14	0.184*	0.360***	0.183	0.273**	0.390***	0.317***	0.311***	0.181
	(1.948)	(3.696)	(1.923)	(2.894)	(4.786)	(3.876)	(3.813)	(1.987)
NQ15	0.293**	0.305***	0.234**	0.343***	0.221*	0.184	0.191*	0.145
	(3.467)	(3.523)	(2.826)	(3.873)	(2.061)	(1.910)	(2.113)	(1.399)
NQ16	0.224*	0.396***	0.391***	0.302**	0.394***	0.170	0.258**	0.341***
	(2.494)	(3.040)	(4.443)	(3.361)	(4.857)	(2.086)	(3.194)	(3.618)
Adj. R^2	0.619	0.537	0.652	0.553	0.717	0.684	0.696	0.591
F值	46.027***	53.190***	53.052***	45.326***	69.536***	59.466***	62.796***	49.947***

注:1) *p＜0.10, **p＜0.05, ***p＜0.01; 2)括号内为 t 值

假设5. 基于交互性叙事,学习者通过使用儿童教育 App 会对学习沉浸体验的影响阶段产生积极的影响。

为了验证学习者通过交互性叙事中各阶段设计要素,能否对学习沉浸

体验影响阶段的自我目的实现产生积极影响,从而实施了回归分析。回归分析结果如下。

自我目的的实现分为 FQ17 学习的愉悦性、FQ18 学习能力的提高和 FQ19 学习态度的转变三个测定标准。中国的分析结果中,学习的愉悦性的 FQ17＝152.612,学习能力的提高的 FQ18＝142.182,学习态度的转变的 FQ19＝163.956。模型的 Adj. R^2 的解释度分别为 65.6%、70.3%和 66.3%。韩国分析结果显示,学习的愉悦性的 FQ17＝184.587,学习能力的提高 FQ18＝223.173,学习态度的转变 FQ19＝186.741。模型的 Adj. R^2 的解释度分别为 75.3%、66.5%和 75.9%。p 值均小于 0.01。

对中国和韩国的认知类儿童教育 App 各变量之间回归系数的显著度进行了验证。结果显示两国案例中,各变量均显示出对学习沉浸体验中自我目的的实现有正向影响。因此得出结论,基于交互性叙事,学习者通过使用认知类儿童教育 App 会对学习沉浸体验的影响阶段产生积极的影响。

表 5-45　认知类教育用 App 的假设 5 回归分析结果

测量项	中国			韩国		
	FQ17	FQ18	FQ19	FQ17	FQ18	FQ19
(常数)	0.197 *	0.134	0.303 * *	0.285 * *	0.205 *	0.339 * *
	(1.845)	(0.831)	(2.632)	(2.652)	(1.940)	(2.259)
NQ1	0.247 *	0.388 * * *	0.344 * * *	0.247 *	0.323 * * *	0.356 * * *
	(2.456)	(3.042)	(3.512)	(2.712)	(3.227)	(3.602)
NQ2	0.310 * * *	0.191	0.247 * *	0.419 * *	0.271	0.349 * * *
	(3.106)	(2.113)	(2.597)	(4.391)	(2.742)	(3.567)
NQ3	0.154	0.364 * * *	0.226 *	0.183	0.238 *	0.387 * * *
	(1.697)	(3.751)	(2.633)	(1.948)	(2.450)	(2.976)
NQ4	0.353 * * *	0.402 * *	0.189	0.204 *	0.320 * * *	0.166
	(3.572)	(4.174)	(1.921)	(2.240)	(3.192)	(1.791)
NQ5	0.218 *	0.364 * * *	0.362 * * *	0.239 * *	0.378 * * *	0.422 * * *
	(2.259)	(3.699)	(3.677)	(2.424)	(3.617)	(3.215)
NQ6	0.205	0.254 *	0.350 * * *	0.307 * * *	0.318 * * *	0.193
	(2.090)	(2.804)	(3.645)	(3.066)	(3.960)	(2.069)

(续表)

NQ7	0.317*** (3.185)	0.350*** (3.585)	0.158 (1.842)	0.237 (2.407)	0.364*** (3.622)	0.362*** (3.659)
NQ8	0.359*** (3.594)	0.125 (1.336)	0.164* (1.836)	0.340*** (3.424)	0.359*** (3.559)	0.258* (2.600)
NQ9	0.364*** (3.645)	0.224 (2.256)	0.365*** (3.697)	0.303*** (3.038)	0.344*** (3.409)	0.221 (2.221)
NQ10	0.115 (0.152)	0.246** (2.679)	0.220* (2.394)	0.341*** (3.426)	0.189 (1.963)	0.334*** (3.336)
NQ11	0.323*** (3.334)	0.359*** (3.682)	0.304*** (3.200)	0.180 (2.010)	0.325*** (3.253)	0.304*** (3.044)
NQ12	0.344*** (3.479)	0.327*** (3.295)	0.389*** (3.961)	0.273* (2.742)	0.330*** (3.272)	0.179 (1.792)
NQ13	0.317*** (3.209)	0.214* (2.473)	0.214 (1.940)	0.202 (2.129)	0.302*** (3.020)	0.216 (2.233)
NQ14	0.331*** (3.322)	0.198 (1.997)	0.132 (2.350)	0.306*** (3.063)	0.213 (2.123)	0.324*** (4.246)
NQ15	0.339*** (3.401)	0.184 (2.018)	0.058 (0.634)	0.172* (1.937)	0.109 (1.083)	0.210* (2.262)
NQ16	0.175* (1.800)	0.336*** (3.389)	0.176 (1.803)	0.177 (1.953)	0.309*** (3.076)	0.444*** (3.558)
Adj. R^2	0.656	0.703	0.663	0.753	0.665	0.759
F值	152.612***	142.182***	163.956***	184.587***	223.173***	186.741***

注:1) * $p<0.10$,** $p<0.05$,*** $p<0.01$;2) 括号内为 t 值

通过认知类儿童教育App中中国的小伴龙和Tock Life,韩国的芝麻恐龙探险和Box Island的问卷调查,分析基于交互性叙事,学习者通过使用儿童教育App能否对学习沉浸体验产生积极影响。实证分析结果显示,韩国各调查案例的假设全部呈支持态度。而中国的研究假设3中,故事角色要素对学习沉浸体验中的明确的目标没有产生影响,因此被判定为部分支持。而其余的假设均通过了验证。

认知儿童教育App的问卷调查验证结果如下所示。

表 5-46　认知类教育用 App 的假设验证结果

研究假设	支持程度	
	中国	韩国
假设 1. 儿童教育 App 中学习者的特征会对学习沉浸体验的前提阶段 1 产生积极的影响。	支持	支持
假设 2. 儿童教育 App 中图形叙事设计阶段会对学习沉浸体验的前提阶段 2 产生积极的影响。	支持	支持
假设 3. 儿童教育 App 中故事文本叙事设计阶段会对学习沉浸体验的前提阶段 3 产生积极的影响。	部分支持	支持
假设 4. 儿童教育 App 中用户参与体验叙事设计阶段会对学习沉浸体验的体验阶段产生积极的影响。	支持	支持
假设 5. 基于交互性叙事,学习者通过使用儿童教育 App 会对学习沉浸体验的影响阶段产生积极的影响。	支持	支持

通过以上假设检验,进行了基于不同类型的儿童教育 App 的学习者特征和交互性叙事阶段要素对学习沉浸体验的影响分析。验证结果显示中国认知类教育用 App 的故事角色要素的回归系数没有对学习沉浸体验中的明确的目标产生影响。由于中国外语类儿童教育 App 和韩国母语类儿童教育 App 不能有效地把故事内容和儿童学习过程相互结合,因此研究假设对学习沉浸体验产生部分支持的态度。同时,韩国外语类教育 App 中,文字要素的回归系数对学习沉浸体验中的易用性和即时的反馈没有产生影响。其余不同类型的儿童教育 App 中的假设验证结果均对学习沉浸体验产生积极的影响。

实证分析结果如下所示。

表 5-47　问卷调查的假设验证结果

假设类型	儿童教育 App 的类型							
	外语类		母语类		数学类		认知类	
	中国	韩国	中国	韩国	中国	韩国	中国	韩国
假设 1	支持	支持	支持	支持	支持	支持	支持	支持
假设 2	支持	部分支持	支持	支持	支持	支持	支持	支持
假设 3	部分支持	支持	支持	部分支持	支持	支持	部分支持	支持
假设 4	部分支持	支持	支持	部分支持	支持	支持	支持	支持
假设 5	部分支持	支持	支持	部分支持	支持	支持	支持	支持

第三节　差异分析

先行研究者通过对儿童网络学习的沉浸体验进行调查发现,儿童的学习沉浸体验表现为多个阶段,但总体与学习者的性别和年龄无关。[①] 儿童的个人心理需求会对学习沉浸产生较大影响,同时,学习环境等外部诱因会对学习者的沉浸体验产生较大影响,并且通过本研究的差异分析发现,不同年龄、性别的学习者在自变量和因变量上的系数也并不存在显著差异。

因此,为了得出更为精巧的设计方案和更详细的研究结果,本研究基于学习者层面对中国和韩国的问卷调查实施了自变量之间的差异分析。掌握了 16 款儿童教育 App 关于学习者特征、图形叙事设计阶段、故事文本叙事设计阶段和用户参与体验叙事设计阶段的具体差异情况,并对差异分析结果进行整理。最终以提高学习者的学习沉浸体验为目标,为探索交互性叙

[①] 崔如妍.青少年互联网学习行为的心理需求研究[J].心理科学,2007,201(04):169-172.

事各阶段要素的设计策略提供参考依据。

一、学习者特征的差异分析

通过先行理论性考察，本研究中学习者特征分为技能水平、感知能力和学习动机。为了对中国和韩国儿童在教育用 App 的使用过程中的自身特征进行测试和评估，提出了三个问题。关于学习者特征的问题总结如下。

表 5-48　学习者特征的问卷内容

测量项	类型	问卷内容
NQ1.	技能水准	你的能力符合儿童教育 App 的学习要求吗？
NQ2.	感知能力	当你发现了儿童教育 App 新的使用方法，你会感到高兴吗？
NQ3.	学习动机	在儿童教育 App 的学习中，你会获得一种成就感吗？

为了对中国和韩国儿童使用教育用 App 的技能水准进行测量和评估，进行了提问。即，提问 NQ1：你的能力符合儿童教育 App 的学习要求吗？分析结果显示，母语类儿童教育 App 的学习者得分普遍较高，是中国（M=4.36）和韩国（M=4.23）。排名最低的是数学类教育 App，中国（M=4.08）和韩国（M=4.02）。

通过分析结果可以发现，两国儿童对母语类教育 App 的学习和操作更加熟练且自信。另外，两国儿童普遍对数学类教育 App 的学习和操作感到困难。其中外语类教育 App 的中韩儿童差异度较大，中国（M=3.94）和韩国（M=4.12）。说明中国儿童的技能水平在外语类教育的学习过程中略落后于韩国儿童。

表 5-49　技能水准的差异分析

类型	外语类教育				母语类教育				数学类教育				认知类教育			
	中国		韩国		中国		韩国		中国		韩国		中国		韩国	
	1	2	1	2	1	2	1	2	1	2	1	2	1	2	1	2
样本（名）	52	56	58	55	54	56	50	55	56	57	54	53	57	55	56	59
得分（C）	4.02	3.91	4.10	4.14	4.41	4.32	4.25	4.18	4.05	4.11	3.95	4.05	4.19	4.15	4.21	4.24
平均偏差	0.967		0.973		0.960		1.028		1.058		0.878		0.876		1.058	
均值（M）	3.94		4.12		4.36		4.23		4.08		4.02		4.17		4.22	

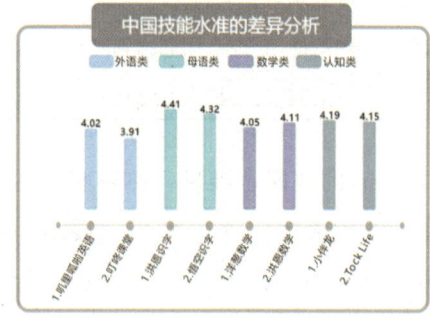
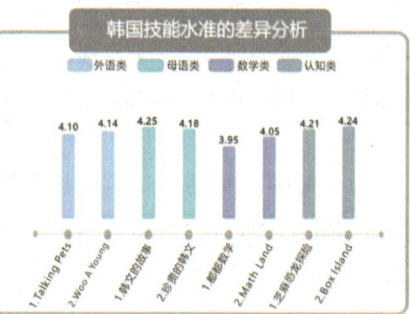

图 5-10　中国和韩国的技能水准差异分析结果

为了对中国和韩国儿童使用教育用 App 的感知能力进行测量和评估，进行了提问。即提问 NQ2：当你发现了儿童教育 App 新的使用方法，你会感到高兴吗？分析结果显示认知类儿童教育 App 的得分最高，是中国（M=4.10）和韩国（M=4.12）。这说明认知类教育 App 的学习内容与外语类、母语类和数学类相比的话，更容易引起学习者的探索欲望；而其余三种类型的儿童教育 App 在该项提问中的分数较为一致。

表 5-50　感知能力的差异分析

类型	外语类教育				母语类教育				数学类教育				认知类教育			
	中国		韩国		中国		韩国		中国		韩国		中国		韩国	
	1	2	1	2	1	2	1	2	1	2	1	2	1	2	1	2
样本（名）	52	56	58	55	54	56	50	55	56	57	54	53	57	55	56	59
得分(C)	3.95	3.94	4.03	4.07	4.10	4.04	4.03	4.00	3.85	4.03	4.00	4.03	4.11	4.08	4.05	4.16
平均偏差	0.982		1.009		0.983		0.892		1.041		0.955		1.012		1.056	
均值(M)	3.94		4.05		4.06		4.00		3.96		4.01		4.10		4.12	

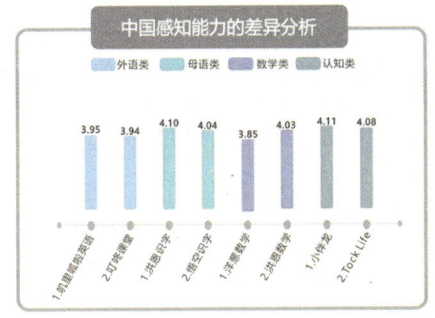 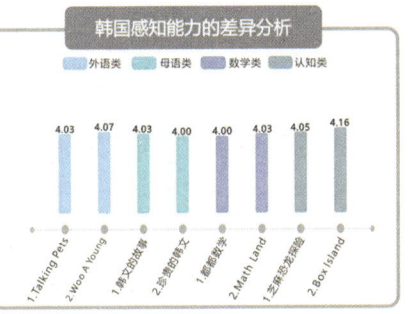

图 5-11　中国和韩国的感知能力差异分析结果

为了对中国和韩国儿童使用教育 App 的学习动机进行测量和评估，进行了提问。即，提问 NQ3：在儿童教育 App 的学习中，你会获得一种成就感吗？分析结果与 NQ1 中针对技能水准的结果相反。学习动机分析结果显示，得分最高的是数学类教育 App，中国($M=4.19$)和韩国($M=4.36$)。得分最低的是母语类教育 App，中国($M=3.87$)和韩国($M=4.00$)。通过分析结果可以发现，学习者在难度较高的教育用 App 中获得的成就感会更高。即难度越高，学习者获得的学习动机就越强。而学习者在学习难度较为容易的使用情况下，获得的学习动机也会相对较弱。

表 5-51 学习动机的差异分析

类型	外语类教育				母语类教育				数学类教育				认知类教育			
	中国		韩国		中国		韩国		中国		韩国		中国		韩国	
	1	2	1	2	1	2	1	2	1	2	1	2	1	2	1	2
样本（名）	52	56	58	55	54	50	50	55	56	57	54	53	57	55	56	59
得分(C)	4.12	4.12	4.02	3.98	3.85	3.96	3.96	4.05	4.21	4.18	4.41	4.36	3.88	3.76	4.18	4.10
平均偏差	1.003		0.940		0.984		0.955		0.978		0.915		1.157		1.050	
均值(M)	4.12		4.00		3.87		4.00		4.19		4.36		3.81		4.15	

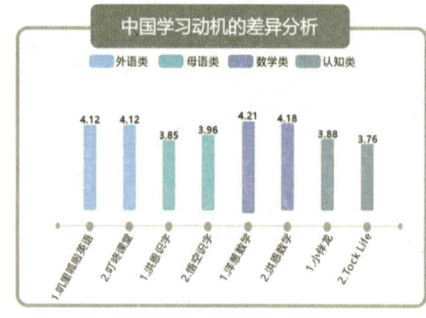 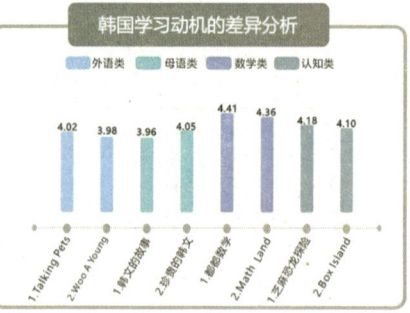

图 5-12 中国和韩国的学习动机差异分析结果

二、图形叙事设计阶段的差异分析

本研究以交互性叙事作为研究中心，通过先行理论考察将交互性叙事设计分为了图形叙事设计阶段、故事文本叙事设计阶段和用户参与体验叙事设计阶段。并针对每个阶段的设计特征进行了问卷设计。

图形叙事设计阶段主要由色彩、图标、文字、动画和界面布局共同组成。为了对中国和韩国儿童在使用儿童教育 App 过程中对图形叙事设计阶段有关的设计情况进行测试和评估，从而提出了五个问题。关于图形叙事设计阶段的问题总结如下。

表 5-52　图形叙事要素的问卷内容

测量项	类型	问卷内容
NQ4.	色彩	在儿童教育 App 主页中出现的色彩,你最喜欢的是哪个?
NQ5.	图标	你喜欢儿童教育 App 中的图标吗?
NQ6.	文字	儿童教育 App 的文字设计让你感到舒适愉悦吗?
NQ7.	动画	你认为儿童教育 App 的动画是重要的吗?
NQ8.	界面布局	你喜欢儿童教育 App 的页面设计吗?

为了对中国和韩国儿童使用教育 App 时关于色彩的利用态度进行测量和评估,并结合案例分析得出的各儿童教育 App 主页中出现的主彩和辅助色进行提问。即,提问 NQ4:在儿童教育 App 主页中出现的色彩,你最喜欢的是哪个?(实际问卷会配合图片形式提问)。分析结果显示,大部分学习者都选择了教育 App 主页上出现频率最高的主色彩。通过案例分析得出各教育 App 的主色彩主要分为蓝色(B)、朱黄色(YR)和草绿色(GY)。其中,使用蓝色(B)的教育 App 有中国母语类教育的洪恩识字($C=3.98$),数学类的洋葱数学($C=3.98$)、洪恩数学($C=4.03$),以及认知类教育 App 的 Tock Life($C=3.74$)。韩国外语类的 Woo A Young($C=3.88$),母语类的韩文的故事($C=3.80$),数学类的都都数学($C=3.81$)和认知类的 Box Island($C=4.02$)。使用朱黄色(YR)的教育用 App 中,中国的是外语类悟空识字($C=4.15$)和认知类小伴龙($C=4.05$);韩国的是外语类 Talking Pets($C=4.10$),母语类珍贵的韩文($C=4.02$)和认知类芝麻恐龙探险($C=4.10$)。使用草绿色(GY)的是中国外语类的叽里呱啦英语($C=3.95$)和叮咚课堂($C=4.02$),韩国数学类的 Math Land($C=4.02$)。

通过对各儿童教育 App 的得分统计发现,使用朱黄色(YR)的儿童教育 App 得分最高,平均分为 4.08。排名第二的是使用草绿色(GY)的儿童教育 App,平均分为 3.99。最后是使用蓝色(B)的教育用 App,平均得分为 3.90。

因此得出分析结果,儿童在使用教育 App 时,相比较于草绿色(GY)和蓝色(B),朱黄色(YR)更受到儿童的青睐。

表 5-53　色彩的差异分析

类型	外语教育				母语教育				数学教育				认知教育			
	中国		韩国		中国		韩国		中国		韩国		中国		韩国	
	1	2	1	2	1	2	1	2	1	2	1	2	1	2	1	2
样本（名）	52	56	58	55	54	56	50	55	56	57	54	53	57	55	56	59
得分（C）	3.95	4.02	4.10	3.88	3.98	4.15	3.80	4.02	3.98	4.03	3.81	4.02	4.05	3.74	4.10	4.02
平均偏差	1.272		0.988		1.048		0.903		1.036		0.951		1.095		1.030	
均值（M）	3.97		4.05		4.09		3.87		4.00		3.89		3.86		4.06	

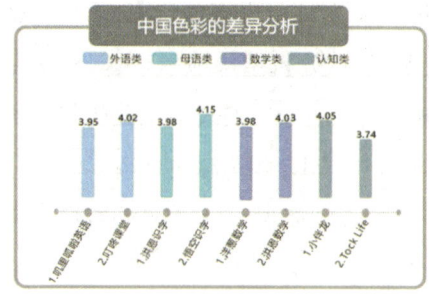
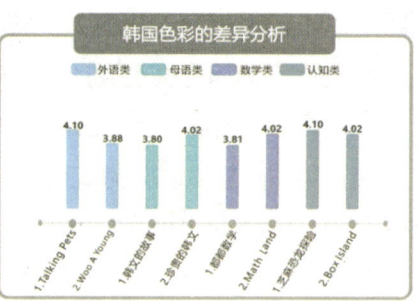

图 5-13　中国和韩国的色彩差异分析结果

为了对中国和韩国儿童使用教育用 App 时关于图标要素的利用情况进行测量和评估，对各儿童教育 App 中出现的图标的喜好程度进行提问。即，提问 NQ5:你喜欢儿童教育 App 中的图标吗？分析结果显示,平均分最高的是外语类儿童教育 App,中国(M=4.24)和韩国(M=4.34)。排名第二的是认知类教育用 App,中国(M=4.13)和韩国(M=4.25)。排名第三的是数学类教育 App,中国(M=4.19)和韩国(M=3.98)。母语类教育 App 不仅是得分最低,也是平均分值差异最大的。中国和韩国的得分分别是 M=4.09 和 M=3.69。

表 5-54　图标的差异分析

类型	外语类教育				母语类教育				数学类教育				认知类教育			
	中国		韩国		中国		韩国		中国		韩国		中国		韩国	
	1	2	1	2	1	2	1	2	1	2	1	2	1	2	1	2
样本（名）	52	56	58	55	54	56	50	55	56	57	54	53	57	55	56	59
得分(C)	4.30	4.22	4.30	4.38	4.15	4.02	3.70	3.66	4.19	4.19	3.95	4.05	4.20	4.09	4.28	4.21
平均偏差	1.024		1.086		0.882		0.886		0.950		0.880		0.975		0.921	
均值(M)	4.24		4.34		4.09		3.69		4.19		3.98		4.13		4.25	

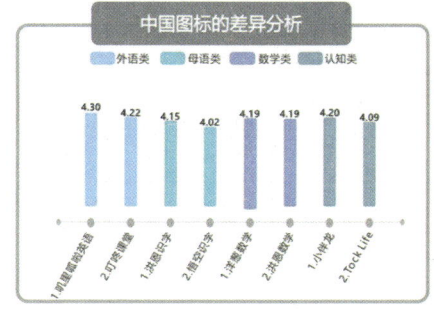
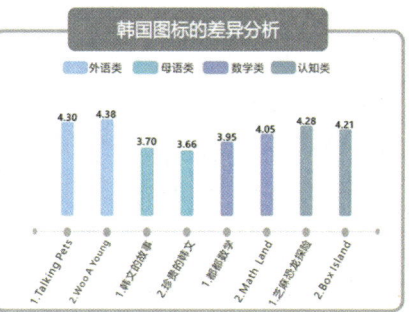

图 5-14　中国和韩国的图标差异分析结果

为了对中国和韩国儿童教育 App 的文字要素利用情况进行测量和评估，本研究对儿童在使用的教育用 App 时出现的文字要素的喜好程度进行提问。即，提问 NQ6：儿童教育 App 的文字设计让你感到舒适愉悦吗？分析结果显示，在该项得分中，中国和韩国的得分普遍较低，并且同一种类型的儿童教育 App 的得分近似。其中，最分最高的是中国数学类儿童教育 App（M=4.06）和韩国认知类儿童教育 App（M=4.05）。结合案例分析发现，两国儿童教育 App 在字体样式设计方面均选择了非衬线字体样式。非衬线字体的特点是造型简明有力度，并且具有时代特点。但是面对以儿童为用户的教育 App 时，选择装饰性和趣味性更强的字体或许更能吸引儿童的目光。

表 5-55　文字的差异分析

类型	外语类教育				母语类教育				数学类教育				认知类教育			
	中国		韩国		中国		韩国		中国		韩国		中国		韩国	
	1	2	1	2	1	2	1	2	1	2	1	2	1	2	1	2
样本（名）	52	56	58	55	54	56	50	55	56	57	54	53	57	55	56	59
得分（C）	3.87	3.86	3.55	3.67	3.89	3.89	4.02	3.93	4.11	4.03	3.85	3.74	3.82	3.71	4.05	4.05
平均偏差	0.934		0.948		0.914		0.917		0.940		0.984		1.043		0.943	
均值（M）	3.87		3.62		3.89		3.98		4.06		3.78		3.74		4.05	

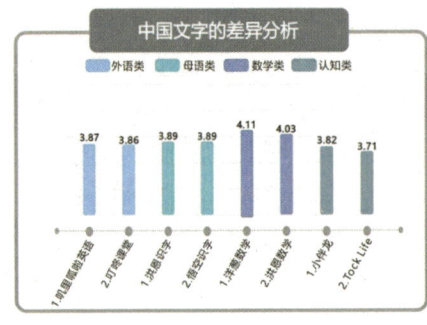 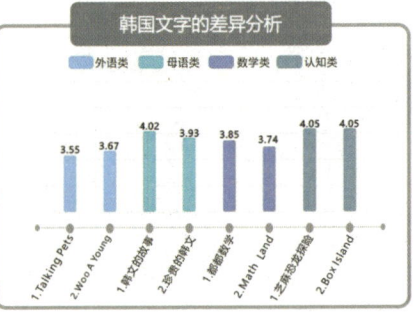

图 5-15　中国和韩国的文字差异分析结果

为了对韩国和中国儿童使用教育用 App 时关于动画要素的利用情况进行测量和评估，对各儿童教育 App 中的动画认可程度进行提问。即，提问 NQ7：你认为儿童教育 App 的动画是重要的吗？结合案例分析动画要素主要采用了 2D 动画、3D 动画和显示角色动画三种类型。分析结果显示，中国外语类的叽里呱啦英语（C=4.14）和韩国母语类的韩文的故事（C=4.18）由于使用了现实角色动画，在该项得分中平均得分最高。排名第二的是使用了 3D 动画的儿童教育 App，分别是中国母语类教育的洪恩识字（C=4.15）与数学类教育的洪恩数学（C=4.12）和韩国的认知类教育的 Box Island（C=4.08）。2D 动画是使用最为普遍的动画制作类型，但是平均分在三种动画类型中排名最低。因此得出结论，在儿童教育 App 的制作过程中，现实角色动画和 3D 动画相比较 2D 动画而言,更能获得儿童用户的认同感。

表 5-56 动画的差异分析

类型	外语类教育				母语类教育				数学类教育				认知类教育			
	中国		韩国		中国		韩国		中国		韩国		中国		韩国	
	1	2	1	2	1	2	1	2	1	2	1	2	1	2	1	2
样本(名)	52	56	58	55	54	56	50	55	56	57	54	53	57	55	56	59
得分(C)	4.14	4.03	4.16	4.15	4.15	4.16	4.18	4.10	3.86	4.12	4.04	3.96	3.89	3.89	4.01	4.08
平均偏差	0.846		0.916		1.055		1.005		1.113		0.888		1.151		0.899	
均值(M)	4.10		4.15		4.16		4.15		4.04		4.01		3.89		4.03	

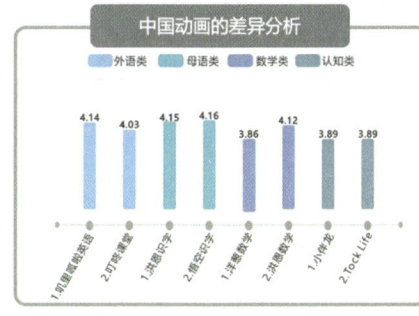
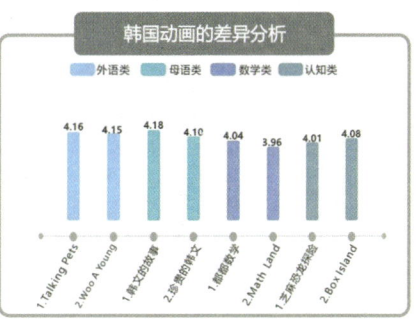

图 5-16 中国和韩国的动画差异分析结果

为了对韩国和中国儿童使用教育 App 时关于界面布局的利用情况进行测量和评估,对各儿童教育 App 中出现的界面布局的喜好程度进行提问。即,提问 NQ8:你喜欢儿童教育 App 的页面设计吗?韩国和中国的界面布局主要有 Tab 式、全屏式和侧滑式 3 种类型。其中,平均分最高的是采用全屏式界面布局的儿童教育 App,中国案例中分别是数学类教育的洪恩数学(C=4.10)和认知类教育的 Tock Life(C=4.22)。韩国分别是外语类教育的 Talking Pets (C=4.16),数学类教育的都都数学(C=4.15)和认知类教育的 Box Island(C=4.22)。反面,侧滑式界面布局只有中国外语类教育的叽里呱啦英语(C=3.86)在使用,平均分在所有儿童教育 App 中排名最低。

因此得出结论,相比较 Tab 式和侧滑式而言,儿童用户更加青睐于全屏式的布局设计。

表 5-57　界面布局的差异分析

类型	外语类教育				母语类教育				数学类教育				认知类教育			
	中国		韩国		中国		韩国		中国		韩国		中国		韩国	
	1	2	1	2	1	2	1	2	1	2	1	2	1	2	1	2
样本(名)	52	56	58	55	54	56	50	55	56	57	54	53	57	55	56	59
得分(C)	3.86	4.10	4.16	4.11	4.15	4.16	3.87	3.86	4.02	4.10	4.15	4.11	4.21	4.22	4.04	4.22
平均偏差	1.172		1.067		1.059		0.987		0.893		0.888		0.897		0.995	
均值(M)	4.06		4.14		4.16		3.86		4.04		4.13		4.22		4.18	

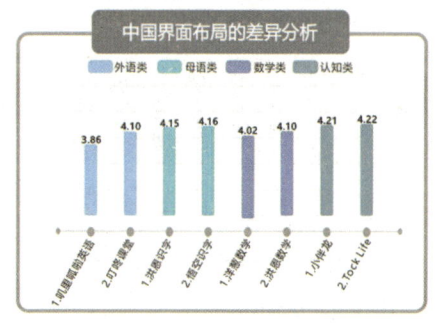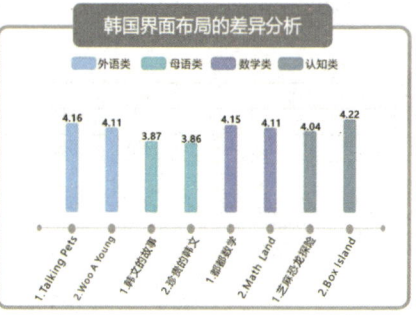

图 5-17　中国和韩国的界面布局差异分析结果

三、故事文本叙事设计阶段的差异分析

故事文本叙事设计阶段主要由故事内容、故事角色、故事场景和学习主题共同组成。为了测试和评估中国和韩国学习者在使用儿童教育 App 过程中与故事内容有关的设计情况,从而提出了四个问题。关于故事文本叙事设计阶段的问题总结如下。

表 5-58　故事文本叙事设计阶段的问卷内容

测量项	类型	问卷内容
NQ9.	故事内容	儿童教育 App 的故事内容,让你感到有趣吗?
NQ10.	故事角色	儿童教育 App 的角色形象,让你感到舒适愉悦吗?
NQ11.	故事场景	你喜欢儿童教育 App 的故事场景吗?
NQ12.	学习主题	你喜欢儿童教育 App 的学习主题吗?

本研究为了评判中国和韩国学习者使用教育 App 时关于故事内容的利用情况,从而对各儿童教育 App 中出现的故事内容的喜好程度进行提问。即,提问 NQ9:儿童教育 App 的故事内容,让你感到有趣吗?通过先行研究,故事内容主要分为冒险类、生活类和独立剧本类三种故事内容叙述类型。

中国和韩国的教育 App 各有 4 款采用了冒险类故事,相同类型教育 App 的得分也近似。其中,中国母语类儿童教育 App(M=4.33),以及数学类儿童教育 App(M=4.38)。韩国的是数学类儿童教育 App(M=4.21),以及认知类儿童教育 App(M=4.26)。

生活类故事内容的使用情况中,韩国分别是外语类教育的 Talking Pets App(C=4.45)和母语类儿童教育 App 的韩文的故事(C=3.95),以及中国认知儿童教育 App 的 Tock Life(C=4.38)。

而中国的叽里呱啦英语(C=4.12),认知教育类的小伴龙(C=4.15),以及韩国外语类教育的 Woo A Young(C=4.02)则使用了独立剧本类型的故事内容。

其中,中国的外语类教育叮咚课堂(C=2.19)和韩国的母语类教育的珍贵的韩文(C=2.25)中没有出现故事内容,而是依靠教育游戏对学习者进行直接教学引导,在关于故事内容的问项中,没有被应答者所认可。

同时分析结果也显示,在故事文本叙事设计阶段中,有关故事内容喜好程度的问项得分普遍较高,这也说明故事内容在正确引导儿童的学习过程中扮演了重要角色。通过差异性分析发现,中国和韩国儿童对冒险类故事和生活类故事认可程度较高,而独立剧本类故事相比较前两种故事类型而言,认可程度略低。

表 5-59 故事内容的差异分析

类型	外语类教育				母语类教育				数学类教育				认知类教育			
	中国		韩国		中国		韩国		中国		韩国		中国		韩国	
	1	2	1	2	1	2	1	2	1	2	1	2	1	2	1	2
样本(名)	52	56	58	55	54	56	50	55	56	57	54	53	57	55	56	59
得分(C)	4.12	2.19	4.45	4.02	4.35	4.30	3.95	2.25	4.40	4.35	4.25	4.18	4.15	4.38	4.25	4.26
平均偏差	1.246		0.980		1.049		0.946		0.998		0.788		0.956		1.046	
均值(M)	2.76		4.35		4.33		2.83		4.38		4.21		4.28		4.26	

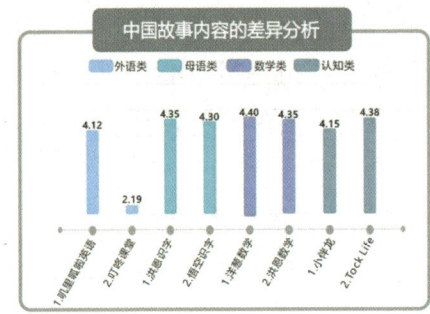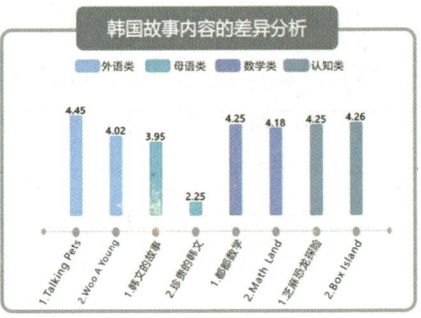

图 5-18 中国和韩国的故事内容差异分析结果

为了对中国和韩国儿童使用教育用 App 时关于故事角色的设计情况进行测量和评估,对各儿童教育 App 中出现的故事角色的喜好程度进行提问。即,提问 NQ10:儿童教育 App 的角色形象,让你感到舒适愉悦吗?故事角色分为探索互动性角色、内在互动性角色、外在互动性角色和本体互动性角色。

探索互动性角色是中国和韩国儿童教育 App 中使用最多的角色类型。分别是中国外语类教育的叽里呱啦英语(C=4.20)和叮咚课堂(C=4.11),母语类教育的洪恩识字(C=4.28)和悟空识字(4.34),以及数学类教育的洪恩数学(C=4.32)。韩国的则是外语类教育的 Talking Pets(C=4.18)和

Woo A Young(C=4.18),母语类教育的韩文故事(C=4.12)和珍贵的韩文(C=3.85),认知类教育的芝麻恐龙探险(C=4.18)。

内在互动性角色仅有韩国的儿童教育 App 在使用,分别是数学类教育的都都数学(C=3.90)和 Math Land(C=3.97),以及认知类教育的 Box Island(C=3.95)。中国认知类教育的小伴龙(C=3.30)和 Tock Life(C=3.39)采用了外在互动性角色。本体互动性角色只有中国数学类教育的洋葱数学(C=4.02)在使用。

通过差异性分析发现,学习者对儿童教育 App 中使用了探索互动性角色的认可程度较高,而学习者认可程度最低的是使用了外在互动性角色的中国认知类教育 App。

表 5-60　故事角色的差异分析

类型	外语类教育				母语类教育				数学类教育				认知类教育			
	中国		韩国		中国		韩国		中国		韩国		中国		韩国	
	1	2	1	2	1	2	1	2	1	2	1	2	1	2	1	2
样本(名)	52	56	58	55	54	56	50	55	56	57	54	53	57	55	56	59
得分(C)	4.20	4.11	4.18	4.18	4.28	4.34	4.12	3.85	4.02	4.32	3.90	3.97	3.30	3.39	4.18	3.95
平均偏差	0.876		1.005		1.137		0.967		1.045		0.993		1.098		1.002	
均值(M)	4.15		4.18		4.31		3.98		4.18		3.93		3.34		4.06	

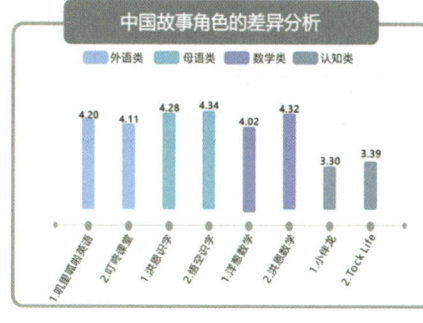
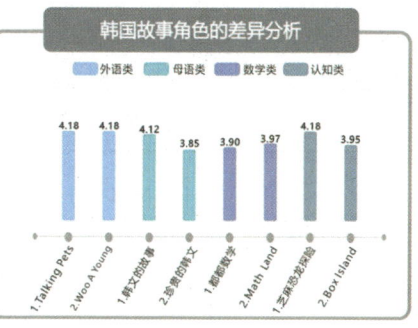

图 5-19　中国和韩国的故事角色差异分析结果

为了对中国和韩国儿童使用教育 App 时关于故事场景的设计情况进行测量和评估,对各儿童教育 App 中出现的故事场景的喜好程度进行提问。即,提问 NQ11:你喜欢儿童教育 App 的故事场景吗?故事场景采取了和动画要素同样的分类方式,采用了 2D 动画场景、3D 动画场景和现实角色动画场景三种类型。

分析结果显示,韩国母语类教育的珍贵的韩文(C=1.85)和中国外语类教育的叮咚课堂(C=1.56)没有出现故事内容,因此在该项应答中得分为最低。但与珍贵的韩文和叮咚课堂同一种类型的韩文的故事 App(C=4.28)和叽里呱啦英语 App(C=4.31)由于使用了现实角色动画场景,平均得分为最高。

采用了 3D 动画场景的儿童教育 App 得分排名第二。分别是韩国认知类 Box Island (C=4.02),中国母语类教育的洪恩识字(C=4.08)、数学类教育的洪恩数学(C=4.10)。因此通过差异性分析得出,在故事场景的设计过程中,采用现实角色动画场景和 3D 动画场景更能获得儿童用户的认同感。

表 5-61　故事场景的差异分析

类型	外语类教育				母语类教育				数学类教育				认知类教育			
	中国		韩国		中国		韩国		中国		韩国		中国		韩国	
	1	2	1	2	1	2	1	2	1	2	1	2	1	2	1	2
样本(名)	52	56	58	55	54	56	50	55	56	57	54	53	57	55	56	59
得分(C)	4.31	1.56	4.05	3.97	4.08	4.01	4.28	1.85	3.94	4.10	4.08	4.07	4.08	4.01	3.74	4.02
平均偏差	1.203		0.909		0.967		0.936		0.864		1.1448		1.114		1.006	
均值(M)	2.82		4.00		4.05		3.14		4.03		4.08		4.04		3.85	

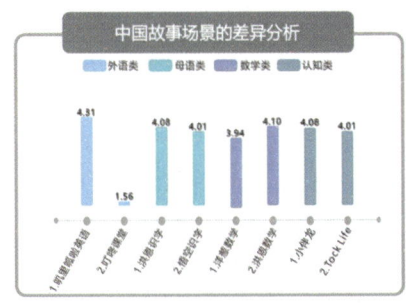
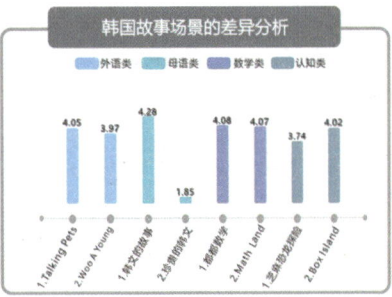

图 5-20 中国和韩国的故事场景差异分析结果

为了对中国和韩国儿童教育 App 的学习主题设计情况进行测量和评估,从而进行提问。即,提问 NQ12:你喜欢儿童教育 App 的学习主题吗?学习主题主要分为制定性主题、诱发性主题、即时性主题和嵌入式主题四种。通过差异性分析发现,采用了即时性主题的韩国母语类教育 App 的珍贵的韩文(C=4.08)、中国外语类儿童教育 App 的叮咚课堂(C=3.76)和认知类儿童教育 App 的 Tock Life(C=3.71)的得分率为最低。而其余三种类型的学习主题并没有发现有太大的差异。

表 5-62 学习主题的差异分析

类型	外语类教育				母语类教育				数学类教育				认知类教育			
	中国		韩国		中国		韩国		中国		韩国		中国		韩国	
	1	2	1	2	1	2	1	2	1	2	1	2	1	2	1	2
样本(名)	52	56	58	55	54	56	50	55	56	57	54	53	57	55	56	59
得分(C)	4.25	3.76	4.03	4.05	4.08	3.96	4.33	4.08	4.03	4.04	4.02	3.86	4.02	3.71	4.10	4.19
平均偏差	0.901		0.979		1.013		0.915		1.027		1.193		1.119		1.037	
均值(M)	3.95		4.04		4.02		4.28		4.04		3.90		3.87		4.16	

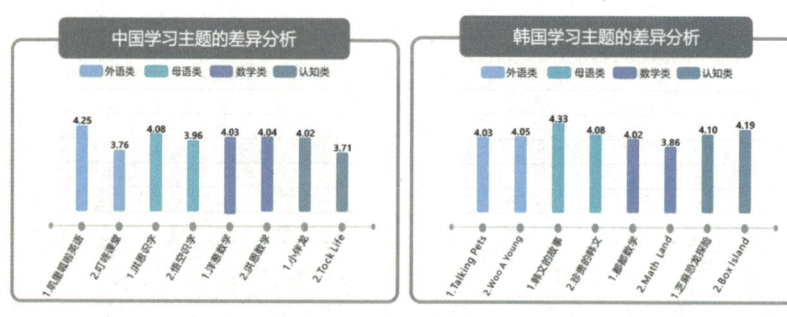

图 5-21 中国和韩国的学习主题差异分析结果

四、用户参与体验叙事设计阶段的差异分析

用户参与体验叙事设计阶段主要由互动的自由度、规则设计、故事的非线性、用户参与程度共同组成。为了测试和评估中国和韩国儿童在使用儿童教育 App 过程中与互动行为有关的体验情况,从而提出了四个问题。关于用户参与体验叙事设计阶段的问题总结如下。

表 5-63 用户参与体验叙事设计阶段的问卷内容

测量项	类型	问卷内容
NQ13.	互动的自由度	你喜欢在儿童教育 App 中,按照你的想法完成学习任务吗?
NQ14.	规则设计	你喜欢在完成学习任务后获得的奖励吗?
NQ15.	故事的非线性	你可以在儿童教育 App 中体验不同的故事吗?
NQ16.	用户参与程度	你会和小伙伴一起使用儿童教育 App 学习吗?

为了对中国和韩国儿童教育 App 中出现的互动自由度的设计情况进行测量和评估,从而进行提问。即,提问 NQ13:你喜欢在儿童教育 App 中,按照你的想法完成学习任务吗? 分析结果显示,同一种类型儿童教育 App 的得分近似。中国平均分最高的是数学类儿童教育 App($M=4.11$),得分最低的是认知类儿童教育 App($M=3.71$)。韩国平均分最高的是母语类教育 App($M=4.28$),得分最低的是外语类教育 App($M=3.84$)。通过差异性分

析可以发现中国和韩国学习者基本对儿童教育 App 中互动行为的体验程度呈满意态度，并且可以按照自己的想法对教育 App 实施操作并学习。

表 5-64　互动自由度的差异分析

类型	外语类教育				母语类教育				数学类教育				认知类教育			
	中国		韩国		中国		韩国		中国		韩国		中国		韩国	
	1	2	1	2	1	2	1	2	1	2	1	2	1	2	1	2
样本（名）	52	56	58	55	54	56	50	55	56	57	54	53	57	55	56	59
得分(C)	4.03	4.00	3.95	3.80	4.02	3.96	4.25	4.30	4.14	4.08	4.00	3.97	3.73	3.70	4.05	4.05
平均偏差	0.932		1.179		0.941		0.781		0.972		0.966		1.095		1.0346	
均值(M)	4.00		3.84		3.97		4.28		4.11		3.99		3.71		4.05	

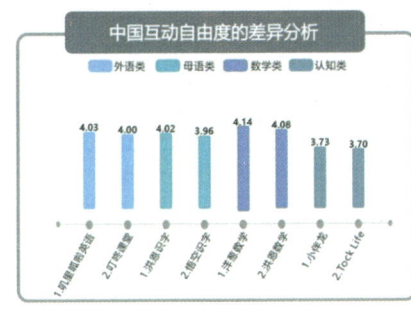
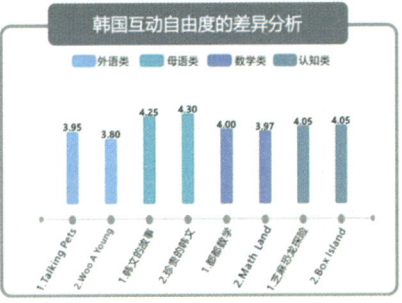

图 5-22　中国和韩国的互动自由度差异分析结果

为了对中国和韩国儿童使用教育用 App 时关于规则设计的使用情况进行测量和评估，合理的奖励规则可以很好地限定和引导用户的行为能力，并依据游戏化要素的特征分为积分、徽章和排行榜三个类型，因此对各类型儿童教育 App 中奖励制度的设置情况进行提问。即，提问 NQ14：你喜欢在完成学习任务后获得的奖励吗？中国的儿童教育 App 大部分采用了三种奖励制度结合的体验形式。韩国大部分儿童教育 App 仅使用了积分一种奖励制度，仅有外语类教育 App 的 Talking Pets 和数学类教育 App 的都都数学使用了徽章和排行榜两种奖励制度。

分析结果显示,中国和韩国儿童普遍对儿童教育App中出现的奖励制度感到满意。但是通过差异性分析发现中国在该项的平均分值普遍超过了韩国教育App的得分,分别是外语类(M=4.24)、母语类(M=4.23)、数学类(M=4.05)、认知类(M=4.26)。另外,韩国外语类教育App的Talking Pets(C=4.22)和数学类教育App的都都数学(C=4.35)由于采用了同中国相似的奖励制度,得分也普遍领先于其他类型的教育App。因此得出结论,儿童教育App中采用积分、徽章和排行榜三种类型相结合的奖励制度会更能获得儿童用户的认同。

表 5-65 规则设计的差异分析

类型	外语类教育				母语类教育				数学类教育				认知类教育			
	中国		韩国		中国		韩国		中国		韩国		中国		韩国	
	1	2	1	2	1	2	1	2	1	2	1	2	1	2	1	2
样本(名)	52	56	58	55	54	56	50	55	56	57	54	53	57	55	56	59
得分(C)	4.26	4.23	4.22	3.89	4.26	4.21	4.03	4.07	4.10	4.00	4.35	4.08	4.28	4.25	4.08	4.12
平均偏差	0.883		0.971		0.971		1.044		1.001		0.917		0.833		1.012	
均值(M)	4.24		4.09		4.23		4.05		4.05		4.20		4.26		4.10	

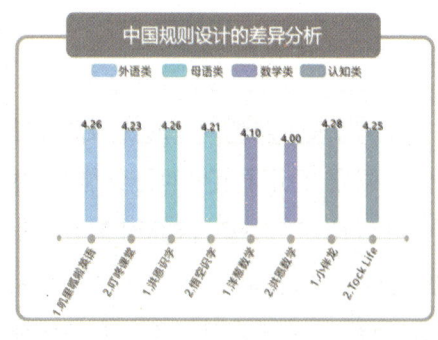
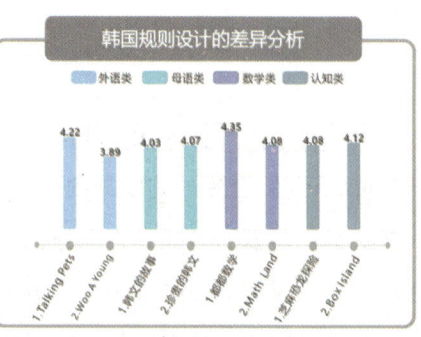

图 5-23 中国和韩国的规则设计的差异分析结果

为了对中国和韩国儿童教育App中,故事非线性的设计情况进行测量和评估,因此针对各类型儿童教育App中故事多样化的体验程度进行提问。

即,提问 NQ15:你可以在儿童教育 App 中体验不同的故事吗?通过前期案例分析得出,各类型教育 App 的故事非线性主要采用了树状结构和网状结构两种结构形式。

其中,使用网状结构的是中国数学类教育 App 的洋葱数学(C=4.04)和洪恩数学(C=4.00),认知类教育 App 的小伴龙(C=4.10)和 Tock Life(C=4.02);韩国外语类教育 App 的 Woo A Young(C=4.12),母语类教育 App 的韩文的故事(C=4.22),数学类教育 App 的都都数学(C=4.05)和认知类教育 App 的芝麻恐龙探险(C=4.02)。

树状结构的使用情况中,分别是中国外语类教育 App 的叽里呱啦英语(C=4.15),母语类教育 App 的洪恩识字(C=4.15)和悟空识字(C=3.84);韩国的外语类教育 App 的 Talking Pets(C=3.84),数学类教育 App 的 Math Land(C=3.92)和认知类教育 App 的 Box Island(C=3.81)。

其中,中国外语类教育 App 的叮咚课堂(C=2.85)和韩国母语类教育 App 的珍贵的韩文(C=2.98)由于没有采用故事对儿童的学习进行引导,因此在该项分值同样得分最低。

通过差异性分析可以发现,故事内容使用网状结构的儿童教育 App 的平均分普遍高于使用树状结构的教育 App。因此得出结论,网状结构的故事互动形式更能获得儿童用户的认可。

表 5-66 故事非线性的差异分析

类型	外语类教育				母语类教育				数学类教育				认知类教育			
	中国		韩国		中国		韩国		中国		韩国		中国		韩国	
	1	2	1	2	1	2	1	2	1	2	1	2	1	2	1	2
样本(名)	52	56	58	55	54	56	50	55	56	57	54	53	57	55	56	59
得分(C)	4.15	2.85	3.84	4.12	4.15	3.84	4.22	2.98	4.04	4.00	4.05	3.92	4.10	4.02	4.02	3.81
平均偏差	0.998		1.031		1.023		1.185		1.045		0.923		0.968		1.024	
均值(M)	3.54		3.94		4.05		3.62		4.02		3.96		4.04		3.87	

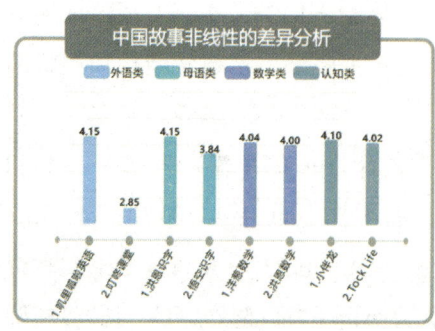 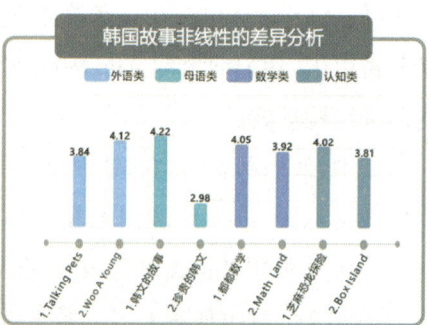

图 5-24　中国和韩国的故事非线性差异分析结果

为了对中国和韩国儿童教育 App 中用户参与程度进行测量和评估,因此针对在儿童教育 App 中,学习者是否期望与其他学习者互动进行提问。即,提问 NQ16:你会和小伙伴一起使用儿童教育 App 学习吗?

差异性分析结果显示,由于中国多数儿童教育 App 采用了网络交流功能,平均分值普遍高于韩国儿童教育 App。其中,中国平均分值最高的是认知类儿童教育 App(M=4.32)。同时,韩国的平均分显示,韩国儿童也普遍表现出与其他学习者共同互动交流的意愿。其中,平均分最高的是外语类儿童教育 App(M=4.33)。因此得出结论,在儿童教育 App 中使用网络交流功能更符合中国和韩国儿童的意愿。

表 5-67　用户参与程度的差异分析

类型	外语类教育				母语类教育				数学类教育				认知类教育			
	中国		韩国		中国		韩国		中国		韩国		中国		韩国	
	1	2	1	2	1	2	1	2	1	2	1	2	1	2	1	2
样本(名)	52	56	58	55	54	56	50	55	56	57	54	53	57	55	56	59
得分(C)	4.20	4.32	4.48	4.24	4.42	4.26	4.15	4.22	4.25	4.29	4.14	3.92	4.35	4.28	4.08	4.09
平均偏差	0.966		0.887		0.936		0.907		0.989		0.968		0.830		1.041	
均值(M)	4.25		4.33		4.31		4.18		4.27		4.00		4.32		4.08	

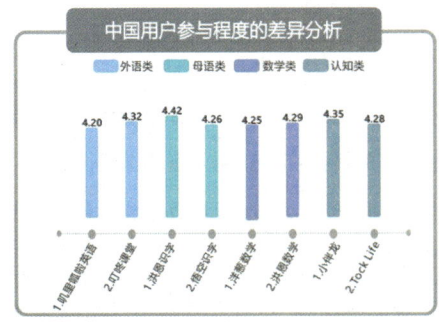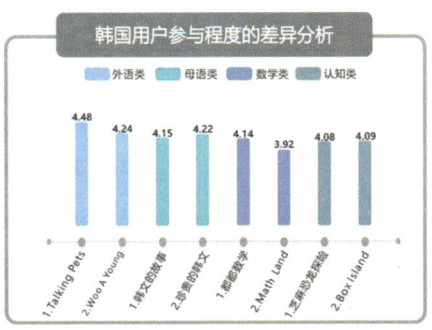

图 5-25　中国和韩国的用户参与程度差异分析结果

五、分析结果

本研究通过对不同类型儿童教育 App 实施假设验证分析，得出了在智能学习环境下，交互性叙事各阶段的设计要素可以对学习者的学习沉浸体验产生积极影响。这同时验证了学习者的特征、图形叙事设计阶段、故事文本叙事设计阶段和用户参与体验叙事设计阶段可以正向（＋）影响学习沉浸体验的前提阶段、影响阶段和体验阶段。并且基于学习者层面，通过差异性分析得出了中国和韩国不同类型儿童教育 App 的学习者特征和交互性叙事设计要素的差异点。

中国和韩国儿童教育 App 中学习者特征和交互性叙事各阶段设计要素的差异分析结果整理如下。

表 5-68　差异分析结果

变量	类型	差异分析结果
学习者特征	技能水准	儿童教育 App 的操作难度应该符合儿童的实际操作能力,过于容易的操作和过于简单的操作都会影响儿童的学习体验。
	感知能力	认知教育用 App 的学习内容与外语、母语和数学相比的话,更容易引起学习者的探索欲望。
	学习动机	儿童教育 App 的操作难度越高,学习者获得的学习动机就越强。而学习者在学习难度较低的情况下,获得的学习动机也会相对较弱。
图形叙事设计阶段	色彩	儿童在使用教育用 App 时,相比较于淡绿色(GY)和蓝色(B),朱黄色(YR)更受到儿童的青睐。
	图标	儿童教育 App 的图标设计应该更加符合儿童用户的心理预想。简单明了和形象活泼的图标设计更能获得儿童用户的青睐。
	文字	选择非衬线体字体的中国和韩国的儿童教育 App 得分普遍较低。
	动画	儿童教育 App 的体验过程中,现实角色动画和 3D 动画相比较 2D 动画而言,更能获得儿童用户的认同感。
	界面布局	相比较标签(Tab)式和侧滑式而言,儿童用户更加青睐于全屏式的界面布局设计。
故事文本叙事设计阶段	故事内容	儿童对冒险类和生活类故事的认可程度较高。而独立剧本类故事相比较前两种故事类型而言,认可程度略低。
	故事角色	学习者对儿童教育 App 中使用了探索互动性角色的认可程度较高。而学习者认可程度最低的是外在互动性角色。
	故事场景	采用现实角色故事场景和 3D 故事场景更能获得儿童用户的认同感。
	学习主题	采用了制定性主题的 App 受学习者认可程度较低,诱发性、嵌入式和即时性主题的 App 获得的认可程度较高。

(续表)

用户参与体验叙事设计阶段	互动的自由度	中国和韩国儿童基本对儿童教育 App 中互动行为的体验程度呈满意的态度,并且可以按照自己的想法对儿童教育 App 实施操作并学习。
	规则设计	中国儿童教育 App 采用了积分、徽章和排行榜三种类型相结合的奖励规则模式,比单独使用积分奖励模式的韩国儿童教育 App 来说,学习者的认可程度较高。
	故事的非线性	中国和韩国的儿童教育 App 中,网状结构的平均分普遍高于树状结构。
	用户参与程度	中国多数儿童教育 App 采用网络交流功能。因此,在与他人共同进行在线学习的意向调查中,平均值高于韩国儿童教育 App。

结合假设验证和差异性分析,本研究的综合分析结果整理如下。

第一,根据不同类型儿童教育 App 的操作及学习难易度的差异情况,学习者在使用儿童教育 App 时会对学习沉浸体验的控制感、调整和技术的均衡特征产生积极的影响。

学习者技能水平越高,越容易产生学习沉浸体验,这也与契克森米哈提出的技能水平的高低是影响心情舒畅的重要因素相吻合。研究发现如果学习者的学习层次和移动设备的使用水平较低,将无法顺利利用儿童教育 App 进行学习,也就无法完整地体验儿童教育 App 提供的各项服务,并难以完成学习任务,从而无法形成学习沉浸体验中的控制感、挑战及技术的均衡。

感知能力越强则越有利于学习者产生学习沉浸体验。当学习者感到自己能够不受儿童教育 App 的限制,并根据自己的意愿主动进行学习和探索时,学习者更容易产生学习沉浸体验。也就是说,学习者在儿童教育 App 的学习过程中,更享受主动操作的愉悦感,而不是被驾驭的束缚感。

学习动机更有利于儿童学习沉浸的产生,这与研究设计中马龙(Malone)提出的结论相符。学习者在儿童教育 App 的学习过程中,会根据自己的技能水平和学习兴趣选择自己喜欢的学习内容,完成学习任务后会获得较高的热情和成就感,这也使学习者愿意在自己感兴趣的学习问题上花费更多的时间和精力。

同时,差异性分析结果显示,基于不同类型的儿童教育 App,学习者技能水准的高低与学习动机的强弱程度,对学习沉浸体验的影响效果均成正比。即,学习者在儿童教育 App 的使用过程中,操作难度和学习难度越高,学习者获得的学习动机就越强;而学习者在学习和操作较为容易的情况下,获得的学习动机会相对较弱。

第二,大部分儿童教育 App 的图形叙事设计阶段可以积极地影响学习沉浸体验中的易用性和即时性的反馈。

通过分析发现,儿童教育 App 的图形叙事设计阶段对易用性和即时性的反馈具有积极的影响。即,儿童教育 App 的图形、文字、动画等视觉要素的使用越便捷,反馈的效率越及时,学习者就越倾向于继续使用该款教育App。霍夫曼(Hoffman)发现如果媒介的视觉表现要素与学习者处于良性互动状态,学习者就有可能因为便利的使用方式而感到愉悦,也更容易产生学习沉浸体验。[1] 本研究再次验证了这一结论。但是采用了不被学习者认可的图形叙事设计要素时,就会对学习者的学习沉浸体验起到反向效果。例如,韩国外语类教育 App 中的文字设计会反向影响儿童的学习效果。

同时,儿童教育 App 中界面反馈效果的及时与流畅,也容易使学习者产生学习沉浸体验。这一结论也与马龙提出的媒介反馈程度会影响学习者的学习效果相符合。这说明儿童教育 App 的操作便捷程度越高,学习者越能轻松使用并学习知识。

第三,将故事内容与互动学习相融合的儿童教育 App 更容易让学习者形成学习沉浸体验中明确的目标、注意力集中、自我意识的消失和扭曲的时间感。同时明确了在智慧学习环境下,故事要素在儿童学习过程中扮演了

---

[1] Hoffman,Donna L,Novak,Thomas P. *Marketing in Hypermedia Computer-Mediated Environments: Conceptual Foundations*[J]. Journal of Marketing,1999,(04):50 - 68.

重要角色。

这一研究结论与诺瓦克(Novak. T. P)等学者提出的明确目标和注意力的集中会对学习沉浸体验的产生起到促进作用相符合。① 本研究发现当儿童教育 App 中融合了故事内容与自由的交互时,可以更加有效地给学习者提供感兴趣的学习任务和目标。在提高了其学习兴趣和学习动机的同时,也可以给予明确的任务信息,从而帮助学习者完成相应的学习任务,并使其获得成就感和满足感。并且故事特有的链接性和不可预测性会激发学习者的好奇心,从而使学习者更加专注于完成学习任务。

中国外语类教育 App 和韩国母语类教育 App 由于没有通过故事内容来引导学习者的学习,而是使用直接命令的形式告知学习者的学习任务,因此没有通过假设验证。由此可以发现单纯以提高儿童学习成绩为目标的教育形式并不被儿童学习者所认可,也无法帮助学习者维持长时间的学习集中性。该结论也证明了故事因素在儿童学习过程中扮演了重要角色。

同时,用户参与体验叙事设计阶段的验证结果也符合霍夫曼提出的学习者通过互动过程会产生自我意识的消失和扭曲的时间感。② 研究表明,在学习者通过儿童教育 App 的学习时,良好的互动效果、多样化的学习体验、完成学习任务后获取的奖励和与他人在线自由沟通的功能是吸引儿童学习的手段,这也是交互性叙事区别于传统叙事的重要特征。但是要让儿童在学习过程中得到满足,还是要多考虑故事内容的质量。因为由内在的感受所产生的忘我的学习效果会比外在的影响更加有效。

第四,基于交互性叙事,学习者通过使用儿童教育 App 可以积极影响学习沉浸体验中自我目的性体验,并最终为学习者带来学习能力的提高、学习态度的转变和学习的愉悦性。

研究表明良好的视觉要素、故事要素和互动行为体验最终会使学习者

---

① Novak T P, Thomas R. *Internet Marketing*:*Influences*,*Themes and Directions*[C]. https://www. ama. Org/search/pages/results. aspx? k=internet%20market,2017:03-15.
② Hoffman,Donna L, Novak, Thomas P. *Marketing in Hypermedia Computer－Mediated Environments*:*Conceptual Foundations*[J]. Journal of Marketing,1999,(04):50-68.

在一系列学习沉浸的过程中形成"具有目的性的体验"。同时本研究结论也与 Chen H 提出的"沉浸体验的最大回馈是学习者在学习过程形成的有目的性的体验"相符合。

通过儿童教育 App,学习者所产生的学习沉浸体验感越强,学习能力提高的效果也就越显著。如果学习者能够全身心地沉浸于学习并实现了自我目标,就会在学习的过程中产生愉悦的心灵感受,学习者就有可能会为了再次获得这种情感体验而再次甚至持续地使用儿童教育 App。

第五,交互性叙事与学习沉浸体验的影响关系也可以适用于中国和韩国不同类型的儿童教育 App。

本研究在针对中国和韩国四种类型共 16 款儿童教育 App 的问卷调查中,各变量的正态性分布情况大体一致。并且问卷调查中 35 个问项之间的 Cronbach's Alpha 值均大于 0.85,KMO 值均大于 0.8,这证明该问卷调查具有较高的信度与效度。显示了不同类型的儿童教育 App 的问卷调查数据均符合回归模型的研究假设分析要求,并具有良好的稳定性。

并且不同类型的儿童教育 App 的样本数据均能很好地解释各变因对儿童学习沉浸体验的影响关系。这说明本研究构建的基于交互性叙事,儿童通过教育用 App 形成学习沉浸体验的假设模型具有较好的显著度和说服力,可以适用于中国和韩国不同类型儿童教育 App 的学习沉浸研究。

结　论

本研究首先对交互性叙事及学习沉浸体验的相关概念进行归纳整理，并针对中国和韩国的4种类型共计16款儿童教育App进行案例分析。为了进一步验证学习者通过交互性叙事可以形成学习沉浸体验，从而实施了问卷调查。最后，通过SPSS 24.0验证了回收有效数据的信度和效度，并通过实证分析和差异分析证明了不同学习类型的儿童教育App中交互性叙事对学习沉浸体验所产生的正向（＋）影响效果。

本部分将归纳和整理相关研究结果并做出具体的结论。另外，还将从儿童教育App的设计角度出发，提出交互性叙事的设计策略；从社会环境的角度出发，提出儿童教育App的优化建议。最后分析本研究的局限点，并提出后续研究的展望意见。

一、研究结果及建议

从分析结果得出，在儿童教育App中，交互性叙事的设计要素可以有效提高学习者的学习理解力和兴趣，并使其持续沉浸到学习的过程中。相反，如果缺乏了交互性叙事各阶段的设计要素，学习者在使用儿童教育App时会感到枯燥乏味、兴趣下降，甚至学习沉浸的时间也会相应减少。

与传统教育不同，在智慧学习环境下的儿童教育App的主要目的是寓教于乐和帮助学习者提高学习效果，不仅承载着教育功能，也要考虑到儿童身心发展的健康问题。儿童教育App如果一味地强调以提高学习成绩或得到更高的分数等外在附加价值来吸引学习者，必定事与愿违。设计者们需要做的是从学习者的角度出发，对学习者的学习体验与感受给予更多的关注。已有大量的实证研究表明，在以娱乐为导向的儿童教育产品的研发中，使学习者产生学习沉浸体验的关键因素是教育产品能否提高学习者的学习兴趣和带给其身心融合的体验经历。

本研究证实了在以交互性叙事为导向的儿童教育App中，这一结论同样成立。由此可以推断出，8～12岁的儿童想不想通过儿童教育App进行学习和持续学习，最为关键的还是取决于教育产品是否能够带给他们愉悦的学习感受，以及在产品的使用过程中是否与学习者的自身特征相互吻合。其中，交互性叙事在这里扮演了至关重要的引导性角色。这一研究结论对儿童教育App的设计者与开发者具有重要的启发意义。因此，再将交互性叙事应用到教育的过程中需要通过周密、细致的审美与设计，从而使学习者形成良好的沉浸体验效果。

基于交互性叙事，本研究对儿童教育App的开发提出以下设计建议。

第一，从视觉角度出发，色彩的设计应该多采用草绿色（GY）、蓝色（B）和朱黄色（YR）等纯度和明度较高的色彩，同时图标设计应该选择儿童喜爱的卡通造型形象。

同时，以儿童为用户时，儿童教育App选择装饰性和趣味性更强的字体或许更能吸引儿童的关注。在动画设计方面，视觉表现力强的现实角色动画和3D动画，更能获得儿童用户的认同感。

界面布局的设计应该更加符合儿童的认知特征。学习者不仅能够随意控制视觉范围内的界面图标也可以轻松控制故事角色，同时操作要给予即时的反馈，并且界面的设计应该和真实生活中的准则一致，能够引发学习者的心理共鸣。

第二，从故事角度出发，儿童教育App中故事内容要结构清晰，同时故事内容应该是学习者以前没有体验过的和具有悬念的。学习者在儿童教育App中寻求的是学习的愉悦性和探索性，如果学习者已经了解了故事内容，就会对继续使用儿童教育App失去兴趣，并且儿童教育App中的故事可以设置一系列的悬念让学习者进行预测和探索。悬念可以很好地激发学习者的好奇心，从而使学习者在思考学习问题的同时，积极地参与到与故事的互动中去。

　　故事角色的设计应该让学习者感觉到与故事人物的融合。同时,故事角色的外观甚至性格方面的塑造可以让学习者有充分的决定权。学习者在儿童教育App的使用过程中就像故事角色一样,能够直接参与进故事的发展,从而体验真实生活中无法体验的经历。这样更加容易引起学习者和媒介以及故事之间的共情效果,使得学习者能够随着故事的发展,产生与故事角色相同的情感波动。

　　儿童教育App中设置的故事环境应该让学习者容易接受。现实角色动画场景和3D动画场景更能获得儿童用户的认同感。尽管故事信息在儿童教育App中往往已经叙述得很清楚,但是故事仍然需要学习者去进一步探索,并且会通过故事场景等已有的内部认知环境来加深未知信息的摄取力度。如果有太多的故事信息无法通过故事环境来获取,而学习者又对故事环境的设计缺乏兴趣,就会打击学习者学习和探索的主动性。

　　在学习主题的设计方面,儿童教育App应该明确告知学习者在学习过程中需要完成怎样的任务,并且学习者在学习过程中获得的任务应该是连续而不间断的。不能存在学习者不知道下一步的学习任务是什么的状况,这样会让学习者感到迷惑,从而失去对学习的专注度。

　　同时,学习主题的任务难度应该是有变化的。技能水平较高的学习者完成较难的任务时会产生更高的成就感,但技能水平较低的学习者体验较难的学习过程时反而会产生挫折感。因此,难度应该多样化并且可以让学习者自行选择适合自己的学习难度水平。

　　第三,从互动性角度出发。当学习者的学习任务完成时,要给予及时的、多样性的奖励。同时,学习者应该有选择或者改变某个故事情节或场景的权利,从而让学习者获得探索新领域的成就感。

　　在故事的非线性结构方面,儿童教育App中一系列故事之间的衔接应该自然而顺畅,并且具有不可预测性。由于儿童教育App中非线性故事结构主要通过学习者与学习内容之间的互动体现出来,但故事情节长时间的分隔状态也会破坏故事内容的完整性。

在互动的自由度和用户参与方面，儿童在使用教育用App的过程中，不仅仅是单纯地从文字、图片、声音和影像中获得与学习内容的互动，也包括了与他人交流合作的可能。互动性和交流性是儿童教育App有别于传统学习课程的特点，提供有参与主题、学习方案的互动内容能够培养儿童与他人的交流沟通能力与研究能力。

因此，在儿童学习过程中应该发挥网络互动合作学习的优势，从而提高儿童的认知能力。利用网络互动性的特点，让儿童对多人分工合作的网络活动产生兴趣，通过与他人的交流与讨论，提出自己的观点和想法，这对知识的建构与保持是有效的。

本研究对社会以及家庭提出的建议整理如下。

第一，从社会角度来说，要依靠政府的管理来净化学习者的学习环境。由于儿童教育产品中出现的大量容易导致儿童上瘾的游戏功能会对儿童的成长带来负面影响，过于开放的在线交流功能也会导致某些不安全因素的发生。同时，长时间使用移动设备进行学习，也会对目前处于身体发育阶段的儿童来说，带来视力和听力方面的影响。政府应该对儿童教育的产品进行类别的划分，对儿童教育产品在内容和功能方面进行严格的审核，在使用条件上进行限制。

第二，对儿童起到重要影响角色的学校来说，要积极地引导儿童的正确的学习行为。有选择性地提供多样化、个性化的儿童教育产品，鼓励儿童利用移动设备进行求知和探索。学校还应推广教育用App的使用范围，并且与儿童教育App的研发企业建立合作关系。鼓励教师直接参与教育用App的研发过程，开发适宜不同年龄段和不同学习层次的教育产品，从而帮助儿童在故事体验和娱乐中掌握知识并形成良好的品德。

第三，家庭作为儿童主要的学习场所之一，家长需要正确地监督和引导儿童的网络学习行为，不应该使用消极的管制措施加以单纯地限制。同时，家长需要主动与儿童沟通交流，鼓励其在现实中拓展与他人交流的能力。

对儿童网络活动中遇到的问题与困难,也要给予适当的建议与帮助。家长也可以主动参与到儿童的学习过程中,一方面对儿童的学习行为进行监管,另一方面也增加了营造幸福家庭的亲子时间。

二、研究局限及展望

本研究的局限点整理如下。

第一,本研究选择了中国上海地区和韩国首尔地区的8~12岁儿童为问卷调查对象。由于受到各方面条件的制约,在案例分析和问卷调查样本选取的范围与数量方面有一定的限制。问卷调查是随机发放并且数量有限,所以会导致不同类型的儿童教育App的影响因素在实证分析中产生差异。

第二,本研究的研究假设仅关注了学习者特征和交互性叙事三个阶段的设计要素对学习沉浸体验的影响关系。由于问卷的应答者是8~12岁儿童,虽然在父母的帮助下可以有效减少儿童问答集中度低下的问题,但是考虑到儿童有限的专注力,研究者并未将学习者的特征与交互性叙事各阶段的设计要素进行更为细致地提问,从而导致问卷题目数量上的制约。因此,本研究未能在更为微观和细致的层面就学习者特征与交互性叙事对学习沉浸体验的影响关系方面进行详细分析。

在本研究的基础上还可以从以下几个方面继续深入研究。

第一,深入分析学习者特征和交互性叙事的设计要素对学习沉浸体验的影响关系。

第二,选取更为多样化类型的儿童教育App案例,扩大问卷调查应答者的地区范围和年龄范围。或者选取特定研究对象进行长期跟踪调查研究,为研究模型和假设提供更为充分的数据支持。

第三,进一步改进研究模型以及研究假设,修正各变量的问卷调查测量表。

第四,在科学技术的不断发展下,交互性叙事的影响范围已经不仅仅是作用在儿童教育领域。在未来,我们期待在技能培训、康复治疗、虚拟现实游戏等相关领域能够有进一步探索。

参考文献

一、学术著作

[1]裴娣娜.教育研究方法导论[M].合肥:安徽教育出版社,1995.

[2]丁海东.学前儿童游戏理论[M].济南:山东人民出版社,2001.

[3][美]杰罗姆·布鲁纳.教育的文化:文化心理学的观点[M].宋文里译.台北:远流出版公司,2001.

[4][美]马克·柯里.后现代叙事理论[M].宁一中译.北京:北京大学出版社.2003.

[5]张文彤,董伟.SPSS统计分析高级教程[M].北京:高等教育出版社,2004.

[6][韩]金荣淑.色彩心理传播[M].首尔:韩国振兴出版社,2008.

[7][韩]苏康春.交互性叙事和文化产业[M].首尔:韩国文化出版社,2009.

[8][法]米歇尔·德·蒙田.论儿童教育[M].上海:上海人民出版社.2016.

[9]Maslow A H. *A Theory of Human Motivation*[M]. New York: Psychological Review. 1943.

[10]Karl Jaspers. *Was ist Erziehung*[M]. Shanghai: San Lian Bookstore. 1946.

[11]J P Gilford. *Psychometric Methods 2*[M]. New York: McGraw-Hill,1954.

[12]Burke Kenneth. *Introduction: The Five Key Terms of Dramatism*

from *A Grammar of Motives* [M]. Berkeley: University of California Press,1969.

[13]Jean Piaget. *Science of Education and the Psychology of the Child*[M]. New York: Orion Press. 1970.

[14]Csikszentmihalyi M. *Beyond Boredom and Anxiety*[M]. San Francisco:Jossey Bass Publishers,1975.

[15]Bandura Albert. *Self-efficacy Mechanism in Human Agency*[M]. New Jersey:American Psychologist. 1982.

[16]Maria Montessori. *The Secret of Childhood*[M]. Published by Ballantine Books. 1982.

[17]Csikszentmihalyi M. *The Flow Experience and its Significance for Human Psychology*[M]. Cambridge, MA: Cambridge University Press. 1988.

[18]Csikszentmihalyi M. *Flow: The Psychology of Optimal Experience*[M]. New York: Harper and Row,1990.

[19]Brenda Laurel. *Computer as Theatre*[M]. NY: Addison-Wesley Press,1993.

[20]Howard Rheingold. *The Virtual Community: Finding Connection in a Computerized World*[M]. London: Secker & Warburg,1994.

[21]J C Nunnally, L H Bernstein. *Psychometric Theory*[M]. New York: McGraw Hill,1994.

[22]Dancyger K, Rush J. *Alternative Script Writing, Second Edition*[M]. Washington D C:Focal Press,1995.

[23]Janet H Murray. *Hamlet on the Holodeck: The Future of Narrative in Cyberspace*[M]. New York:The free Press,1997.

[24]Murray, Janet Horowitz. *Hamlet on the Holodeck*[M]. New York:The Free Press,1997.

[25] Park Sun. *Visual Communication Design* [M]. Seoul: Mijin Press. 1999.

[26] Anovichm Lev. *The Language of New Media. Cambridge* [M]. Massachusetts London: The MIT Press, 2001.

[27] Marie-Laure Ryan. *Narrative as Virtual Reality: Immersion and Interactivity in Literature and Electronic Media* [M]. Baltimore: Johns Hopkins University Press, 2001.

[28] Roussou M. *The Interplay between Form Story and History: The use of Narrative in Cultural and Educational VR* [M]. Balet: Springer Verlag Berlin, 2001.

[29] Csikszentmihalyi M. *Flow The Classic Work on How to Achieve Happiness* [M]. London England: Rider Books, 2002.

[30] Jonassen D H, Land M S. *Theoretical Foundations of Learning Environments* [M]. Lawrence Erlbaum Associates. 2002.

[31] Clements, Rhonda L. Fiorention Lea. *The Chila's Right to Play: a Global Approach* [M]. New York: Hofstra University Press, 2004.

[32] Zimmerman E. *Narrative, Interactivity, Play, and Games: Four Naughty Concepts in need of Discipline* [M]. Cambridge, MA: The MIT Press, 2004.

[33] Ermi L, Mäyrä F. *Fundamental Components of the Gameplay Experience: Analyzing Immersion* [M]. Changing Views: Worlds in Play, 2005.

[34] Neitzel B. *Narrativity in Computer Games* [M]. Cambridge: Massachusetts press, 2005.

[35] Richard Buchanan. *Design as Inquiry: The Common, Future and Current Ground of Design* [M]. Melbourne: Monash University Press, 2005.

[36] Diane Carr. *Computer Game-Text, Narrative and Play*[M]. NY: Polity Press, 2006.

[37] Arthur Asa Berger. *Narratives in Popular Culture, Media, and Everyday Life*[M]. Los Angeles: Sage Publications, 2007.

[38] Sandra L Calvert. *Child Development in the Information Age*[M]. Commercial Press. 2007.

[39] Marie Laure Ryan. *New Narratives: Stories and Storytelling in the Digital Age*[M]. Lincoln: University of Nebraska Press, 2011.

[40] Chris Crawford. *Dictionary of Narratology*[M]. Nebraska: University of Nebraska Press, 2012.

[41] Samuel Roland Hall. *Theory and Practice of Advertising*[M]. Literary Licensing, 2012.

[42] Jensen J. *From Narrative to Education Game Studies: How to Build your own Department*[M]. Indiana: Macmillan press, 2014.

[43] Marie Laure Ryan. *Story Worlds Across Media: Toward a Media-Conscious Narratology*[M]. Lincoln: University of Nebraska Press, 2014.

[44] Marie-Laure Ryan. *Narrative as Virtual Reality 2: Revisiting Immersion and Interactivity in Literature and Electronic Media*[M]. Baltimore: Johns Hopkins University Press, 2015.

[45] Mareike Gabele. *Effects of Interactive Storytelling and Quests in Cognitive Rehabilitation for Adults*[M]. Finland: GamiFIN Conference, 2019.

二、期刊、论文集

[1]李清水,方志刚.手势识别技术及其在人机交互中的应用[J].人类工效学,2002,8(01).

[2][韩]尹鸿烈.Web设计的界面布局应用研究[J].造型媒体学 韩国插

画协会,2005,8(02).

[3][韩]崔如妍.青少年互联网学习行为的心理需求研究[J].心理科学,2007,201(04).

[4]高岭.当代艺术叙事的多样性[J].中国美术馆.2009(12).

[5][韩]徐贞美.Web GUI 中交互性叙事研究[J].韩国设计信息期刊,2009,52(12).

[6]张新军.故事与游戏:走向数字叙事[J].武汉理工大学学报(社会科学版),2010(02).

[7]辛向阳.混沌中浮现的交互设计[J].设计,2011(02).

[8][韩]高润胜,辛汉勇.智慧学习现状和进军海外市场的相关研究[J].韩国科学艺术论坛,2012,9(10).

[9]贾云鹏,蔡东娜.基于情节互动的交互性叙事形式探索[J].电影艺术,2013(03).

[10]贺斌.智慧学习:内涵、演进与趋向——学习的视角.电化教育研究[J],2013,34(11).

[11]郑皓华,齐瑞文.基于叙事设计的办公产品情趣化设计研究[J].包装工程,2014,35(20).

[12]吕宗伟,许懋琦.学龄前儿童游戏界面设计初探[J].设计,2015(08).

[13]王静,艾敏.移动教育App的研究现状分析[J].物联网技术,2016,6(12).

[14]方浩等.学龄前儿童教育类App交互设计研究[J].包装工程,2016,37(20).

[15]张凯,高震宇.基于叙事设计的儿童医疗产品设计研究[J].装饰,2018,297(01).

[16]Barthe R. *Introduction àl'analyse Structurale Desréits*[J]. Communications,1966,8(01).

[17] Plutchik Robert. *Emotion: Theory, Research, and Experience*[J]. Theories of Emotion, 1980, 1(01).

[18] Malone T W. *Toward a Theory of Intrinsically Motivating Instruction*[J]. Cognitive Science, 1981, 35(03).

[19] Ben Shneiiderman. *Direct Manipulation: A Step Beyond Programming Languges*[J]. IEEE Computer, 1983, 3(04).

[20] Ghani J A, Supnick R, Rooney P. *The Experience of Flow in Computer-Mediated and in Face-to-Face Groups*[J]. International Conference on Information Systems, 1991, (06).

[21] Davis F D, Bagozzi R P, Warshaw P R. *Extrinsic and Intrinsic Motivation to Use Computers in the Workplace*[J]. Journal of Applied Social Psychology, 1992, 38(02).

[22] George Landow. *Hypertext: The Convergence of Contemporay Critical Theory and Technology*[J]. Frederick Turner Comparative Literature Studies, 1994, 31(02).

[23] Alan R. *About Face: The Essentials of User Interface Design*[J]. John Wiley & Sons, 1995, 4(05).

[24] Jackson S A. *Factors Influencing the Occurrence of Flow State in Elite Athletes*[J]. Journal of Applied Sport Psychology, 1995, 7(05).

[25] Hoffman D L, Novak T P. *Marketing in Hypermedia Computer-Mediated Environments: Conceptual Foundations*[J]. Journal of Marketing, 1996, 32(06).

[26] Chen H, Wigand R T, Nilan M S. *Optimal Flow Experience in Web Navigation*[J]. Information Resources Management Association International Conference, 1998, 8(02).

[27] Chen H, Wigand R, Nilan M S. *Marketing in Hypermedia Computer-Mediated Environment: Conceptual Foundations*[J]. Journal of

Marketing,1999,(06).

[28]Carey Gary Snodgrass, Mary Ellen. *A Multicultural Dictionary of Literary Terms*[J]. Jefferson: McFarland & Company. 1999,54(04).

[29]Sharon Detrik. *A Commentary on the United Nations Convention on the Rights of the Child Kluwer Law International*[J]. J Comput Educ. 1999,108(05).

[30]Venkatesh V. *Determinants of Perceived Ease of Use: Integrating Control, Intrinsic Motivation and Emotion into the Technology Acceptance Model*\[J]. Information Systems Research,2000,11(4).

[31]Sims R. *An Interactivity Television Educationally Effective? A Research Review*[J]. The American Journal of Distance Education. 2000, 26(04).

[32]Lindley C A. *Conditioning, Learning and Creation in Games: Narrative, the Gameplay Gestalt and Generative Simulation*[J]. Presented at the Workshop on Narrative and Interactive Learning Environments Edinburgh Scotland,2002(03).

[33]Marie Laure Ryan. *Beyond Myth and Metaphor: Narrative in Digital Media*[J]. Poetics Today. 2002,4(06).

[34]Cornong Peter A. *The Re-Emergence of Egergence:A Venerable Concept in Search of a Theory*[J]. Complexity,2002,7(06).

[35]Koufaris M. *Applying the Technology Acceptance Model and Flow Theory to Online Consumer Behavior*[J]. Information Systems Research,2002,12(05).

[36]Meadows Mark Stephen. *Pause & Effect: the Art of Interactive Narrative, Indianapolis*[J]. Ind: New Riders,2003,12(03).

[37]Huang M H. *Designing Website Attributes to Induce Experiential Encounters*[J]. Computers in Human Behavior,2003,19(4).

参考文献

[38] Christina Finneran and Ping Zhang. *A Person-Artifact-Task Model of Flow Antecedents within Computer-Mediated Environments*[J], International Journal of Human-Computer Studies,2003,32(04).

[39]Pace S. *A Grounded Theory of the Flow Experiences of Web Users*[J]. International Journal of Human-Computer Studies,2004,(02).

[40]Margaret R. *The Narrative Constitution of Identity:A Relational and Network Approach*[J]. Theory and Society,2004,23(5).

[41]Kiili. *Digital Game-Based Learning: Towards an Experiential Gaming Mode*[J]. Internet and Higher Education,2005,34(07).

[42]Dhoparee S, Jennett C. *Quantifying the Experience of Immersion in Games*[J]. Cognitive Science of Games and Gameplay Workshop at Cognitive Science Vancouver,2006,11(05).

[43] Mark O, Riadl, Andrew Stern, Don Dini. *Mixing Story and Simulation in Interactive Narrative*[J]. American Association for Artificial Intelligence,2006,18(03).

[44]Danskey R. *Introduction to Education Game Narrative*[J]. Published by Charles River Media,2006,33(04).

[45]Ben Shneiderman. *Designing the User Interface Strategies for Effective Human-Computer Interaction*[J]. Addison Wesley,2009,(04).

[46] Nakamura J, Csikszentmihalyi M. *Flow Theory and Research*[J]. Handbook of Positive Psychlolgy, 2009,16(11).

[47] Franckel S, Bonsignore E, *Druin A (2010) Designing for Children's Mobile Storytelling*[J]. The International Journal of Mobile Human-Computer Interaction,2010,2(02).

[48]Chu H C, Hwang G J, Tsai C, Tseng J. *A Two-tier Test Approach to Developing Location-aware Mobile Learning Systems for Natural Science Courses*[J]. Computers & Education, 2010(03).

[49]HoL A,Kuo T H. *How Can on Amplify the Effect of E-Learning an Examination of Hightech Employees' Computer Attitude and Flow Experience*[J]. Computers in Human Behavior,2010,(06).

[50]Deterding Sebsatian. *Situated Motivational Affordances of Game Elements:A Conceptual Model*[J]. Presented at Gamification,2011, 56(11).

[51]Myung-Suk Lee,Yoo-Ek Son. *A Study on the Adoption of SNS for Smart Learning in the "Creative Activity"*[J]. International Journalof Education and Learning,2012,33(05).

[52]Marie Laure Ryan. *Interactive Narrative*, *Plot Types*, *and Interpersonal Relations*[J]. Revista Digital,2013, 2(04).

[53]Mark O Riedl, Vadim Bulitko. *Interactive Narrative: An Intelligent Systems Approach*[J]. Ai Magazine,2013,34(01).

[54]Sungho Kwon. *Principles & Strategies for English Acquisition through Smart Learning in a Collaborative Way*[J]. International Journalof Education and Learning, 2013,42(02).

[55]Niall Firt. *Interview: The Father of VR Jaron Lanier*[J]. New Scientist, 2013,218(06).

[56]Cai S, Wang X, Chiang F. *A Case Study of Augmented Reality Simulation System Application in a Chemistry Course*[J]. Computers in Human Behavior, 2014,8(04).

[57]Michael J, Samuel M, Edouard J. *Surgical Suturing Training with Virtual Reality Simulation Versus Dry Lab Practice: an Evaluation of Performance Improvement, Content, and Face Validity*[J]. Robotic Surg,2014,9(6).

[58]Alexis R Lauricella, Rachel Barr, Sandra L. *Calvert Parent and Child Interactions during Traditional and Computer Storybook Reading*

for Children's Comprehension: Implications for Electronic Storybook Design[J]. International Journal of Child-Computer Interaction, 2014, 32 (04).

[59]Liuti L. *Research on Sans Serif Fonts in Graphic Design*[J]. Journal of Liaoning Teachers college, 2016, 33(10).

[60]Novak T P, Thomas R. *Internet Marketing: Influences, Themes and Directions*[J]. International Journal of Human-Computer Studies, 2017, (03).

[61]Plamena Zlateva, Dimiter Velev. *Virtual Reality Challenges in Education and Training*[J]. International Journal of Learning and Teaching, 2017, 3(1).

[62]Duk-Hoi Koo. *Trends and Revitalization of Smart-Learning in Elementary and Middle Schools*[J]. Asian Journal of Information Technology, 2018, 12(09).

[63]Selma Rizvic, Dusanka Boskovic, Sanda Sljivo & Merima Zukic. *Interactive Narrative: Bringing Cultural Heritage in a Classroom*[J]. Journal of Computers in Education, 2019, 6(20).

三、学位论文

[1][韩]李智秀.多媒体界面设计评价研究[D].首尔:韩国科学技术院,1997.

[2][韩]金智媛.动态图形在电影情节中的叙事结构研究[D].首尔:祥明大学,2002.

[3]陈联.基于Web智能教育平台关键交互技术研究及应用[D].成都:中国科学院研究生院(成都计算机应用研究所),2006.

[4][韩]金正宙.基于Digital Contents的叙事沉浸研究[D].首尔:汉阳大学,2006.

[5][韩]朴恩庆.基于交互性叙事的人体过程教育用App研究[D].首尔:梨花女子大学,2006.

[6][韩]金基焕.基于图形叙事的交互效果研究[D].首尔:鸿益大学,2007.

[7]关萍萍.互动媒介论——电子游戏多重互动与叙事模式[D].杭州:浙江大学,2010.

[8]孙为.交互式媒体叙事研究[D].南京:南京艺术学院,2011.

[9]魏婷.教育游戏参与者行为意向影响因素模型与实证研究[D].南京:南京师范大学,2011.

[10][韩]李云炯.移动媒体增强现实与界面设计的使用性评价[D].首尔:鸿益大学,2013.

[11]刘婧.儿童网络阅读行为的影响因素研究[D].南京:南京大学,2013.

[12][韩]朴殷夏.交互性叙事的儿童摄影教育程序研究[D].首尔:崇实大学,2013.

[13][韩]朴在俊.平板电脑上体现E-Tell的应用程序设计研究[D].首尔:梨花女子大学,2013.

[14][韩]权智恩.互动空间中利用动作分析的用户参与形态模型开发[D].首尔:鸿益大学,2013.

[15][韩]苏宥娜.基于交互性叙事的环境公益广告设计研究[D].首尔:梨花女子大学,2013.

[16]谢娟.现代教育技术运用的伦理审视[D].济南:山东师范大学,2013.

[17]杨焕.智能手机移动互联网应用的界面设计研究[D].武汉:武汉理工大学,2013.

[18]叶金辉.青少年学习沉浸体验研究[D].南昌:江西师范大学,2013.

[19][韩]白南珠.为故事性著作的叙事信息提取系统的设计及实现

[D].首尔:朝鲜大学,2015.

[20][韩]郑宇善.以智慧学习为基础的融合设计教育内容开发及效果性研究[D].首尔:梨花女子大学,2015.

[21][韩]郑汉硕.基于大数据的广告叙事研究[D].首尔:国民大学,2016.

[22][韩]朴喜贞.教育用App中游戏化视觉表现要素的使用意图分析[D].岭南:岭南大学,2017.

[23][韩]宋允娜.基于叙事的幼儿数学教育用App开发及效果研究[D].公州:公州大学,2019.

[24][韩]孙英俊.游戏的互动叙事结构分析与设计研究[D].首尔:祥明大学,2019.

[25][韩]杨俊琨.教育用App中情感化体现对自主学习的影响研究[D].岭南:岭南大学,2019.

[26]Chen H. *Exploring Web Users' Online Optimal Flow Experiences*[D]. NY: Syracuse University, 2000.

四、会议论文

[1]俞金尧,刘东.西方儿童史研究四十年[C].中国学术,第8辑,2001.

[2]Hamari Juho, Eranti Veikko. *Framework for Designing and Evaluating Game Achievements*[C]. Proceedings of Digra Conference, 2011, (02).

五、网络文献

[1]韩国教育部.产业关联教育活性化先导大学(PRIME)事业,21所大学选定[EB/OL]. http://www.moe.go.kr/web/100024/ko/board/view.do?bbsId=333&boardSeq=61822. 2017-02-15.

[2]斯坦福大学报告:VR对儿童的影响可能比电视、计算机更大[EB/

OL]. https://yivian.com/news/43686.html.2018-04-09.

[3]中国爱尔眼科中心.青少年视力发展报告[EB/OL]. http://www.aier021.com/article/xieshi/2018/0608/303.html. 2018-06-08.

[4]艾媒未来教育产业研究中心.2018年中国在线教育行业白皮书[EB/OL]. https://www.iimedia.cn/c400/63080.html. 2018-12-03.

[5]I research.互联网儿童教育产业报告[EB/OL]. http://report.iresearch.cn/report/201901/3319.shtml. 2019-01-23.

[6]韩国科学技术信息部-网络振兴研究院.2018年互联网利用形态调查报告[EB/OL]. http://www.cdak.or.kr. 2019-02-14.

[7]CNNIC.中国未成年儿童数码设备使用探究[EB/OL]. http://www.199it.com/archives/862520.html. 2019-04-25.

[8]中国国家统计局.2019年中国人均消费报告书[EB/OL]. http://www.stats.gov.cn/. 2019-07-05.

[9]EEDAR an NPD Group Company.移动教育评测人员最关注的元素分析[EB/OL]. https://www.eedar.com/data-services. 2019-07-14.

[10]ASO100.2019儿童教育App市场份额调查报告[EB/OL]. https://www.qimai.cn/rank/index/brand/all/device/iphone/country/cn/genre/36. 2019-09-11.

[11]微软沉浸式教育白皮书.沉浸式技术助力[EB/OL]. https://youyou-tech.com. 2019-10-16.

[12]*Foundations of Interactive Storytelling*[EB/OL]. http://www.igda.org/writing/Interactive Storytelling. 2008-02-12.

[13]Lernmodelle der Zukunft, Friedel Jonker. *IBM Smarter Learning*[EB/OL]. http://www.slideshare.net/jonker1/ibm-smarter learning. 2012-08-24.

[14]Dae-joon Hwang. *What's the Implication of "SMART" in Education and Learning*? [EB/OL]. http://www.elearnin gasia.net/_pro-

gram/pdf_pt/[Panelist%203-2]Dae-joon%20Hwang. pdf. 2013-03-12.

[15] Taisiya Kim. Evolution to Smart Learning in Public Education [EB/OL]. http: //ifipost12. tlu. ee/wp-content/uploads/2012/06/kim_final. pdf. 2013-03-19.

[16] Abtar Kaur. *The Future of Smart Learning：Personalised Learning* [EB/OL]. http: //www. elearningasia. net/_program/pdf_pt/[Speaker%205-1]Abtar%20Kaur. pdf. 2013-04-03.

[17] Abtar Kaur. *The Future of Smart Learning：Personalised Learning* [EB/OL]. http: //www. elearningasia. net/_program/pdf_pt/[Speaker%205-1]Abtar%20Kaur. pdf. 2013-10-23.

[18] Hartmut Koenitz. *Authoring Tools for Interactive Digital Narrative* [EB/OL]. Research Gate：https: //www. researchgate. net/project/Authoring-tools-for-interactive-digital-narrative. 2017-08-16.

[19] *Plutchik's Wheel of Emotions* [EB/OL]. https: //en. wikipedia. org/wiki/Robert_Plutchik. 2019-08-25.